KB117658

■ 나는 여러 해 동안 마셜과 함께 일하는 대단한 행운을 누려왔다. 그는 정말 다방면으로 나를 도와주었다. 이 책은 마셜의 저술활동에 있어서 자연스러운 진화의 결과이며, 여기 담긴 아이디어 중 상당 부분은 이미 나를 비롯한 그의 고객들에게 큰 도움이 되었다. 다른 그의 책들처럼, 마셜의 집중력 있고 실용적이며 통찰로 가득 찬 이 책이 당신의 리더십뿐 아니라 인생 전반에 도움이 될 것이라 확신한다!

_김용, 세계은행 12대 총재

■ 조직과 나 자신을 위해 필요한 변화를 어떻게 창조해야 할까? 마셜 골드스미스는 그 길을 찾았다. 그는 부정적인 것들을 피하고 최선의 결과를 가져다줄 트리거를 만들도록 우리를 돕는 최고의 전문가다. 이 책에서 그는 뛰어난 통찰력과 온화함, 긍정적 에너지로 우리를 가르친다. 이제 우리가 할 일은 이 책이 알려주는 대로 행동해 더 좋은 결과를 내는 것이다.

_토니 막스Tony Marx, 뉴욕 공립 도서관 CEO

■ 우리 회사에서는 강한 리더를 기르는 것을 중시하는데, 마셜은 오랫동안 그 일을 도와주었다. 조직 내에서 어떤 역할을 맡고 있든 간에, 이 책은 직장에서나 가정에서나 더 큰 목적을 가지고 살 수 있도록 실천 가능한 방안을 제공해줄 것이다.

_존 해머그렌John Hammergren,
매케슨McKesson CEO, 「하버드비즈니스리뷰」 선정 세계 최고의 CEO 100인

■ 이 책은 환상적이다! 마셜이 내게 지난 몇 년간 가르쳐왔던 모든 것들이 요약되어 있다. 자기중심적 목표에서 벗어나지 못하면 결코 개인적 목표를 달성할 수 없

다는 것 말이다. 우리가 바라는 사람이 되기 위해서는 트리거 여행을 떠나야 한다.

_장석호, 모모푸쿠 그룹Momofuku Group 창립자, CEO

■ 대단한 책이다. CEO들에게 보다 성공적인 리더가 되는 법을 조언하는 리더의 코치이자 작가로 뛰어난 경력을 가진 마셜이, 이제 훨씬 더 중요하고 근본적인 도전을 한다. 어떻게 하면 우리가 진정 원하는 사람이 될 수 있을까? 이 책을 읽고 실행해보라.

_마크 터섹Mark Tercek, 국제자연보호협회The Nature Conservancy 회장, CEO

■ 나는 마셜에게 도움을 받는 대단한 특권을 누렸다. 그는 내 삶에서 변화의 트리거를 만들어주었고 리더십을 발전시키도록 도왔다. 그는 내 인생과 경력을 변화시켜주었다. 이 책이 당신도 그렇게 되도록 해줄 것이다.

_레지스 슐츠Regis Schultz, 다띠 그룹Darty Group CEO

■ 마셜은 내게 인생의 모든 면에서 긍정적인 차이를 만드는 일의 중요성에 대해 가르쳐주었다. 그의 가르침은 당신이 인간관계에서 진정한 의미를 찾고, 긍정적 리더십을 통해 달성할 수 있는 놀라운 결과들을 잘 이해할 수 있도록 도와줄 것이다.

_데이비드 콘버그David Kornberg, 익스프레스Express CEO

■ 마셜이 또 하나의 환상적인 책을 썼다. 더 나은 사람이 되기 위해 행동을 변화시킬 수 있는 실용적 충고들을 담은 이 책은 재미있게 읽힌다.

_얀 칼슨Jan Carlson, 오토리브Autoliv CEO

■ 책 한 권으로 세계 최고의 자기계발 전문가로부터 도움을 받을 수 있다고 생각해보라. 마셜 골드스미스가 바로 그런 전문가이고, 이 책이 바로 그런 책이다. 마셜은 당신의 성장을 가로막는 장애물을 인지하고 제거할 수 있는 방법을 알려준다. 하지만 핵심은 계획이 아닌 실천에 있다. 그러니 이 책을 사서 실천을 시작하라!

_짐 로렌스Jim Lawrence, 로스차일드 노쓰 아메리카Rothschild North America CEO

■ 마셜의 코칭은 리더들이 자신들의 행동에 끊임없이 집중하도록 한다. 리더들의 행동 변화는 놀라운 결과와 지속적 개선의 초석이 된다. 이것이 미래로 연결되면 세계적인 지식 중심의 기업들을 위한 성공의 열쇠가 될 것이다. 이 책은 우리가 성공하는 데 필요한 변화를 달성하는 데 집중하도록 해준다.

_아이차 에반스Aicha Evans, 인텔Intel 부회장, 「포춘」 선정 차세대 여성 리더 10인

■ 이 책은 그냥 마셜 본인과 같다. 뛰어난 코칭과 재미있는 개성이 합쳐져 있다!

_조너선 클라인Jonathan Klein, 게티 이미지Getty Images 창립자, 회장

■ 이 책은 재미있게 읽힌다. 핵심적 리더십의 요점들을 가르치는 데 실제 사례들을 이용해, 중요한 리더들의 교훈이라는 신뢰성을 이 책에 부여했다.

_닐스 로메린Nils Lommerin, 델몬트 푸드Del Monte Foods, Inc. 회장, CEO

■ 다시금 마셜 골드스미스가 자신이 그저 세계 최고의 비즈니스 사상가가 아니라 최고의 다재다능한 사상가인지를 증명하고 있다. 이 책에서 가장 좋은 점은 단지 비즈니스 리더들만을 위한 것이 아니라는 것이다. 인생에서 긍정적 변화를 원하는 모두를 위한 명확한 방법을 제시하고 있다. 내 행동과 인생에서 긍정적이고 지속되는 발전을 이룰 수 있도록 도와준 마셜에게 다시 감사를 전하고 싶다. 내 가족들도 고마워한다!

_프레드 린치Fred Lynch, 메이소나이트 인터내셔널Masonite International CEO

■ 마셜은 내가 더 나은 리더, 더 나은 사람이 되도록 도와주었다. 그는 성과 창출을 위한 지혜와 통찰력, 실행력을 두루 갖췄다. 그가 이 책에서 이야기하듯, 이해와 실행 간에는 커다란 차이가 있다. 무엇을 해야 할지는 이미 우리 모두 알고 있지만 실행은 못하고 있다. 이 책은 실질적인 변화를 위한 실행의 도구를 제공해준다.

_로버트 파신Robert Pasin, 라디오 플라이어Radio Flyer CEO

■ 이 책에서 마셜은 최고의 스토리텔러로서의 면모를 보여준다. 그는 리더들의 마음을 열고, 진정 개선을 위해 노력을 했을 때 어떤 일이 가능해지는지 알 수 있

게 하는 독특한 능력을 지녔다. 일과 삶에서 발전을 원하는 사람들이라면 꼭 읽어야 할 책이다.

_브라이언 워커Brian Walker, 허먼 밀러Herman Miller 회장 겸 CEO

■ '싱커스50'에서 우리는 마셜의 실용적인 충고들과 인간에 대한 통찰을 오랫동안 지켜봐왔다. 이 책은 그의 저작 중 최고다.

_스튜어트 크레이너Stuart Crainer와 데스 디어러브Des Dearlove,
싱커스50Thinkers50 공동창립자

■ 나는 마셜 골드스미스의 광팬이다. 그리고 이 책을 읽으면 당신도 그렇게 될 것이다. 마셜은 자신이 저자로서의 역할을 다하고, 당신이 독자이자 학습자로서의 역할을 다하면, 당신이 원하는 사람이 되는 데 더욱 가까워지고 후회도 줄어들게 될 것이라고 약속한다. 나쁜 제안이 아니지 않은가! 그러니 읽어라!

_켄 블랜차드Ken Blanchard, 『칭찬은 고래도 춤추게 한다』 저자

■ 나는 마셜과 30년간 알고 지냈고 함께 일했다. 우리가 자신을 어떻게 대하는지 또 어떻게 나은 삶을 살 수 있는지에 대한 놀랍도록 진실한 사실들을 담은 이 책을 통해 그의 놀라운 통찰력을 공유하라.

_데이비드 앨런David Allen,
생산성 분야의 세계적 리더, 『끝도 없는 일 깔끔하게 해치우기』 저자

■ 마셜은 자신을 바꾸려 노력해온 사람들을 수십 년간 도와주면서 얻은 지혜를 이 책에 풀어놓는다. 이 책은 어렵지 않게 접근할 수 있도록 쓰였지만, 그럼에도 심오한 내용을 담고 있다. 마셜은 단순한 코치 이상이다. 그는 선동가이자 재담꾼이며 도전가다. 당신에게 필요한 변화의 '트리거'를 만들기 위해 누군가의 피드백을 원한다면, 마셜에게 귀를 기울이는 것이야말로 최고의 선택이다.

_리타 건터 맥그래스Rita Gunther McGrath,
싱커스50 선정 세계에서 가장 영향력 있는 전략사상가, 『경쟁우위의 종말』 저자

■ 나는 마셜이 한 사람을 도와 그녀의 잠재력을 실현하는 걸 돕는 마술을 본 적이 있다. 이제 이 책에서 마셜은 너그럽게도 그의 비밀 소스를 공개한다. 꼭 읽어야 할 책이다.

_키이스 페라지Keith Ferrazzi, 『혼자 밥먹지 마라』 저자

■ 나는 내 경력을 기업이 전략을 창조하고 수행하고 혁신을 달성하는 일을 돕는데 바쳐왔다. 이 책은 당신이 인생에서 전략을 창조하고 수행하고 혁신을 달성하는 일을 도와줄 것이다.

_비제이 고빈다라잔Vijay Govindarajan, 터크경영대학원 교수

■ 이 책은 당신이 바라는 사람이 되기 위한 여정에서 반드시 읽어야 할 필독서다! 세계 최고의 리더십 코치를 당신의 개인 멘토로 삼는 것과 마찬가지다. 풍부한 스토리와 놀라운 연구결과들이 당신의 경력을 발전시키는 데 필요한 실용적 도구들을 제공해줄 것이다.

_마크 톰슨Mark Thompson, 『성공하는 사람들의 열정 포트폴리오』 저자

■ 자기실현의 방법에 관한 기분 좋은 이야기들이 담긴 현명한 책.

_필립 코틀러Philip Kotler, 켈로그경영대학원 교수, 마케팅 분야 세계적 권위자

■ 마셜이 또 해냈다! 그는 지속가능한 행동 변화를 위한 통찰력 있고 유용하며 실용적인 팁을 준비하기 위해 최선을 다했다. 이 책을 읽으면 마치 마셜이 나와 마주앉아 가르쳐주는 듯한 느낌이 든다. 그의 통찰력을 배우고 이야기를 듣고 긍정적인 변화에 매진할 수 있다니 대단한 특권이다.

_데이비드 울리히David Ulrich,
미시건대 교수, 베스트셀러 저자, 인적 자원 분야 세계 최고의 권위자

트리거
Triggers

TRIGGERS: Creating Behavior That Lasts – Becoming the Person You Want to Be
Copyright © 2015 by Marshall Goldsmith, Inc.
All rights reserved

Korean translation copyright © 2016 by Dasan Books Co., Ltd.
Korean translation rights arranged with Queen Literary Agency, Inc.
through EYA(Eric Yang Agency).

이 책의 한국어판 저작권은 EYA(Eric Yang Agency)를 통한
Queen Literary Agency, Inc.사와의 독점계약으로 '㈜다산북스'가 소유합니다.
저작권법에 의하여 한국 내에서 보호를 받는 저작물이므로 무단전재 및 복제를 금합니다.

행동의 방아쇠를 당기는 힘

트리거
Triggers

마셜 골드스미스
& 마크 라이터 지음 | 김준수 옮김

목발에 기대어 있는 한 거지를 보았네.
그가 내게 말했지.
"너무 많은 걸 원해서는 안 돼."
그리고 어둑한 문에 기댄 한 예쁜 여자를 봤지.
그녀가 내게 소리쳤지.
"이봐요, 왜 더 많은 걸 원하지 않나요?"

_레너드 코헨, 〈전선 위의 참새Bird On The Wire〉

인생이 바뀌는 특별한 순간

내 친구 필은 어느 날 지하실 계단에서 발을 헛디디는 바람에 바닥에 머리를 세게 부딪치고 말았다. 팔과 어깨에 느껴지는 얼얼한 통증 탓에 필은 온몸이 마비된 줄 알았다. 도저히 일어설 수 없었던 그는 간신히 벽에 기대앉아 자신의 상태를 점검하기 시작했다.

다리에 통증이 느껴진다는 건 감각에는 문제가 없다는 뜻일 테니 좋은 소식이다. 머리와 목도 욱신거린다. 찢어진 머리로부터 등 쪽으로 흐르는 피도 느낄 수 있었다. 필은 당장 응급실로 가서 상처를 소독하고 골절이나 내부 출혈이 있는지 확인해야 한다는 사실은 물론, 자신이 병원까지 운전해 갈 수 있는 상태가 아니라는 것도 잘 알았다.

아내와 두 아들들은 외출 중이었고, 한적한 교외의 집에는 오직 그 혼자뿐이었다. 필은 도움을 청하려고 스마트폰을 들었다. 하지만 연락처를 보면서 그는, 위급한 상황에 맘 편히 전화를 걸 수 있는 이웃이 없다는 것을 깨닫게 됐다. 이제껏 이웃들과 가깝게 지내려는 노력을 해본 적 없었던 것이다. 그렇다고 피가 콸콸 흘러넘치거나 심장마비가 온 것도 아닌데 911에 전화해 구조요청을 하기도 민망했다.

결국 필은 몇 집 건너 사는 중년 부부의 집 전화번호를 찾아내 통화 버튼을 눌렀다. 케이란 이름의 여성이 전화를 받았는데, 사실 길거리에서 마주친 적은 있지만 대화를 나눈 적은 없었다. 전화로 자신의 처지를 설명하자 케이는 곧장 달려와 잠기지 않은 뒷문을 통해 집으로 들어왔다. 지하실에서 필을 발견한 그녀는 그를 차에 태워서는 근처의 병원으로 데려갔고, 검사를 받는 5시간 동안 옆을 지켜줬다. 의사는 뇌진탕이라는 진단을 내리면서 몇 주간은 통증이 있겠지만 뼈에 이상은 없으니 무사히 회복될 것이라고 말했다. 물론 케이는 필을 다시 집까지 데려다주었다.

그날 밤, 필은 거실에 앉아서 바닥에 머리를 부딪치는 순간 커다란 망치가 때리는 것 같았던 느낌과 자신이 얼마나 위험한 상황까지 갔었는지를 떠올렸다. 온몸에 전해지던 충격과 다시는 걷지 못할지도 모른다는 공포도 함께. 아, 나는 정말 운이 좋았구나.

하지만 불구가 되지 않은 데 대한 안도를 넘어서, 이번 사고는 그에게 이웃 케이의 경탄할 만한 친절함과 자신을 위해 하루를 온전히 바친 자비로움에 대해 감사하는 마음을 갖게 해주었다. 근래 들어 처음으로, 그는 자신의 삶을 돌아보게 된 것이다.

"사람들을 사귀는 데 더 노력해야겠어."

필은 중얼거렸다. 앞으로 자신을 도와줄 케이 같은 사람들이 필요해서가 아니라 자신 스스로가 그녀처럼 타인을 도와줄 수 있는 사람이 되기를 희망한 것이다.

물론 한 사람의 행동이 바뀌는 것에 꼭 목숨을 잃을 뻔한 사고가 있어야 하는 건 아니다. 그런 큰 계기가 있어야만 하는 것처럼 보이는 건 사실이지만.

이 책의 주제는 우리를 바꾸는 것이다. 우리는 왜 스스로를 바꾸는 데 서툰 것일까? 어떻게 하면 잘할 수 있을까? 무엇을 바꿀 건지 어떻게 결정할 수 있을까? 어떻게 하면 나의 변화를 다른 사람들도 만족하도록 할 수 있을까? 성공을 원하는 사람이라면 반드시 가져야 할, '내가 원하는 진짜 내가 되는 법'이란 과제를 해결하는 능력을 어떻게 하면 키울 수 있을까?

이 질문들에 답하기 위해 나는 우리 주변의 '트리거trigger'를 눈여겨보는 일부터 시작할 것이다. 트리거의 영향력은 실로 엄청나기 때문이다.

트리거란 우리의 생각과 행동을 바꾸는 심리적 자극을 말한다. 우리가 깨어 있는 매 순간 우리를 바꿀 수 있는 사람, 사건, 환경들이 변화의 트리거를 만든다. 트리거는 갑자기, 또 예기치 않게 나타난다. 필의 뇌진탕처럼 목숨을 위협하는 대단한 사건일 수도 있지만 종이에 손가락을 베는 일처럼 사소한 순간일 수도 있다. 야망을 돋워줘서 인생을 180도 변하게 하는 선생님의 칭찬처럼 유쾌한 일일 수도 있고, 그와는 반대로 다이어트를 포기하도록 유혹하는 아이스크림이나 내가 뭔가 잘못된 일을 하고 있는 게 아닌가 의심이 들게 하는 주변의 따가운 시선일 수도 있다. 직장에서는 연봉 인상이란 당근뿐 아니라 나보다 뛰어난 동료에 대한 질투도 내 행동을 바꾸도록 만든다. 사랑하는 사람이 죽을병에 걸렸다거나 다니던 회사가 파산했다는 소식에 힘이 쭉 빠지기도 한다. 빗소리에 달콤한 추억을 떠올리게 되듯, 때론 자연환경도 트리거가 될 수 있다.

이처럼 트리거는 그야말로 무한하다. 트리거는 대체 어디서 만들어지는가? 트리거는 왜 스스로에게 해가 되는 일을 하게 만들까? 우리는 왜 그 트리거를 인식하지 못하는가? 우리를 분노하게도 하고, 가야 할 길에서 벗어나게도 하고, 혹은 온 세상이 아름답게만 보이게도 하는 트리거를 정확히 찾아낼 수 있을까? 그러면 나쁜 트리거들은 피하고 좋은 건 계속되도록 유도할 수 있을 텐데. 트리거를 내 마음대로 조절할 수 있는 방법은 없을까?

주변 환경은 우리 인생에서 가장 강력한 트리거가 될 수 있지만, 항상 우리 편에 서주지는 않는다. 우리는 계획을 짜고, 목표를 정하고, 그 목표의 달성 여부를 행복의 척도로 삼는다. 하지만 주변 환경이 끊임없이 훼방을 놓는다. 부엌에서 퍼져 나오는 음식 냄새가 콜레스테롤 수치를 낮추라는 의사의 조언을 까맣게 잊게 하듯이, 매일 밤늦게까지 일하는 직장동료들과 어깨를 나란히 해야 하기에 아이의 발표회를 참관하지 못하듯이 말이다. 매사가 다 그런 식이다. 전화벨이 울리면 연인의 눈망울을 그윽이 바라보는 대신 휴대전화 화면을 들여다보게 된다. 이런 식으로 환경이 바람직하지 못한 행동을 유발하는 것이다.

우리는 환경을 대부분 통제할 수 없기에, 그건 어쩔 수 없는 일이라고 체념해버린다. 자신은 환경의 희생양일 뿐이라 자학하고, 운명의 장난이라고 생각한다. 하지만 나는 그 의견에 동의할 수 없다. 운명이란 단지 우리가 다루는 카드일 뿐이다. 그 카드를 어떻게 다룰 것인지는 우리 선택에 달려 있다.

심한 뇌진탕을 경험했지만 필은 굴하지 않았다. 계단을 굴러 머리를 부딪치고 회복하는 게 그의 운명이었다면, 그의 선택은 더 나은 존재로 바뀌겠다는 결심이었다.

· · ·

지금 이 페이지들을 꼼꼼히 읽기보단 대충 훑으며 읽는 당신, 어떤 익숙한 감정이 느껴지지 않는가? 그게 뭐라 콕 집어 말할 수 있을 만큼 명확하지는 않지만, 분명히 느껴지는 그 감정. 그건 바로 '후회'다. 우리는 자신도 모르게 매순간 스스로에게 '왜 바라던 사람이 되지 못했는지' 되묻는다.

이 책을 쓰기 위해 내가 한 것은, 사람들에게 간단한 질문을 던지는 일이었다.

"지금까지 살면서 경험한 가장 큰 변화는 무엇이었습니까?"

갖가지 다양한 대답을 들었다. 그런데 많은 사람들이 이 질문을 듣고 변화한 자신을 떠올리기보다 '변했어야 하는데 끝내 그러지 못한 행동에 대한 깊은 후회'를 했다. 그들은 자신이 원하던 사람이 되는 데 실패했던 순간을 떠올리며, 후회라는 감정 속으로 빠져들었다.

제인 오스틴의 소설 『오만과 편견』에 나오는 '오만한 캐서린 부인'은 자신의 타고난 음악적 감각을 자랑하면서, 농담이라고는 전혀 섞이지 않은 말투로 "내가 제대로 배웠더라면 분명 대단한 전문가가 됐을 텐데"라고 말한다. 하지만 우리는 그녀와는 다르다. 놓쳐버린 기회들, 미룬 선택들, 충분치 않았던 노력, 또 살아오면서 꽃피우지 못한 재능들을 떠올리며 하는 후회 때문에 우리는 날카로운 통증마저 느낀다. 이렇게 후회할 때는 이미 뭔가 손을 쓸 수 없는 상태가 돼버린 뒤다.

한때 방송국의 스포츠 채널에서 뛰어난 제작책임자로 일했던 팀의 생각은 후회로 가득 차 있었다. 그의 방송사 경력은 겨우 40대 중반에 끝났는데, 상사들과 잘 지내지 못했기 때문이다. 십여 년의 세월이 흘러 50대 중반이 된 팀은 컨설팅 쪽 일로 그럭저럭 먹고살고 있다. 그는 회사가 원하는 전문기술을 가졌지만 과거처럼 안정적인 책임자의 위치까지는 오르지 못할 것이다. 그에게는 이미 '타인들과 잘 어울리지 못한다'는 꼬리표가 붙어버렸기 때문이다. 팀은 대체 왜 자신이 그러한 오명을 뒤집어쓰게 되었는지 오랫동안 고민했지만 그 이유를 알 수 없었다. 딸이 방송사에 갓 취직해 아빠에게 직장생활에 대해 조언을 청한 그날까지는.

"네가 일할 세계는 모든 사람들이 시계를 보는 곳이야. 프로그램은 정확한 시간에 시작하고 정확한 시간에 끝나지. 조정실 화면은 100분의 1초 단위로 모든 것을 보여줘. 그리고 절대 멈추는 법이 없어. 항상 다른 프로그램이 기다리고 시계는 계속 흘러가. 그래서 모든 사람들은 긴장의 끈을 놓을 수가 없단다. 하지만 만약 네가 책임자의 위치에 올라가면 네 인내심도 시험에 들게 될 거야. 넌 모든 일이 제시간에, 아니 제시간보다 더 빨리 끝나길 바라게 되지. 명령조로 말하고, 일이 원하는 대로 되지 않으면 절망하고 분노하게 될 수 있어. 그러면서 주변 사람들을 점차 적으로 대하기 시작할거야. 그들은 널 실망시킬 뿐 아니라 널 초라하게 보이게도 해. 그러면 네 분노는 또 끓어오를 것이고."

바로 그때, 팀에게 각성의 시간이 찾아왔다. 자신의 직업적 조바심이 방송국이라는 가혹한 업무 환경에 얼마나 큰 영향을 받았는지, 딸에게 이야기하기 전까지는 미처 깨닫지 못했던 것이다. 그리고 그 조바심이 자신의 인생 곳곳에 스며들어 스스로를 얼마나 심하게 망쳐왔는지도.

"전 친구에게 이메일을 보낸 후 1시간 안에 답장이 없으면 미쳐버리는 그런 사람이었음을 깨달았습니다. 빨리 답장하지 않으면 그 친구에게 전화해 왜 나를 무시하냐고 다그쳤어요. 친구들을 방송 프로그램 제작진처럼 대해왔던 것이죠. 그렇게 세상을 대해왔어요. 그래서는 제대로 된 삶이 불가능한데도 말이에요."

팀이 후회라는 강력한 감정을 자각하게 된 통찰의 순간은 아버지와 딸 사이의 친밀한 대화였다.

"제 인생에서 뭔가를 변화시킬 수 있다면, 이제는 참을성을 길러야겠지요."

후회란 우리가 현재 상황을 점검하고 어떻게 이 지점에 이르렀는지를 가늠하는 순간에 경험하게 되는 감정이다. 자신의 과거를 돌아보면서 그와는 다른 방식으로 살았기를 원하는 자신을 발견하게 된다. 후회는 그렇게 아픈 상처를 남길 수 있다.

그토록 아프기에 후회는 그다지 환대를 받는 감정이 아니다. 그래서 우리는 흔히 후회를 부정하거나 합리화시켜버려야 하는 악성 종양처럼 대하곤 한다. 스스로에게 '난 멍청한 결정을 해왔지만 그게 지금의 날 만들었어. 과거를 한탄하는 건 시간 낭비지. 교훈을 얻었으니 이제 넘어가자고'라며 주문을 건다. 이것은 후회를 대하는 방식 중 하나로, 자각에 따르는 고통으로부터 자신을 방어하고자 하는 모습으로 나타난다. 후회하지 않는 사람은 없다는 사실(나만 그런 게 아니구나)에 위안을 얻으며 모든 상처를 씻어버린다. 왜냐하면 당장 고통을 겪는 것보다 그 고통이 언제 끝날지 모를 때가 더 최악이기 때문이다.

나는 이와는 다른 태도, 이름하여 '후회 감싸 안기'를 제안하고자 한다. (너무 꽉 안거나 너무 오래 안고 있지는 말고.) 후회에 뒤따르는 고통은 필연적이다. 매섭게 짖는 강아지처럼 휘이 쫓아낼 수도 없다. 잘못된 선택을 하거나 자신을 망칠 때, 혹은 사랑하는 사람에게 상처를 주게 될 때 우리는 고통을 느낀다. 하지만 그 고통은 트리거로 작용해 과거보다 나은 쪽으로 나아가게 만드는 힘이 될 수 있다. 후회야말로 우리의 변화를 이끄는 가장 강력한 감정이다.

만약 내가 내 역할을 제대로 하고 당신이 잘 따라와준다면, 당신은 당신이 원했던 바로 그 사람이 되는 데 한 걸음 더 다가서게 될 것이다. 그리고 당신은 앞으로 후회하는 일이 줄어들 것이다.

자, 그럼 이제 시작할 준비가 되었는가?

차 례

1부

환경

왜 나는 원하는 내가 되지 못하는가?

1장

행동 변화에 관한
불변의 진리

나는 35년 넘게 리더십과 자기계발 전문가로 일하면서 수많은 사람들이 자신의 행동을 긍정적으로 바꾸는 일을 도왔다. 내 고객들 대부분은 기꺼이 그 변화에 동참하려 했지만, 때로는 썩 내켜하지 않는 사람들도 있었다. 대부분의 사람들이 행동 변화가 자신을 더 멋진 존재로 만들어준다는 사실을 알고 있었지만, 그렇지 못한 사람도 일부 있었던 것이다.

　내가 고객들을 돕는 방식은 단도직입적이고 지속적이다. 먼저 그 고객 주변의 주요 인물들을 인터뷰해 이야기를 듣는다. 이 주변 사람들은 그 사람의 동료나 직속 부하직원, 혹은 상사일 수도 있다. 이 이야기들을 모으고 요약한 자료를 작성해 함께 점검해본다. 고객이 바라는 행동 변화에 대한 최종적인 책임은 바로 그 자신에게 있다. 그러므로 내 일은 사실상 매우 단순하다. 고객이 손수 고른 주변 사람들이 알아챌 정도로 긍정적이고 오래 지속되는 행동 변화가 나타나도록 돕는 것뿐이다. 그리고 고객의 주변 사람들이 판단하기에 긍정적 변화가 이루어졌다면, 그때 나는 보수를 받는다. 만약 주변에서 그런 긍정적 변화가 이뤄지지 않았다고 말한다면, 나는 결코 돈을 받지 않는다.

내가 고객과 모든 단계를 함께하면서 지속해서 행동이 나아지고 과거로 회귀하지 않도록 이끌기 때문에 변화가 성공할 가능성은 더욱 높아진다. 하지만 그래도 변화에 있어 다음의 두 가지 불변의 진리는 절대 간과할 수 없다.

진리1.
실질적인 변화는 정말 이루기 어렵다
—

변화를 시작하기도 어렵지만, 지속하기는 더욱 어렵고, 특히 고착화시킨다는 것은 매우 어려운 일이다. 나는 인간에게 가장 힘든 일이 바로 '어른이 바뀌는 것'이라고까지 말하곤 한다.

지금 혹시 내가 터무니없이 부풀려 말한다고 생각하는가? 그럼 다음의 질문들에 한번 답해보라.

- **당신의 인생에서 무엇을 바꾸고 싶은가?**
  그 대상은 당신의 몸무게(중요하다), 당신의 직업(마찬가지다), 혹은 당신의 경력(매우 중요하다)처럼 대단한 무엇일 수도 있고, 혹은 헤어스타일을 바꾸거나 부모님을 좀 더 자주 찾아뵙는 것, 거실의 벽지를 새로 바르는 것처럼 보다 사소한 무엇일 수도 있다. 당신이 바꾸고자 하는 대상이 무엇인지에 대해 나는 왈가왈부하지 않는다.

- **그 변화의 열망이 얼마나 오래 지속돼왔는가?**

  몇 달, 혹은 몇 년 동안이나 당신은 아침에 일어나면서 스스로에게 이렇게 다짐했는가? "그래, 오늘이 바로 내가 바뀌는 그날이야."

- **어떻게 그런 결심을 하게 됐는가?**

  다시 말해, 당신의 인생에서 뭔가를 변화시키기로 결심하고 그 의지대로 행동하면 스스로에게 만족스러운 결과가 나타나리라고 생각한 그 특정한 순간을 당신은 기억할 수 있는가?

이상의 세 질문들은 바로 우리가 삶에서 변화를 꾀하고자 할 때 마주치게 되는 세 가지 어려움으로 이어진다.

우리는 자신에게 변화가 필요하다는 것을 쉽게 인정하지 못한다

그건 그 변화가 바람직하다는 걸 모르기 때문일 수도 있고, 또는 알고는 있지만 변화하는 것이 힘들기에 필요성을 부정하는 데 익숙해져왔기 때문일 수도 있다. 앞으로 우리는 자신에게 깊이 뿌리 박혀 있는, 변화를 적대시하는 잘못된 믿음을 점검하면서 한편으로는 그 믿음들을 부숴나갈 것이다.

우리는 내부에 있는 타성이 얼마나 강력한지 실감하지 못한다

우리는 가능하다면 아무것도 하지 않고 사는 삶을 선택할 것이다. 그렇기 때문에 "변화의 열망이 얼마나 오래되었는가?"라고 질문하면서 '며칠'이 아닌 '몇 달'이나 '몇 년'을 그 기간으로 추정한 것이다. 타성이야말로 우리가 변화를 시작하지 못하는 이유다.

장기적으로 우리에게 이득이라는 이유만으로 안락한 상태를 벗어나 뭔가 불편한 일을 시작한다는 자체가 노력 없이는 불가능한 일이다. 그 안락함에 머무르는 편이 고통도 없고 마음도 편하고 즐겁기에. 안타깝게도 그 노력은 이 책에서 내가 만들어줄 수 없다. 왜냐하면 그건 온전히 당신의 몫이기 때문이다. 하지만 자기관리를 체계적으로 강화할 수 있는 간단한 프로세스를 통해, 당신이 긍정적인 변화를 시작하고 유지할 수 있게 도와줄 수 있다.

사실 우리는 어떻게 변화를 시작할지 잘 모르고 있다

변화하려는 결심과 변화에 대한 이해, 변화할 수 있는 능력은 다르다. 예를 들면, 체중을 줄이고자 결심하더라도 효과적인 다이어트 방법을 모를 수 있다. 아니면 그 반대로 방법을 알지만 정작 다이어트를 하고자 하는 동기가 약한 경우도 있다. 이 책의 핵심적인 원리는, 우리 행동은 환경에 의해 움직인다는 것이다. 따라서 주변 환경에 대한 세밀한 이해는 변화하려는 결심, 변화 과정에 대한 이해와 능력뿐 아니라 정말 자신이 변할 수 있다는 자신감까지도 극적으로 끌어올릴 수 있다.

나는 어른이 되어서 처음으로 나를 바꾸겠다고 결심한 그 순간을 지금도 생생히 떠올릴 수 있다. 스물여섯 살이었던 나는 아내 리다와 결혼한 뒤 LA의 캘리포니아 대학UCLA에서 조직행동학 박사 과정을 밟는 중이었다. 고등학교 졸업 이후로 점점 머리가 벗겨지면서 대머리가 되어갔지만, 그 시절의 나는 그 사실을 인정하길 꺼리고 있었다.

매일 아침 나는 욕실 거울 앞에 서서 머리 꼭대기에 자리 잡은 몇 가닥의 성긴 머리칼들을 정성스레 빗질하곤 했다. 머리카락들을 뒤에서 앞으로 쓸어 넘긴 다음, 이마 중앙을 향해 물결을 그려서 얼핏 보면 월계관이라도 쓰고 있는 듯한 모습을 만들어냈다. 그러고는 나도 다른 사람들과 다를 바 없다고 확신하며 그 우스꽝스런 머리 모양으로 세상을 향해 한 발을 내딛었다.

미용실에 갈 때면 헤어디자이너에게 내 머리를 다듬는 법에 대한 세세한 주의사항을 읊어주었다. 그러다 한번은 미용실에서 깜빡 잠이 드는 바람에 그만 머리를 너무 짧게 자른 적이 있었다. 그 충격이 워낙 컸기 때문에 머리가 다시 자랄 때까지 몇 주 동안 모자를 쓰고 다닐까도 했다. 하지만 그날 저녁 난 거울 앞에 서서 스스로에게 말했다.

"인정해, 너는 대머리야. 이젠 그걸 받아들여야 할 때가 됐어."

그 순간부터 나는 몇 가닥 남지 않은 머리카락을 아예 밀어버리고 대머리로 살기로 결심했다. 그렇게 복잡한 결정도 아니었고 실행에 별다른 노력이 들지도 않았다. 변화는 단지 미용실에서 실수로 머리카락을 짧게 자른 것에서 비롯되었다. 하지만 이 일은 여러 면에서 내가 어른이 된 이후 바뀐 것 중 가장 주체적인 변화로 지금까지도 남아 있다. 그 일로 나는 내 외모에 대해 마음의 평안을 얻게 되었으며, 행복해졌다.

솔직히 말하면 어떤 생각이 내 머리를 다듬는 방식을 바꾸게 만들었는지는 아직도 정확히 알지 못한다. 어쩌면 평생을 거울 앞에 서서 많지도 않은 머리를 애써 다듬으며 살아야 한다는 점이 힘들었을 수도 있고, 더는 스스로를 기만하지 말아야겠다는 자각 덕분이었을지도 모른다.

이유는 중요하지 않다. 정말 의미 있는 사실은, 내가 진정 변화하기로 결심했으며 그 결심을 성공적으로 실행에 옮겼다는 것이다. 그건 쉬운 일이 아니었다. 나는 내 머리를 만지는 데 긴 시간을 보내왔다. 쓸모없을 뿐 아니라 멍청해 보이기까지 하기에 충분한 시간 동안 어리석은 행동을 지속해온 것이다. 그러나 나는 그 바보 같은 일을 내가 대머리라는 걸 인정하지 못했기 때문에 계속했으며, 방법을 바꾸기보다 이미 익숙한 대로 머리를 다듬는 게 더 쉽다고 생각했다.

다만 나에게 유리했던 것은 어떻게 하면 변화할 수 있는지 그 방법을 알았다는 것이다. 몸매를 가꾸거나 새로운 언어를 익히거나 남의 말에 귀를 잘 기울이는 사람이 되는 일 등 다른 대부분의 변화와 달리, 나의 변화는 오랜 기간 훈련이 필요하지 않았고 이것저것 재고 따지거나 후속조치를 취해야 할 필요도 없었다. 더구나 다른 사람의 협조를 따로 구할 일도 아니었다. 그저 미용실에서 말도 안 되는 요구를 그만두고 헤어디자이너의 손에 머리를 맡기면 되는 것이었다. 아, 우리의 모든 변화가 이처럼 단순하면 좋으련만.

진리2.
변화를 원하지 않는 사람은
누구도 변화시킬 수 없다

이건 정말 자명한 진리다. 변화란 무릇 내부에서 비롯된다. 가르치거나 억지로 강요한다고 되는 일이 아니다. 가슴 깊숙한 곳에서부터 변화를 바라지 않는 사람은 결코 변하지 않는다.

나는 이 간단한 진리를 일한 지 12년이 되는 때까지도 받아들이지 못했다. 그때까지 나는 100명 이상의 임원들을 일대일로 밀접 코칭했는데, 대부분은 성공적인 변화를 이뤘지만 일부는 실패했다.

그 실패들을 분석해보니 하나의 결론이 도출되었다. 어떤 사람들은 자신이 변화를 원한다고 말하지만, 그 말이 가슴에서 우러나온 진심은 아니라는 점이다. 다시 말해, 나의 고객 선택에 심각한 문제가 있었던 것이다. 나는 고객들의 입에서 나오는 "변화를 원한다"는 말을 곧이곧대로 믿기만 했지, 정작 그들이 진심을 이야기하는 건지 더 깊숙이 파고들어가지 않았다.

이 깨달음을 얻은 지 얼마 지나지 않아 나는 대형 컨설팅 회사의 COOChief Operating Officer, 최고운영책임자인 해리를 도와달라는 의뢰를 받았다. 해리는 똑똑하고 열정이 넘치며 일벌레 스타일의 우두머리형 남성이었는데, 오만하고 스스로를 과하게 높이 평가한다는 단점도 있었다. 습관적으로 부하직원들을 함부로 대하기 일쑤였고 그들을 경쟁으로 내모는 경향을 보였다. 그 소문이 CEO의 귀에까지 들어가 내게 그를 바꿔달라는 요청이 들어온 것이었다.

해리는 처음엔 긍정적 태도를 보이면서 자신은 바뀔 준비가 되어 있다고 장담했다. 나는 그의 동료들과 부하직원들, 아내와 10대 자녀들까지 인터뷰했다. 그들의 말은 모두 한결같았다. 해리의 직업적인 재능과 자질은 충분하지만, 그는 자신이 가장 현명해야 한다는 강박에 사로잡혀 있으며, 언제나 자신이 옳다는 걸 증명하려 하고 어떤 논쟁이든 이겨야만 하는 사람이라는 것이다. 그런 성격은 주변 사람들을 피곤하게 하고 정 떨어지게 만들었다.

나와 함께 자신에 대한 360도 다면평가360-degree feedback 결과를 살펴본 해리는, 동료들과 가족들의 의견을 일단 존중한다고는 말했다. 하지만 내가 개선할 점에 대해 지적하려 할 때마다 그는 자신의 부적절해 보이는 행동에는 다 그럴 만한 이유가 있다는 식으로 하나하나 변명하려 들었다. 자신이 대학에서 심리학을 전공했으며, 주변 사람들의 행동들을 분석한 바에 따르면 자신이 아닌 그들이 바뀌어야 한다는 결론을 얻었다는 것이다. 심지어 그는 내게 그 방법을 가르치기까지 했다.

예전이라면 나는 해리의 그런 반발을 그냥 무시해버렸을 것이다. 오히려 그를 도울 수 있다는 어리석은 착각을 했을지도 모른다. 하지만 다행스럽게도 나는 그전에 얻었던 교훈을 떠올렸다. **'어떤 이들은 변화를 원한다고 말하지만, 그게 정말 진심은 아니라는 것.'**

나와의 만남을 자신의 우월함을 과시하는 기회로 삼고, 문제의 원인을 자기 주변의 사람들, 심지어 아내와 자녀들까지 포함한 주변의 모든 사람들에게로 돌리려는 해리의 속셈이 보였다. 그와의 네 번째 미팅 자리에서 나는 더 이상 노력하지 않기로 했다. 해리에게 내가 당신에게는 도움이 될 것 같지 않으니 이쯤에서 그만두자고 말했던 것이다.

그리고 얼마 후 해리가 회사에서 해고됐다는 소식을 들었을 때 난 놀라지 않았다. 주변의 도움에 그토록 격렬히 저항하는 사람은 인간적으로나 업무적으로나 도움이 되지 않는다는 결론을 CEO가 내렸을 뿐이다.

나는 해리와 보낸 시간을 아주 좋은 훌륭한 예로 기억한다. 바로 우리 행동을 바꾸는 것이 전혀 위험하지 않고 큰 보상이 따른다고 할지라도, 또 현재 상태에 머무르는 것이 자신의 경력과 인간관계에 큰 타격을 줄 수 있다고 해도, 우리는 변화에 저항한다는 사실에 대한 사례로 말이다.

우리는 심지어 목숨이 달린 문제에도 변화를 거부하기도 한다. 흡연과 같은 나쁜 버릇을 버리는 것이 얼마나 어려운지 생각해보라. 암의 위협, 사회적으로 받는 압박과 눈치에도 불구하고 담배를 끊고 싶다는 흡연자들 중 3분의 2는 단 한 번도 금연을 시도조차 해보지 않는다는 사실이 놀랍지 않은가? 그리고 금연을 시도한 사람들 중 열에 아홉은 실패한다. 마침내 금연에 성공한 사람들, 말하자면 가장 의지가 강하다고 할 수 있는 사람들도 평균적으로 6번은 실패한 후에야 담배를 끊는다.

우리 인생에 있어 다른 변화들에 비한다면 금연은 상대적으로 간단한 도전이라 할 수 있다. 어쨌든 그건 스스로 결정할 수 있는 변화가 아닌가. 당신과 당신의 습관, 한 개인과 내면의 악마와의 싸움일 뿐이다. 담배를 입술에 무느냐 마느냐의 선택은 모두 당신에게 달렸고 오직 당신만이 승리를 쟁취할 수 있다. 다른 누군가가 이러쿵저러쿵할 문제가 아니다.

반면에 다른 사람들이 관계된다면 일이 얼마나 더 어려울지 생각해보라. 그들이 어떻게 나올지 예측할 수 없고 당신이 통제할 수도 없지만, 그들의 반응이 당신의 성공 여부에 영향을 미치게 된다. 그건 마치 테니스에서, 당신 혼자 네트 너머로 공을 넘기는 연습을 하는 것과 상대 선수가 당신에게 공을 되돌려 보내는 실제 경기만큼의 차이가 있다.

당신이 직장에서 더 좋은 동료가, 가정에서 더 좋은 남편이나 아내가 되고자 한다면, 당신은 스스로를 바꿔야 할 뿐만 아니라 주변의 동료나 배우자의 지원을 얻어야만 한다. 바로 이것이 변화의 난이도를 매우 높게 만든다.

이 책은 당신에게 흡연 같은 나쁜 버릇을 고치게 하거나 한밤중의 아이스크림에 대한 갈증을 해소해주지 않는다. 니코틴과 아이스크림은 우리의 핵심 타깃이 아니란 말이다. 다만 당신이 존중하고 사랑하는 주변 사람들과 함께 있으면서 당신의 행동을 변화시키는 일에 대해 이야기하는 책이다. 그 사랑하는 사람들이 바로 우리의 핵심 타깃이다.

긍정적이면서도 오래 지속되는 행동 변화를 이루기란 매우 어려워서 우리는 쉽게 포기하기도 한다. 더구나 설상가상으로 이 불완전한 세상, 올바른 경로에서 우리를 좌우로 이탈하게끔 하는 트리거로 가득한 세상에서 그 변화를 이뤄내야 한다.

한 가지 좋은 소식은 변화가 복잡하지 않다는 점이다. 앞으로 이 책에서 제시하는 방법들을 보며, 내 조언이 너무 간단하게 느껴진다고 코웃음을 치지는 말아줄 것을 부탁한다. 의미 있고 지속되는 변화를 달성하는 일은, 우리 예상보다도 더 간단할지도 모른다.

하지만 명심하라. **'간단하다'**와 **'쉽다'** 사이에는 엄청난 차이가 있다는 것을.

2장

변화를 가로막는
믿음의
트리거

마이클 블룸버그Michael Bloomberg는 2002년부터 2013년까지 12년 동안 뉴욕 시의 시장으로 재직하는 동안 시민들의 행동을 끊임없이 개선하려 애쓰는 소위 '사회공학 설계사social engineer'를 자임했다. 공공장소의 흡연을 금지하거나 시의 모든 택시를 하이브리드 자동차로 대체하겠다는 계획을 발표했을 때도 그가 천명한 목표는 바로 시의 자체적인 체질 개선이었다.

세 번째 시장 임기가 막바지에 다다른 2012년, 블룸버그는 마침내 아동 비만을 척결 대상으로 삼았다. 설탕이 첨가된 450밀리리터 이상의 대용량 탄산음료 판매를 규제하는 정책을 내놓은 것이다. 비록 그 실효성 여부나 불공정을 야기하는 정책 설계상의 허점에 대해 갑론을박이 있을 수 있지만, 아동 비만 감소라는 목표가 유익하다는 데는 그 누구도 다른 의견이 없을 것이다. 간단히 말하면, 블룸버그는 사람들이 탄산음료를 너무 많이 마시는 행동을 바꾸려 했다.

이 정책이 작동하는 원리는 아주 간단하다. 예를 들어 지금처럼 영화관에서 몇 백 원만 더 내고 미디엄(450밀리리터)에서 라지(900밀리리터)로 사이즈를 업그레이드할 수 없게 된다면, 사람들은 어쩔 수 없이 더 작은 용량의 음료를 사게 될 테고 결국 설탕을 덜 섭취하게 될 것이다. 만약 탄산음료를 더 마시고 싶은 사람들은 미디엄 두 잔을 사 마시면 된다. 마치 타인이 당신의 집안에 발을 들이기 위해선 현관문을 먼저 노크해야 하듯이, 사람들의 행동을 바꾸기 위해 일종의 장애물을 하나 설치하는 것이라 할 수 있다.

개인적으로 나는 이에 대해 어떤 판단을 내리고 싶지 않다. 사람들에게 어떤 사람이 되어야 한다고 말하는 게 아닌, 자신이 바라는 사람이 되는 일을 돕는 것이 내 임무이자 목표이기 때문이다. 다만 여기서 블룸버그 시장의 정책에 대해 말하는 이유는 변화에 대한 우리의 저항이 얼마나 강력한지에 대한 사례로 다루기 위함이다.

사람들은 곧바로 이 '과보호 정부'에 이의를 제기하고 나섰다. 감히 블룸버그 따위가 내 인생을 좌우하려 해? 지역 정치인들이 반대하고 나선 것은 자신들과 미리 상의하지 않았다는 이유 때문이었다. 전미흑인지위향상협회NAACP는 학교의 체육 예산은 줄이면서 탄산음료를 공격하려는 시장의 위선을 지적했다. 또 영세상인들은 이 규제가 세븐일레븐 등의 편의점은 예외로 하고 있어 영세상인들에게 피해를 준다며 반대 의사를 밝혔다. 코미디언 존 스튜어트Jon Stewart는 대용량 탄산음료를 불법적으로 팔다 걸리면 부과되는 벌금 200달러가 마리화나 판매에 대한 벌금의 두 배나 된다며 블룸버그 시장을 조롱하기도 했다. 이런 식의 부정적인 반응들이 계속됐다. 그리고 줄 소송이 이어진 끝에, 판사는 해당 법안이 "모호하고 변덕스럽다"며 효력을 정지시켰다.

내 생각은 이렇다. 비록 어떤 특정한 행동을 변화시킴으로써 얻어지는 개인적, 사회적 이익이 명확할지라도, 우리는 그 변화를 피해 갈 변명거리를 만들어내는 데 천재적인 재능을 발휘한다는 것이다. 문제를 해결하는 것보다 문제 해결을 돕고자 하는 사람을 공격하는 쪽이 훨씬 쉽고, 심지어 더 재미있기까지 하다.

나를 흔드는 15가지 트리거
—

우리 안의 천재는 그 변화가 바로 우리 자신에게 적용될 때, 변화의 대상이 우리 행동이 될 때 더욱 날카로워진다. 이 천재는 부정, 저항, 심지어 자기기만을 불러오는 일련의 믿음들 속에 숨어 있다. 믿음은 주로 즉석에서 만들어진다. 운동을 중단하면서 "지루해" 또는는 "난 너무 바빠"라고 변명한다. 직장에 지각해서는 "차가 막혀서"라든지 "애가 갑자기 아파서"라고 둘러댄다. 누군가에게 상처를 주고는 "다른 방도가 없었어"라고 말끝을 흐리기도 한다. 어린 시절의 "우리 집 개가 숙제를 먹어버렸어요"에 기원을 둔 이런 변명들을 그토록 남발했는데도 아직 우리를 믿어주는 사람이 있다니 놀라운 일이다(때로는 우리가 진실을 말했다 하더라도).

하지만 자신 스스로를 실망시켰을 때 우리가 숨어드는 그 합리화를 뭐라고 지칭해야 할까? 단지 '변명'이라고 하는 건 우리가 세계를 해석하는 방식을 상징하는 이 내적 신념을 정의하기에 부적절한 감이 있다. 우리의 내적 신념은 심지어 실패하기도 전에 그 실패를 재촉한다. 변화의 가능성 자체를 제거해 변화가 지속되는 걸 방해하는 것이다. 우리는 그 믿음들을 신조처럼 여기며 우리의 나태한 대응을 정당화시키는 수단으로 삼고, 그저 결과가 나오길 기다린다. 나는 이들을 '믿음의 트리거'라고 부른다.

1. 내가 이해한다면, 나는 실제로 바뀔 거야

내가 앞으로 이 책에서 제시하는 모든 방법들은 효과가 있다. '어느 정도' 효과가 있다거나 '다소' 효과가 있다는 따위가 아니다. 정말 제대로 효과를 발휘한다. 내 제안들은 당신이 '이상적인 나'와 '실제의 나' 사이의 간극을 메우도록 도울 것이다.

내 책을 읽은 사람들 중 일부는 "그건 상식이죠. 당신 책엔 내가 몰랐던 건 하나도 없어요"라 말한다. 이건 대부분의 자기계발서에 대한 기본적인 비판이기도 하다. 그럴 때 나는 항상 이렇게 답한다, "맞아요. 하지만 분명 당신이 읽은 것 중에서 당신이 직접 해보지는 않았던 일들이 많을 텐데요?"

자기계발 세미나나 사내 워크숍 현장에선 모든 참석자들이 다음에 무엇을 할 것인지 결정하지만, 정작 1년이 지난 후엔 아무것도 변한 게 없다. 그런 경험이 있는 당신이라면, '이해하기'와 '실행하기'는 엄연히 다르다는 걸 알 것이다. 이처럼 사람들이 무엇을 해야 할지 이해한다는 사실이 그들이 실제 행한다는 보장이 되지는 않는다.

단지 그런 믿음이 혼동을 야기하는 것이다.

2. 나는 의지력이 강해서 유혹 따위에 굴복하지 않을 거야

우리는 의지력과 자기규제를 신봉하고, 그것이 부족한 사람들을 비웃는다. 의지력이 뛰어난 사람에게는 '강력'하고 '영웅적'이라는 수식어를 붙여주며, 도움과 체계화를 필요로 하는 이들을 '연약'하다고 말하는데 사실 그건 바보 같은 짓이다. 우리의 의지력이란 걸 정확히 측정하거나 예측할 수 있는 사람은 없기 때문이다. 의지력을 과장하는 측면이 있을 뿐 아니라 우리를 갈팡질팡하게끔 하는 트리거의 힘을 경시하기까지 한다. 우리 주변 환경이 의지력을 꺾어놓는데 도사라는 사실을 모른 채.

기원전 800년에 탄생한 고전, 호메로스의 『오디세이Odyssey』에서 영웅 오디세우스는 트로이 전쟁 후 귀향하는 길에서 수많은 난관과 시험에 직면하게 된다. 한번은 노랫소리로 선원들을 유혹해 해안의 암석에 충돌하게끔 하는 세이렌들이 사는 지역을 통과해야 했다. 세이렌의 노래를 듣고자 했던 오디세우스는, 선원들의 귀는 밀랍으로 막고 자신은 몸을 배의 돛대에 붙들어 매어 세이렌의 노래를 들어도 무사하게끔 만들었다. 그는 세이렌의 유혹을 이겨내는 것이 자신의 의지력만으로 충분하지 않다는 점을 알고 있었던 것이다.

오디세우스와는 달리, 앞으로 직면하게 될 위험성을 제대로 볼 줄 아는 사람들은 거의 없다. 그래서 우리가 목표를 세울 때 대략 어림잡게 되는 우리의 의지력은, 실제로 목표를 성취할 때 드러나는 의지력에 한참 못 미치는 경우가 많다. 의지력에 대한 지나친 믿음은 결국 자신에 대한 과신을 불러온다.

3. 오늘은 특별한 날이기 때문이야

자신이 저지른 잘못된 행동에 대해 변명하고 싶을 때 우리는 "오늘이 특별한 날이기 때문이야"라고 말한다. 오늘이 내 생일이기 때문에, 결혼기념일이기 때문에, 크리스마스이기 때문에, 축구 결승전이기 때문에 충동이나 유혹을 이겨낼 수 없었다고 둘러댄다. 내일부터는 다시 정상으로 돌아가서, 평상시의 올바른 자아를 회복하게 될 것이라고 말한다.

하지만 정말 자신이 바뀌길 원한다면, 달력에 적힌 날짜 중 그 어떤 날도 '평상시'와는 다른 특별한 날로 자기 맘대로 규정할 수는 없다는 사실을 인정해야 한다. 순간의 실수들을 특별한 이벤트인양 덮어버리려 하면, 일관성을 잃고 제멋대로 방황하는 일탈을 불러온다. 이런 태도는 변화에 아주 치명적인 해를 끼친다. 성공적인 변화는 결코 하룻밤에 이뤄지지 않는다. 우리가 치러야 하는 게임은 어떤 특별한 날이 주는 만족감 따위에 양보할 수 있는 단기전이 아닌 긴 여정이란 사실을 명심해야 한다.

4. 적어도 나는 누구보단 나아

실패나 상실 이후의 침체기에 우리는 "그래도 난 걔보단 낫지" 하고 스스로를 위로한다. 세상에서 제일가는 못난이는 아니라는 면죄부를 주는 것이다. 결국 자신에 대한 평가의 잣대를 낮추기 위한 변명이다. '나보다는 다른 사람들이 더 많이 바뀌어야 해'라고 생각하는 순간, 자신에게 부정 발급된 면죄부를 주고 있는 것이다.

5. 나는 누구의 도움도 필요 없어

우리의 믿음 중 가장 역기능이 심한 것 중 하나가 바로 단순한 일이니 도움이 필요 없다는 생각이다. 우리는 흔히 단순한 일에 외부의 도움은 필요 없다고 믿곤 한다. 예를 들어 책 『체크! 체크리스트The Checklist Manifesto』에서 의사인 저자 아툴 가완디Atul Gawande는 손 씻기, 환자의 피부를 깨끗이 하기, 관 삽입 후 소독 붕대 사용하기 등 기본 절차와 관련된 간단한 5단계 체크리스트를 의사들이 지키기만 했을 뿐인데도 중환자실에서의 감염이 눈에 띄게 줄어들었다고 밝혔다. 하지만 오랜 세월을 거쳐 체크리스트의 효용성이 증명되었음에도 의사들은 여전히 잘 받아들이지 않고 있다. 수련 과정을 한참 전에 마친 많은 의사들은 자신에게 수칙을 계속 상기시키는 것, 특히 간호사들이 그렇게 하는 것을 자신의 품위를 손상시키는 행위라고 여긴다. '그런 단순한 절차를 기억하는 데 체크리스트는 필요하진 않아'라는 것이 의사들의 생각이다.

이는 다음 세 가지가 결합하여 나타나는 당연한 결과물이다.

① 단순함에 대한 경시(복잡한 것만이 주의를 기울일 가치가 있다는 생각)

② 설명이나 후속조치에 대한 경시

③ 오직 나만의 힘으로도 성공할 수 있다는 근거 없는 자신감

이 세 가지 트리거가 결합해 우리 내부에 근본 없는 '예외주의'를 싹틔우는 것이다. 우리가 도움이나 보호를 필요로 하는 사람들보다

낮다고 생각하는 순간, 변화의 가장 핵심적인 원료를 잃어버린 것이다. 그것은 바로 '겸손'이라는 덕목이다.

6. 난 지치지 않을 것이고 내 열정은 사그라지지 않아

아침에 일어나 하루 동안 일할 계획을 세울 때의 우리는 아직 쌩쌩하다. 가슴엔 신선한 기운이 가득하다. 하지만 여러 시간 일하고 난 뒤엔 피로가 몰려오고 수건을 던져 경기를 포기하고 싶은 상태가 된다. 목표를 달성할 계획을 세울 때 우리는 내부의 에너지가 사그라지지 않을 것이고 변화의 과정 동안 열정을 결코 잃지 않을 것이라고 믿는다. 자제력이란 소모되는 자원이란 사실을 제대로 인지하지 못한다. 피곤해질수록 자제력은 시들어 마침내는 사라져버리는데도 말이다. 계획을 고수하려는 노력 자체가 자신을 소모시키는 일이다.

7. 세상의 모든 시간이 다 내 꺼야

다음 두 가지는 시간에 대해 우리 머릿속에서 동시에 발생하는 상반된 믿음이다.

① 우리는 대개 어떤 일을 완수하는 데 드는 시간을 과하게 적게 잡는다.

② 시간이란 무한해서 자신을 계발하는 데 들일 시간은 충분하다. (나는 매년 올해야말로 『전쟁과 평화』를 완독하겠다는 결심을 하지만, 그 올해가 벌써 43년째 계속되고 있다는 게 문제다.)

시간의 무한성에 대한 이러한 믿음이 꾸물거림을 유발한다. '내일부터 해도 되는데 뭘 굳이 오늘 당장 하려 하나. 그 정도로 급한 일은 아니야'라고 생각하는 것이다.

8. 내 정신은 산만해지지 않을 거고, 예기치 못한 일은 일어나지 않을 거야

미래에 관한 계획을 세울 때 주의산만을 염두에 두는 경우는 드물다. 우리는 마치 완벽한 세상 속에서 온전히 자신의 일에만 집중할 수 있으리라는 가정을 하고 계획을 세운다. 그런 자신만의 조용한 세상이 과거에 존재했던 것도 아닌데, 미래에는 그런 세상이 오기라도 할 것처럼 생각하곤 한다. 삶에는 우선순위를 바꾸게 하고 우리의 집중력을 시험하는 온갖 돌발 상황들이 발생한다는 사실을 배제하고 일에 착수하려는 것이다.

우리가 발생 가능성이 낮은 사건들을 대비하지 않는 이유는, 문자 그대로 그 일들이 일어날 가능성이 낮기 때문이다. 대체 누가 출근길 타이어 펑크나 교통사고, 혹은 전복된 트레일러 때문에 일어난 교통 정체 따위를 미리 대비하며 계획을 세우겠는가? 하지만 실제로는 이런 일들 중 적어도 한 가지가 일어날 가능성은 상당히 높다. 우리가 교통정체, 타이어 펑크, 혹은 교통사고의 희생양이 되는 일은 생각보다 자주 일어난다. 그런 사고가 발생하지 않으리라는 믿음이 비현실적인 예측을 야기하는 것이다.

9. 통찰의 순간이 와서 갑자기 내 인생이 바뀔 거야

우리 인생에서 갑작스런 통찰의 순간으로 인한 변화가 가능할까? 물론 그런 일은 일어난다. 술에 취해 땅바닥에 고꾸라질 때, 도박에 전 재산을 탕진했을 때, 형편없는 CEO에게 해고 위협을 받을 때 우리는 '통찰의 순간'을 경험하기도 한다. 하지만 나는 '통찰의 순간'에 의한 변화를 믿지 않는 쪽이다. 왜냐하면 아주 잠깐의 변화가 가능할 수 있겠지만 의미 있고 지속적인 결과가 나오지는 않기 때문이다. 그 변화가 충동이나 희망, 기원 따위에 기댄 것이기에 지속성을 가지기 힘들다.

10. 내 변화는 영구적일 테니 다시 걱정할 필요는 없을 거야

'……하면 난 참 행복할 텐데'라는 생각은 우리의 고질적인 병이라 할 수 있다. 승진, 새 집 구입, 운명의 상대 발견처럼 행복을 우리가 성취할 수 있는 어떤 고정적인 유한한 목표로 여기는 것이다. 이런 믿음은 현대인들의 삶에서 가장 유명한 스토리로 우리에게 각인되어 있다. '한 사람이 있다. 그 사람이 어떤 제품이나 서비스에 돈을 쓴다. 그리고 행복해진다.' 우리는 이걸 TV 광고라고 부른다. 미국인들은 평생 TV 광고 시청에 14만 시간을 소비한다고 하니, 그것에 세뇌되지 않기도 힘들 것이다. 그런데 어떤 긍정적 변화가 일어나면 우리가 영원히 바뀌리라고 덥석 믿어버린다는 게 이상하지 않은가?

목표를 세우고 난 뒤 우리는 그 목표를 달성하면 행복해지리라는 잘못된 믿음을 가진다. 퇴보란 없을 것이라고. 이런 믿음이 영속성에 대한 잘못된 이해를 불러온다. 물론 그 믿음이 옳다면 좋을 것이다. 하지만 내가 전 세계 8만 6000명을 조사한 연구 「리더십은 접촉 스포츠다Leadership Is a Contact Sport」에 따르면 그렇지 않다는 걸 알 수 있다. 우리가 계속 관리하지 않으면 우리에게 일어난 긍정적 변화는 지속되지 않는다. 말하자면 다이어트와 다이어트로 날씬해진 몸을 유지하는 일 사이의 차이와도 같다. 목표 수준에 이르렀더라도 꾸준한 관리 없이는 그 수준에 계속 머무를 수 없다. 몸무게를 유지하려면 계속 운동하러 가야만 하는 것이다.

동화는 "그들은 영원히 행복하게 살았습니다"라고 끝난다. 그래서 그걸 다큐멘터리가 아니라 동화라고 부르는 것이다.

11. 이전 문제를 해결하면 새 문제가 생기지 않을 거야

우리는 과거의 문제를 해결해도 새 문제가 생길 수 있다는 점을 잊곤 한다. 나는 이런 현상을 성공한 CEO들 모두에게서 발견했다. 꿈에 그리던 CEO가 되었다는 기쁨이 첫 이사회 회의에 참석하는 순간 증발해버렸다는 점을 그들 모두 인정했다. CEO가 돼야 한다는 옛 문제가 CEO직을 유지해야 한다는 새로운 문제로 대체된 것이다. 하나의 문제 해결로 만사형통이라는 믿음이 앞으로 닥쳐올 과제에 대한 근본적인 오해를 불러일으킨다.

복권 당첨자들을 이에 대한 적절한 예로 들 수 있다. 갑작스레 거머쥐게 된 부에 뒤따를 걱정 따윈 없는 행복을 꿈꿔보지 않은 사람이 누가 있으랴? 하지만 연구 결과는 복권 당첨 이후 겨우 2년 만에, 당첨자들은 당첨 이전보다도 행복해지지 않았다는 것을 보여준다. 복권이 물론 주택 대출 상환, 자녀 학비 같은 이전의 문제들은 해결해주었다. 하지만 새로운 문제들이 바로 생겨났다. 친척, 친구, 자선단체들이 어디선가 나타나 주변을 맴돌며 적선을 바란다. 낡은 집에 살던 과거에는 좋은 이웃, 친구들과 함께했지만, 이제 고급 주택에 살아도 마음을 터놓을 이웃이나 친구가 없게 되었다.

12. 나는 노력한 만큼 정당한 대가를 얻을 거야

우리는 인생이란 공평하다고 믿으며 자랐다. 내 고귀한 노력과 땀은 보상받을 것이라고 말이다. 정당한 보상을 얻지 못하면 우리는 뒤통수를 한방 크게 얻어맞은 듯한 느낌을 받는다. 무너진 기대는 분노를 일으킨다.

나는 사람들에게 변화를 추구하는 이유가 스스로 그것이 옳은 일이라 믿기 때문이어야 한다고 말한다. 자신의 주변에 있는 사람들의 삶을 더 낫게 만들어줄 수 있고, 그들이 믿는 삶의 가치대로 살 수 있기에 변화를 추구해야 한다고. 만약 변화하고자 하는 이유가 오직 외부적인 보상(승진, 더 많은 돈)을 얻기 위해서라면 나는 그 사람과 일하지 않을 것이다. 왜냐하면 그 원하는 바를 얻으리라는 보장이 없고, 그 보상이 유일한 동기라면 금세 과거의 자신으로 돌아갈 것이기 때문이다.

더 나은 자신이 되는 일의 결과로 주어지는 보상은 자신이 더 나아졌다는 것뿐이다.

13. 누구도 내게 관심을 기울이지 않아

우리는 사람들이 내게 깊은 관심을 가지지 않기에 나쁜 행동을 좀 해도 괜찮지 않을까 여긴다. 자신이 사람들 눈에 잘 띄지도 않고, 소외되는 걸 은근히 즐기는 성향도 있다고 생각하기도 한다. 하지만 여기서 절반만 진실이다. 우리의 느리고 꾸준한 변화가 남에게는 분명하게 보이지 않지만, 과거의 좋지 않은 행동을 다시 하면 남들은 언제나 알아차린다.

14. 내가 변한다면 그건 '진짜' 내가 아니야

많은 이들이 지금 내가 행동하는 방식이 나라는 사람을 규정할 뿐 아니라 진짜 나를 영원히 상징하는 것이라는 그릇된 믿음을 갖고 있다. 그러니 만약 우리가 변한다면 어쨌든 진정한 내가 아니게 되는 것이라고 생각하는데, 이런 믿음은 완고함을 낳는다. '그건 내가 아니기 때문'이라는 이유로 새로운 상황에 적응하려 들지 않는 것이다.

예를 들어 이렇게 말하는 사람들이 있다. "난 주변 사람들에게 긍정적인 평가를 내리는 법이 거의 없어요. 그건 내가 아니거든요." 그럼 나는 사람들을 긍정적으로 평가하지 못하게 하는 불치의 유전병이라도 앓고 있는지 되묻는다.

우리는 우리의 행동뿐 아니라 자신을 정의하는 방식도 변화시킬 수 있다. 하지만 스스로를 '그건 내가 아니야'라는 이름표가 붙은 상자 안에 가두게 되면 밖으로는 한 발짝도 나올 수가 없다.

15. 난 내 행동을 평가할 수 있을 정도의 지혜는 갖고 있어

우리는 스스로를 평가하는 데 있어 놀라우리만치 부정확하다. 내가 8만 명 이상의 전문가들에게 스스로의 성과를 평가해달라고 요청하자 70퍼센트는 스스로가 동료 그룹에서 상위 10퍼센트 이내에 든다고 응답했고, 82퍼센트는 상위 25퍼센트 이내라고 믿고 있었으며, 98.5퍼센트가 자신을 적어도 중간 이상이라고 평했다.

성공은 스스로의 공으로 돌리고, 실패는 타인이나 상황 탓을 하는 게 우리의 성향이다. 이런 믿음은 객관성의 결여를 촉발시킨다.

이 믿음은 또한 다른 사람들은 끊임없이 그 자신을 과대포장하고 오직 나의 스스로에 대한 판단만이 공정하고 정확하다는 확신에 빠지게 한다.

• • •

자신에 대한 과신, 완고함, 헛된 망상, 혼돈, 후회, 꾸물거림 등 변화를 추구하는 우리의 여정에는 이같은 무거운 짐들이 수없이 많다.

이처럼 확고하고 때론 어리석은 합리화도 보다 궁극적인 질문에는 완벽히 답하고 있지 못하다. 왜 우리는 우리가 원하는 사람이 되지 못하는 걸까? 왜 더 나은 내가 되겠다고 계획을 세우고 난 후 몇 시간, 며칠 만에 그 계획을 포기해버리는 걸까?

변명이나 잘못된 믿음들보다 우리가 원하는 변화를 이뤄내지 못하게 하는 보다 더 큰 트리거가 존재한다. 우리는 그걸 '주변 환경'이라고 부른다.

3장

환경이
우리를
지배한다

대부분의 사람들은 주변 환경이 자신의 행동을 지배한다는 것을 제대로 인지하지 못한 채 살아간다.

꽉 막힌 도로 위에서 운전하다가 분통이 터지는 이유는 우리가 사이코패스여서가 아니다. 무례하고 참을성 없는 운전자들에게 둘러싸인 채, 길게 늘어선 차량들의 행렬 속에 놓여 있다는 그 상황이 분노를 불러오는 것이다. 우리는 조급함, 경쟁, 적개심을 불러일으키는 환경 속에 있고, 그 환경이 우리를 바꾸는 것이다.

레스토랑에서 왜 이렇게 음식이 형편없냐고 실제론 음식을 만들지도 않은 웨이터를 괴롭히거나 지배인에게 험한 말을 내뱉으며 불만을 쏟아내는 이유는, 우리가 루이 14세처럼 왕족 흉내를 내기 때문이 아니다. 비싼 돈을 냈으니 응당한 수준의 음식을 제공받을 자격이 내게 있다고 믿는 고급 레스토랑이라는 환경이 그런 행동을 불러온 것이다. 식당 밖으로 나오면 우리는 참을성 있고 점잖은 평범한 시민으로 돌아간다.

우리가 환경을 인지하고 기꺼이 받아들였다고 해도, 환경이라는 트리거의 가차 없는 힘에 휘둘린다. 30년 전, 강연가로 활동하며 하루의 절반을 비행기에서 보내기 시작한 나는 비행 중이라는 환경이 독서와 집필에 이상적이라고 여겼다. 전화나 TV도 없고 어떤 방해도 받지 않으니 말이다. 끊임없는 이동 일정에도 화가 나지 않았던 이유는, 덕분에 내 생산성이 증가했기 때문이다. 하지만 비행 중 미디어를 제공하는 환경이 와이파이를 제공하고 50개의 채널 시청이 가능한 쪽으로 발전해나가자 내 생산성은 하락했다. 고요한 수도원 같던 곳이 온갖 잡념들의 전시장이 된 것이다.

그리고 나로 말하자면 유혹에 약하고 주의가 산만한 편이다. 일을 하거나 다양한 시간대를 건너느라 부족한 잠을 보충하는 대신, 나는 특별한 목적의식도 없이 두세 편의 영화들을 연달아 시청했다. 그래서 매번 비행기에서 내릴 때마다 무사히 도착했다는 안도감이나 다음 일정에 대한 생각보다 먼저 다가오는 것은 헛되이 시간을 날려버린 자신에 대한 질책이었다. 마치 훈련 중에 받아야 할 공을 놓쳐버린 듯한 공허함이 가득했다. 또한 과거처럼 느긋하고 편안한 마음이 아니라 오히려 피곤하고 무기력한 상태로 공항을 벗어났다. 몇 년이 지나서야 그 이유가 비행 중 환경이 바뀌었기 때문임을, 그와 함께 내 상태가 변했기 때문임을 알아차릴 수 있었다. 하지만 그게 좋은 쪽으로의 변화는 아니었던 것이다.

내가 이 책을 통해 꼭 치료하고자 하는 하나의 '질병'이 있다면, 그건 우리의 환경에 대한 총체적인 오해와 관련이 있다. 우리는 자신이 주변 환경에 동화된다고 생각하지만, 실제로는 우리와 환경 사이에 전쟁을 벌이고 있는 것과 같다. 우리는 환경을 통제한다고 생각하지만 실은 환경이 우리를 조종하고 있는 것이다. 외부 환경이 우리 편이라고, 우리를 돕는다 생각하지만 실은 우리를 힘들고 지치게 한다.

내 말이 주변 환경을 우리 인생의 적으로 그리려는 것처럼 들린다면, 그것이 바로 내가 의도한 바다. 나는 우리가 환경을 마치 하나의 사람처럼 생각했으면 한다. 테이블 너머 마주앉은 현실의 적이라고 말이다. 환경은 피부로 느껴지지 않는 무정형의 공간이 아니다. 우리 주변의 환경이란, 우리의 행동에 지속적인 자극을 주며 멈추는 법이 없는 트리거 메커니즘이기에 결코 간과할 수 없다. 그러니 환경을 육신을 가진 인물로 묘사하는 것은 단지 그럴듯한 은유가 아니라, 실제 우리가 대치하는 대상을 명확히 직시하게 해주는 일종의 전략인 셈이다. (그래서 나는 때때로 환경에 이름을 붙이는 걸 권하기도 한다.)

그렇다고 환경이 항상 적대적인 것만은 아니다. 어깨 위의 천사가 되어 우리를 더 나은 인간으로 만들어주기도 한다. 결혼식이나 동창회, 시상식 만찬장이나 친구들과의 기쁜 만남 같은 경우에 말이다. 다들 껴안으며 반가움을 표시하고, 편안히 어울리며 연락하고 지내자고 말한다. 물론 이런 감정은 일상에 복귀하자마자 곧 사그라진다. 즉 다른 환경에서는 다른 자신이 되는 것이다. 그때 한 약속도 잊고 연락도 안 한다. 한 환경이 우리를 기쁘게 만들었다면, 또 다른 환경이 마치 없었던 것처럼 그 좋았던 분위기를 지워버리는 것이다.

환경은 우리를 나쁜 사람으로 바꾼다

—

대개의 경우 환경은 악마에 가깝다. 예를 들어 아내와 나는 시니컬한 부류의 사람들이 아니다. 내 직업이 비록 사람들의 개인적 단점들을 찾아 바꾸는 것이지만, 사생활에서 나는 가급적 비판을 자제하려 한다. 타인의 결점에 눈 감고 그냥 지나치려는 쪽이다. 아내는 나처럼 인내심을 가지고 일할 필요가 없으니, 항상 누구에게나 매우 친절한 사람으로 통한다.

하지만 우리가 완전히 다른 사람이 되는 순간이 있으니, 바로 이웃인 테리와 존 부부와 저녁을 먹을 때다. 그 둘은 꽤나 익살스럽고 유쾌한 부부지만, 유머조차도 신랄한 사람들이다. 그들의 입에서 쏟아져 나오는 거의 대부분의 말들은 시니컬하고 비난조에다 잔인하기까지 해서, 악담 경연대회에라도 참가하려는 것처럼 보일 정도다. 그들과의 특별히 악독한 식사를 마치고 집으로 돌아오고 나면, 아내와 나는 우리가 얼마나 악독한 조소를 내뱉었는지 기억하고는 몸을 떨 정도였다. 그건 정말 우리다운 모습이 아니었기 때문이다. 그 평소답지 않은 언행의 이유를 추적해보니 유일한 변수는 우리가 함께한 사람들, 그리고 우리가 처해 있던 그 상황이 전부였음을 쉽게 알 수 있었다. 즉 그 환경 말이다. 부드러운 말투를 가진 사람과 대화하면 내 말투도 부드러워지고 말 빠른 사람에게는 역시 빠르게 말하게 되는 것처럼, 테리와 존이 만들어낸 악독한 대화의 기운이 우리 부부의 말을 아예 변화시킨 것이다.

가끔은 하나의 요소를 바꾸는 것만으로도 이상적인 환경이 재앙으로 변하기도 한다. 그렇다고 우리가 변하는 건 아니다. 다만 우리를 제외한 같은 공간 내의 모든 이들과 그들이 우리를 대하는 방식을 변화시킨다.

몇 해 전 나는 한 컨설팅 회사의 임원 모임에 참석해 강연한 적이 있었다. 그 전까지는 그 회사와 손발이 잘 맞는 편이었는데 어찌된 일인지 이번엔 뭔가 삐걱거렸다. 말을 걸어도 호응이 없었고 누구도 기꺼이 웃어주지 않은 채 그 잘난 사람들은 그저 가지런히 손을 모으고 앉아 있을 뿐이었다. 그때 나는 강연장의 온도가 너무 높다는 사실을 알아챘다. 실내 온도를 조금 낮추고 나자, 놀랍게도 강연이 정상 궤도를 찾았다. 대기실에 빨간 M&M 초콜릿을 항상 비치해두라고 요구한다는 록스타처럼, 나는 이제 내가 프레젠테이션할 장소의 온도를 선선하게 해달라는 요청을 한다. 아주 사소한 환경 변화 하나가 모든 것을 바꿀 수 있다는 점을 배운 덕이다.

가장 치명적인 환경은 우리로 하여금 옳고 그름에 대한 판단마저 타협하게 만들어버린다. 경쟁이 치열한 직장이라는 환경 아래에서는 그런 일을 누구나 겪을 수 있다.

유럽의 한 대기업에서 잘나가는 임원으로 일하고 있던 칼 이야기를 해보자. 그는 독선적인 경영 스타일을 가지고 있었다. 사소한 일에도 강박적이고 엄격하며 가혹하게 굴었다. 그는 CEO 자리를 노리고 있어서 승진을 위해서는 자신의 부하직원들을 매몰차게 내모는 일도 마다하지 않는 사람이었다. 그가 입버릇처럼 달고 다니는 것은 "실적으로 말하라"였다. 누구든 자신이 책정한 '숫자'와 다른 의견을 내놓으면 무시해버렸고 현실적이지 않다고 치부했다. 팀원들에게 "어떻게 해서든 해내!"라고 소리 지르는 일이 다반사였다.

그다지 놀랍지 않게도, 그의 팀은 실적을 내기 위한 지름길을 찾으려 윤리적인 경계를 넘나들기 일쑤였다. 칼이 창조한 환경 속에선, 누구도 그걸 도덕적 부패라고 알아채지 못했다. 결국 부패의 진실이 밝혀졌고, 그 스캔들로 인해 회사는 수천만 유로의 피해를 입었을 뿐 아니라 명성까지 더럽혀졌다. 칼은 자신을 이렇게 변호했다. "나는 팀원들에게 어떤 부도덕하거나 불법적인 행위도 지시한 적이 없습니다!" 칼은 그럴 필요가 없었다. 자신이 만들어낸 환경이 그를 대신해주었으니까.

우리의 주변 환경은 심지어 평소에 친하게 지내던 사람들과의 관계마저 변화시킨다. 친구를 이방인처럼 대하고, 다시는 얼굴조차 보지 않을 것처럼 행동하게 만든다.

10여 년 전 나는 한 기업의 COO에 대한 360도 다면평가를 진행하다가 재키라는 여성과 인터뷰를 하게 됐다. 인터뷰 중 우리는 그녀가 하는 일에 대해 느끼는 정신적 부담에 대해 대화를 나누게 되었다. 재키는 마음속에 있는 짐을 내려놓고 싶어 했고, 그래서 나는 그녀의 이야기를 열심히 들어주었다. 재키는 사내 변호사로, 특히 인사업무를 담당하고 있었다. 그녀의 중요한 일 중 하나는 자의든 타의든 회사를 떠나는 간부들의 퇴직각서를 작성하는 것이었다.

"사실 나라고 좋아서 하는 일이겠어요? 저는 자신의 경력 중에서 가장 위기의 순간에 놓인 사람들을 상대해야 해요. 그들 중 대부분은 당장 무엇을 할지에 대한 계획도 없는 상태고요. 하지만 전 그들이 아니라 회사의 이익을 대변해야 하는 입장이죠."

재키는 얼마 전 퇴직한 한 간부에 대해 이야기했다. 재키와 그는 대학 때 알고 지내다가 같은 회사에서 일하게 되면서 다시 만났다. 둘은 업무적으로 함께할 뿐 아니라 때로는 사적으로 어울리기도 했다. 그런데 그가 퇴직을 하게 되자 그 조건을 협상하는 일을 그녀가 맡은 것이다. 퇴직금은 고용계약에 이미 정해져 있었다. 협상의 쟁점은 그의 영업 계좌에 앞으로 들어올 수입에 대해 그와 회사가 각각 얼마씩 나눠 갖느냐 하는 것이었다. 재키는 몇 주간 이메일과 전화를 주고받으면서 온갖 협상 방법을 사용해 회사가 이후 수입의 대부분을 가져가도록 만들었다.

처음에 나는 왜 그녀가 이런 이야기를 하는지 이해하지 못했다.

"당신은 그저 당신의 책임을 다한 것뿐이에요, 직업이니까요."

하지만 그녀는 분명 자신의 행동에 대해 괴로워하고 있었다.

"저도 자신에게 그렇게 말해요. 하지만 그는 제 친구였다고요. 마땅히 그를 도와줬어야 하는데……. 전 오히려 그에게서 2만 달러나 되는 돈을 뺏었어요. 회사 입장에선 표시도 안 나는 돈이지만 실직자가 된 친구에게는 큰돈이었는데 말이에요. 대체 전 누구를 위해 그렇게 한 걸까요? 회사는 신경도 안 썼는데요. 이게 지금껏 일하면서 겪은 가장 괴로운 기억이에요."

당시 내가 현명하고 따뜻한 위로의 말을 해줄 수 있었더라면 좋았을 것이다. 하지만 10년 전의 나는 아직 환경이 가진 그 악의적인 힘을 완전히 깨닫지 못하고 있었다.

물론 이제는 알고 있다. 변호사로서 재키는 상대와 대립하도록 훈련받으면서, 사소한 거래 사항이라도 다투고 협상하는 데 익숙해져 있었다. 누가 이기고 지는가, 누가 마지막 한 푼까지 챙기는가를 두고 싸우는 환경에서 재키는 자신도 제 몫을 해내고 있다는 걸 보여주고 싶었을 것이다. 그것이 자신의 가치를 회사에 증명하는 길이었을 테니까. 이처럼 가차 없는 환경이 옳고 그름을 불분명하게 하는 공격적인 성향을 재키에게 심어준 것이다. 전문 협상가가 되고자 한 열의가 그녀를 미성숙한 인간처럼 행동하게 만들어버렸다.

어떤 환경은 우리로 하여금 자신의 이익에 반하여 행동하도록 설계되어 있다. 바로 우리가 고급 매장에서 과소비를 할 때 그런 상황이 벌어진다. 매장의 조명부터 벽지 색깔, 통로의 폭까지 우리 욕망을 극대화시키도록 설계된 환경을 먼저 탓해야 할 것이다. 하지만 정말로 이상한 건 그 쇼핑몰의 환경이 어둑어둑한 골목에서 튀어나오는 강도처럼 우리에게 먼저 덤벼든 건 아니라는 점이다. 우리가 스스로 거기에 있기를 선택했고, 그 환경이 무언가를 사고자 하는 충동을 일으켰을 뿐이다. 그리고 쇼핑할 목록을 미리 정해두지 않고 그저 아무거나 마음에 드는 걸 사야지 하는 마음으로 쇼핑을 갔을 때 그 영향이 더 크다. 카지노나 온라인 쇼핑몰 역시 마찬가지다. 그걸 운영하는 똑똑한 사람들은 오직 단 한 가지 목적만을 가지고 있다. 고객의 지갑을 여는 것 말이다.

고급 매장만큼 교묘히 지갑을 터는 환경은 또 없을 것이다. 하지만 다른 환경들도 우리 편이라고 할 수 없다. 편안히 자고자 하는 오래된 숙원을 한번 생각해보라. 수면부족은 가히 전 세계적인 전염병이라고 할 수 있는데, 미국 성인의 3분의 1이 수면부족으로 괴로워하고 있다고 한다(10대들은 그 두 배로 더 심각하다).

사실 우리는 쉽게 잘 수 있어야 한다. 우리에게는 잠을 잘 자야 한다는 동기가 있다. 누군들 아침에 흐리멍덩한 눈으로 꼼지락대기보다 맑고 화창한 정신으로 침대에서 일어나고 싶지 않겠는가?

우리는 언제 자야 하는지 잘 알고 있다. 아주 기본적인 산수 문제다. 우리에게 필요한 수면시간이 6시간에서 8시간 정도니, 다음 날 아침 일찍 출근하거나 등교해야 한다면 밤 11시 정도에는 잠자리에 들어야 한다. 그리고 우리는 스스로를 제어할 능력을 가지고 있다. 잠은 우리가 완전히 장악하고 있는 환경인 우리 집에서 하는 자율적 행동이다. 언제 잠자리에 들지는 우리가 정한다. 방, 침대, 이불과 베개까지 우리가 정한 것이다. 그런데 왜 내게 좋은 줄 뻔히 아는 그 일을 하지 않는 것일까? 왜 늦게까지 자지 않고, 결국 충분한 수면을 취하지 못해 피곤한 채 아침을 맞이하게 되는 것일까?

네덜란드 위트레흐트 대학의 수면 연구자들은 이 현상을 '수면시간 지연'이라고 부른다. 우리가 정해진 시간이 되어서도 침대로 가길 미루는 건, 심야 영화를 보거나 비디오 게임을 하거나 스마트폰을 만지는 등 지금의 환경에 머무르는 걸 조용하고 편안한 침실로 이동하는 것보다 선호하기 때문이다. 이 두 가지의 경쟁적 환경을 놓고 우리는 선택하는 것이다.

우리는 환경이 어떻게 선택에 영향을 미치는지 깨닫지 못하고 있기 때문에 옳은 결정(침대로 가는 것)을 내리지 못하게 된다. 그래서 하던 일을 계속하게 되고, 타성의 포로가 되어 꿀잠이 피곤하다고 잘 수 있는 게 아니라 좋은 버릇을 길러야만 쟁취할 수 있는 대상이라는 점을 끝내 알지 못한다. 환경이 수면습관을 방해할 수 있다는 점을 제대로 이해한다면, 우리는 행동을 바꿔야 할 것이다. 당장 하던 일을 멈추고, 스마트폰과 컴퓨터를 끄고 침실에서 TV를 몰아낸 뒤 잠자리에 들어야 한다.

단지 운에만 맡기지 않고 훈련을 통해 행동을 변화시키는 것이 앞으로 이 책의 핵심 주제이며 또한 약속하는 바이기도 하다.

그러나 환경도 변한다
—

하지만 먼저 당혹스러운 소식 한 가지를 더 전해야겠다. 환경이란 트리거는 고정적이지 않다는 점이다. 하루 사이에도 바뀔 수 있다. 말하자면 움직이는 과녁처럼, 그만 놓쳐버리기 십상이란 것이다.

환경에 대해 생각할 때 머릿속에 우선 떠오르는 모습은 가족, 직업, 학업, 친구와 동료, 이웃과 우리가 살아가는 공간에 중요한 영향을 미치는 일종의 거대한 공이다. 환경은 우리의 정체성을 상징하지만 그렇다고 의사나 행동에는 직접적으로 개입하지는 않는 공동체 같은 느낌으로 다가올 것이다. 그러나 그런 생각은 그저 희망사항에 불과하다.

내가 여기서 대상으로 삼는 환경이란 그보다는 훨씬 작고 보다 구체적이다. 매우 가변적이며 수시로 제 모습을 바꾼다. 우리는 매번 새로운 '누구, 무엇, 언제, 어디서, 왜'가 바뀐 상황에 맞닥뜨릴 때마다 새로운 환경에 포위되며, 우리의 목적과 계획, 행동의 일체성이 위협받는다. 이건 아주 단순한 역학 관계라 할 수 있다. 즉 변화하는 환경이 또한 우리를 변화시키는 것이다.

식구들이 먹을 아침을 준비하고 아이를 학교에 바래다준 후 출근하기 전까지의 엄마, 즉 가정이란 환경의 엄마와 이제 막 회사에 도착해 사장실로 예산 관련 회의를 하러 들어서는 엄마는 결코 같은 인물이라 할 수 없다. 절대로. 집에선 그녀는 자신의 영역에서 대장과도 같다. 책임감 있는 리더로 가족을 돌보고 아이들의 복종과 존경을 기대한다. 그러나 회사에선 다른 환경이 펼쳐진다. 여전히 가정에서처럼 자신감과 능력을 갖춘 사람일 수 있지만, 일부러든 아니든 회사에 맞게끔 자신을 바꾼다. 직급과 권위를 존중하고 언행에 각별히 신경 쓴다. 그리고 업무 시간 동안에도 변화하는 상황에 맞춰 계속 스스로를 바꿔간다. 환경이 바뀌면 그녀도 바뀌는 것이다.

그렇다고 이 엄마의 행동에 진정성이 없다고는 하지 못한다. '직업 세계'라는 환경에서 살아남기 위한 필수 전략으로, 특히나 그 상황을 본인이 완전히 장악한 상태가 아니라면 더욱 그렇다. 이 엄마가 회사의 사장이라고 해도 다를 것은 없다. 리더들도 역시 자신의 행동을 상황에 맞춰나간다.

한 유명 건축회사의 대표가 내게 해준 이야기다. 그 건축회사는 방위산업 사업자로 정부와 계약할 때 각 건마다 비밀 정보의 보안 등급이 매겨지는데, 회사 내부에서 정보를 공유할 때도 매우 세심한 주의를 기울인다고 한다. 사람에 따라 말을 가려야 한다는 것이 정부의 요구사항인 것이다. 이 사람에게는 민감한 정보를 공유할 수 있으나 저 사람에게는 안 되는 일이 있고, 그 반대의 경우도 있다. 즉 그는 자신의 환경과 행동 간의 연결고리에 대해 굉장한 주의를 기울이지 않으면 안 된다. 이 점을 그르치면 회사가 다칠 뿐 아니라 본인이 감옥에 갈 수도 있다.

난 그에게 평소에 하루를 지내는 동안 행동하는 방식이 다른 인격체가 몇이나 되는지 곰곰이 한번 떠올려보라고 했다. 그의 대답은 '9'였다. 직원들과 있을 때는 CEO, 홍보 행사 때는 연사, 디자이너들과 함께할 때는 기술자, 고객과 있을 때는 영업자, 회사에 방문한 거래처 인사들에게는 외교관 등 그는 끊임없이 변화해야 했다.

하루 동안에도 환경이 시시각각 바뀐다는 걸 리더들이 모를 리 없다. 그들도 안다. 하지만 그들은 자신들이 사는 세상에서 열에 아홉 번 정도는 그 모임에서 가장 우두머리의 자리를 차지한다. 그래서 그들은 자신이 환경을 지배한다고 믿어버린다. 최고위직 임원들의 주변에 존중과 아부가 가득하다는 걸 고려해보면, 그들의 잘못된 믿음도 수긍은 간다. 올바른 이해라고 볼 순 없으나 그럴 만하다는 것이다.

나는 몇 년 전 런던의 한 회사에서 나딤이라는 간부를 도와달라는 요청을 받았다. 파키스탄 태생인 나딤은 어린 시절 영국으로 이민을 왔고, 런던정경대학LSE 졸업 후 업계를 선도하는 한 소비재 회사에서 다섯 손가락 안에 드는 중역의 위치에까지 올랐다. 그는 똑똑하고 근면한 데다가 매력적이기까지 해서 부하직원들로부터 존경을 (넘어 '사랑'까지) 받는 인물이었다. 하지만 그의 좋은 평판에 금이 가는 일이 발생했고, 결국 CEO가 내게 뒷수습을 부탁한 것이다.

주변에 누군가 신경을 건드려서 나쁜 행동을 하게끔 유도하는 사람이 한 명쯤은 있을 것이다. 그런 사람들과 함께 있으면 우리는 불안하고 심술궂고 호전적이며 무례한 사람이 되어버려서, 나답지 않은 행동에 대해 계속해서 사과를 하게 된다. 하지만 그럼에도 우리는 그 비정상적인 행동의 원인이 그 사람이란 점을 쉽게 깨닫지 못한다. 나딤도 마찬가지였다. 주변 동료들을 인터뷰하다가 나는 방금 말한 상황이 벌어지고 있다는 걸 알게 됐다. 나딤은 좋은 사람이었지만, 최고마케팅책임자인 사이먼과 함께 있을 때마다 냉정을 잃곤 했던 것이다.

나는 나딤에게 사이먼에 대해 어떻게 생각하는지 물었다.

"그는 인종차별주의자예요."

"그건 당신의 생각입니까, 아니면 뭔가 다른 증거가 있어서 하는 말인가요?"

"제 의견이지만, 제가 그렇게 느낀다면 사실이 아닐까요?"

내가 들은 바에 따르면 사이먼은 회의석상에서 나딤의 심기를 슬슬 건드린다고 했다. 하지만 그게 인종차별적 행위라고는 할 수 없다.

사이먼은 영국의 명문가에서 태어나 엘리트 코스를 밟은 소위 상류층으로, 거드름을 피우고 독설을 날리기를 좋아하는 인물이었다. 빈정대는 말투로 타인들을 깔보면서 주변 사람들에게 자신의 배경을 재확인시키고 스스로를 높이는 스타일이었던 것이다. 유쾌한 사람은 아닐지라도 인종에 대한 편견이 특별히 심하다고는 볼 수 없었다.

나딤은 그런 사이먼에게 과민하게 반응했다. 사이먼이 회의에서 나딤을 건드릴 때마다 그는 예민하게 그걸 느꼈고, 영국과 파키스탄 사이에 쌓인 오랜 차별의 세월이 그 위에 겹쳐져 가만히 보고만 있지 못했던 것이다.

"녀석의 헛소리를 참아 넘긴다면, 전 약한 사람으로 보일 겁니다."

그래서 그는 맞서 싸우는 쪽을 택했다. 나딤은 인종차별의 문제라고 했지만, 그렇게 생각하는 건 오직 그뿐이었다. 사이먼과 싸우는 나딤을 본 동료와 부하직원들은 그가 평소 이야기했던 것과 달리 팀워크를 중시하지 않는 사람이라고 생각했다. 그 결과 나딤은 위선자라는 말을 들었다.

나의 의무는 나딤으로 하여금 그런 행동이

- 본인에게 득이 되지 않는다는 점
- 사이먼과 함께 있는 동안에만 국한된다는 점
- 사이먼이 나딤을 건드릴 때마다 발현된다는 점
- 사이먼을 바꿀 수 없다면 자신을 바꿀 수밖에 없다는 점을 직시하도록 하는 일이었다.

자신의 그런 부정적인 행동이 오직 사이먼과의 사이에서만 일어난다는 사실은 나딤에게 큰 깨달음으로 다가왔다. 이후 그는 '사이먼 환경(이라고 나딤이 이름을 붙였다)'에 놓일 때마다 정신을 바짝 차렸다. 그 결과 새로운 마음의 평안을 얻게 되었고, 그것은 자기 발전에 중대한 계기(유일한 요소는 아니지만)가 되었다.

우리가 환경을 창조하고 컨트롤하지 못하면, 환경이 우리를 좌우하고 지배하게 된다. 그리고 환경이 우리를 지배하게 되면 우리는 자신조차 알아보지 못하는 누군가로 바뀌게 된다.

4장

트리거에 대한
정의

나딤의 코칭을 맡은 덕분에 나는 그의 동료와 부하직원들로부터 그의 행동에 대한 꾸밈없는 사실들을 듣는 호사를 누리고, 나딤 자신이 결코 얻을 수 없는 귀중한 정보들을 축적할 수 있었다.

각각의 인터뷰를 시작할 때마다 약간의 재촉이 필요했는데, 사람들이 기본적으로 품위 있고 인간적인 탓이었다. 그들은 동료의 기분을 상하게 하거나 악의적인 말을 하고 싶지 않아 했다. 아무리 내가 익명을 보장한다고 했지만 혹시 있을지 모를 보복을 두려워하는 이들도 있었다. 하지만 결국 이 과정이 모두의 이익을 위함이라는 점을 깨닫고 진실을 말해주었다.

인터뷰 대상자들은 대부분 자신들이 개인적으로 경험한 내 고객의 좋은, 혹은 나쁜 행동들에 중점을 두고 이야기하고, 그 행동이 발생한 환경에 대해 언급하는 사람들은 드물다. 하지만 나로서는 그 환경에 대한 정보를 꼭 얻어야 했다. 그래서 "그가 언제 그런 행동을 보였죠?" "그 행동을 취한 대상은 누구였습니까?" "그 이유는요?" 하고 파고들면 마침내 쓸 만한 답을 얻을 수가 있다. 내 고객이 '압박감을 느꼈을 때'나 '마감 시한에 쫓길 때', 또는 '너무 많은 일을 한꺼번에 처리하게 됐을 때'와 같이 상황적인 묘사를 덧붙여 그의 행동을 이야기하기 시작하는 것이다. 인터뷰 대상자들도 점차 환경이 행동에 얼마나 강력한 영향을 미치는지 이해하게 된 것이다. (물론 인터뷰 대상자들이 자신 스스로에게 이러한 통찰력을 발휘하기는 힘든 일이다. 어쨌든 자신은 타인의 행동에 대한 질문에 답하기만 하면 되는 쪽이니까.)

나딤에 대한 피드백을 얻을 때도 이런 일이 발생했다. 그의 동료들은 회의 때 나딤이 보이는 방어적인 태도에 대해 말했다. 하지만 그런 태도를 사이먼의 등장과 특별히 연관 짓게 되기까지는 몇 번의 질문이 더 필요했다.

피드백과 트리거

피드백이란 (피드백을 주는 쪽이나 받는 쪽 모두에게) 우리의 환경과 행동 간의 연결점을 더 잘 이해하고 주의 깊게 살펴보게 되는 첫걸음이다. 피드백을 통해 우리는 비로소 환경을 트리거 메커니즘으로 인지하게 된다. 어떤 때는 그 피드백 자체가 트리거로 작용하는 경우도 있다.

예를 들면, 우리가 뒤로 물러나 앉아 듣게 되는 모든 피드백을 생각해보라. 우리가 어떻게 그중 일부는 무시하고, 왜 오직 일부만이 실제로 긍정적인 행동을 유발하게 되는지를.

당신이 속도 제한이 시속 90킬로미터인 한 시골도로를 운전해 어느 마을로 향하는 중이라고 하자. 그러다가 마을에서 약 1킬로미터 떨어진 곳에서 발견한 표지판에는 곧 시속 50킬로미터 이하 속도 제한 구역이 나타난다고 적혀 있다. 그 표지판은 그저 경고일 뿐 당장 속도를 낮추라는 강제적 명령은 아니니, 당신은 그냥 현재 속도를 유지한다. 30초 후 도착한 마을 어귀의 표지판에는 이제 시속 50킬로미터 이하로 속도를 제한한다고 나와 있다. 당신은 그에 따를 수도 있겠지만, 대부분의 경우 운전자들은 현재의 속도를 유지한다 (혹은 약간 줄이는 정도다). 규정속도가 시속 90킬로미터인 환경에서 운전해왔으니, 하던 대로 속도를 유지하는 편이 쉽기 때문이다. 과속 차량을 단속하는 경찰차를 봐야만 비로소 시속 50킬로미터를 준수하게 될 텐데, 교통경찰에게 과속 딱지를 떼이는 건 당신이 절대 바라는 바가 아니다.

현대의 선진국이라면 모두가 시민을 위험에 몰아넣는 과속 운전이라는 문제를 갖고 있다. 샌디에이고 북부에서는 규정속도가 샌디에이고 고속도로는 시속 100킬로미터, 시내는 시속 70킬로미터, 학생보호구역과 주거밀집 지역에서는 시속 50킬로미터인데, 이 동네 운전자들은 예전부터 규정속도를 잘 지키지 않는 편이었다. 과속 차량에 대한 단속 강화를 포함해, 과속을 줄이기 위한 정책은 대개 제대로 효과를 거두지 못했다. 시정 당국이 레이더 속도감지기를 설치

하기 전까지는 말이다. 이 장치는 속도 제한 표시판 밑에 '현재 당신의 속도'를 측정하여 보여준다. 아마도 학교 근처의 도로 주행 중이나 도로 요금소를 지나다가 이 장치를 본 적이 있을 것이다. 속도감지기에 나타난 내 차량의 주행속도가 규정치를 넘어서 있다면, 보통 사람들은 즉각 브레이크 페달에 발을 올려놓는다. 속도감지기를 설치하는 비용이 점차 줄어들면서 이 감지기의 보급도 늘어나는 중이고, 그 효과도 뚜렷이 드러나고 있다. 속도감지기 설치 이후 제한속도 준수율이 30퍼센트에서 60퍼센트로 급증했고, 속도감지기를 지난 이후에도 몇 킬로미터 정도는 속도준수 효과가 지속되는 경향을 보인다.

운전자 피드백 시스템이라 할 수 있는 이러한 레이더 속도감지기가 효과를 내는 이유는 행동이론behavior theory에서 피드백 루프feedback loop라 부르는 개념을 활용한 덕분이다. 감지기는 운전자의 행위(주행속도)를 측정하고 실시간으로 다시 운전자에게 그 정보를 제공하여 반응을 이끌어낸다. 즉 행위, 정보, 반응의 피드백 루프라 할 수 있을 것이다. 반응이 측정되면 새로운 피드백 루프가 다시 시작되고, 그런 식으로 계속 반복된다. 운전자가 단지 감지기를 쳐다봤을 뿐인데 즉각적인 변화가 발생했다는 점을 고려하면, 인간 행동 변화에 있어서 피드백 루프의 효용이 얼마나 대단한지 쉽게 상상할 수 있을 정도다.

피드백 루프는 증거evidence, 적절성relevance, 결과consequence, 행동action의 네 단계로 구성된다. 이 과정을 이해하면, 레이더 속도감지기의 피드백 루프 활용이 왜 그토록 큰 효과를 내는지 알아내는 건 쉬운 일이다. 운전자는 실시간으로 자신의 속도에 대한 정보를 얻는다(증거). 이 정보는 제한속도와 함께 제시되어 운전자의 주의를 끈다. 자신이 법을 어기고 있는지 혹은 준수하고 있는지를 알려주는 것이다(적절성). 과속 중이라는 점을 깨닫게 되면 운전자는 과속 딱지나 교통사고를 두려워하게 되고(결과), 속도를 낮춘다(행동).

나는 일대일 코칭을 시작할 때 기본적으로 피드백 루프를 발동시킨다. 예를 들어 나딤과의 첫 대면에서는 내가 편집한 인터뷰 내용들을 증거로 제시하고 함께 공유했다. 인터뷰에 참여한 사람들이 나딤이 평소 존중하던 이들이었기에 그들이 자신의 행동에 대해 한 이야기들은 그에게 감정적으로 공명했다. 이야기에 명백한 적절성이 부여되어 있는 것이다. 루프의 3번째 단계인 결과는 두말할 나위 없이 분명하다. 만약 나딤이 사이먼에 대한 행동을 바꾸지 않는다면 그는 자신이 바랐던 대로 팀의 일원이 되지 못할 것이며, 결국 자신의 경력에 심각한 상처를 남길 것이다. 별로 어려울 바 없는 선택이다.

이렇게 증거, 적절성, 결과가 나딤의 마음속에 단단히 자리 잡으면, 그에게는 행동을 통해 하나의 루프를 마무리 지을 충분한 이유가 생긴다. 나딤은 사이먼의 선동을 무시하고 그와의 말싸움을 피할 것이다. 결국 그는 사이먼에게 승리를 거두고, 동료들의 존경과 자신의 명성을 되찾을 것이다. 사이먼에게 자제력을 보일 때마다 그는 조금씩 더 나아지고, 자신이 올바른 길을 가고 있으며 동료들에게 더 나은 인상을 주고 있다는 확신을 조금 더 얻게 될 것이다. 그리고 이 루프는 다시 반복되어 앞선 행동이 새로운 행동을 이끌어내어, 나딤으로 하여금 자신의 목표에 한 걸음 한 걸음 다가서게 끔 유도하는 것이다.

이것이 바로 피드백이 바람직한 행동을 유발하는 방식이다. 일단 피드백을 이 증거, 적절성, 결과와 행동의 네 단계로 해부하면, 우리는 세상을 이전과는 달리 보게 된다. 우리의 바람직한 행동을 더는 우연의 결과라고 생각지 않게 된다. 그것은 논리적인 결과다. 거기엔 패턴이 존재하고 이치가 있으며, 우리가 통제할 수 있는 대상이다. 또한 반복 가능하다. 비만인 사람들이 당뇨가 있으니 생활 습관을 고치지 않으면 목숨을 잃거나 눈이 멀거나 팔다리를 절단하게 될지도 모른다는 말을 들었을 때 자신의 식습관을 당장, 또 궁극적으로 고치려드는 이유도 이 때문이다. 죽음, 시력 상실, 절단 수술은 우리가 이해할 수 있고 또한 쉽게 간과할 수 없는 결과들인 것이다.

하지만 나는 피드백 루프에 대한 이론에 과하게 몰두하길 원하지 않는다. 이 이론은 꽤 복잡하지만 거의 모든 일들에 적용될 수 있다. 광합성은 태양과 식물간의 피드백 루프다. 하이브리드 자동차의 운전자가 계기판의 연료 소비량을 강박적으로 확인하며 주행거리당 연료소비 효율을 극대화하도록 자신의 운전방식을 조정하는 일도 피드백 루프의 일종이라 할 수 있다. 동서의 냉전이 불러온 군사 무기 경쟁은 아마도 역사상 가장 값비싼 대가를 치른 피드백 루프의 한 예라 할 수 있다.

우리의 목적을 달성하기 위해서는 우리의 환경과 행동이 만들어내는 피드백 루프에만 집중하면 된다.

트리거로서, 환경은 피드백 루프와 유사하다. 결국 환경은 끊임없이 우리에게 의미와 결과를 가져다주고 행동을 바꿀 새로운 정보들을 우리에게 제공한다. 하지만 이 유사성은 거기까지다. 잘 짜인 피드백 루프는 바람직한 행동을 이끌어내지만, 환경은 종종 우리의 의지나 올바른 판단에 반하여, 또 부지불식간에 나쁜 행동을 촉발시키기도 한다. 자신이 변했다는 점조차 깨닫지 못한 상태로 말이다.

이는 당연히, 하나의 의문을 불러일으킨다(적어도, 내게는 당연하다). 잘 짜인 피드백 루프처럼, 가장 좋은 행동을 촉발하도록 우리가 환경을 제어할 수 있다면 어떻게 될까? 환경은 목표 달성을 가로막지 않고 목표에 더 빨리 이르도록 가속도를 붙여줄 것이다. 주변을 흐릿하게 만들지 않고 더욱 또렷하게 밝혀줄 것이다. 자아를 억누르지 않고 우리의 어깨를 활짝 펴줄 것이다.

우리는 우선 '트리거'라는 용어부터 명확히 정리해야 한다.

트리거란 우리의 생각과 행동에 영향을 주는 모든 자극이다.

이 광범위한 정의 안에는 트리거가 우리의 행동에 영향을 주는 방식에 대한 이해를 개선시킬 수 있는 여러 대조점들이 있다.

1. 트리거는 직접적일 수도, 간접적일 수도 있다

직접적 트리거는 행동에 즉각적이고 명백하게 영향을 주는 자극으로, 트리거와 당신의 반응 사이에 어떤 중간 단계도 존재하지 않는다. 행복한 아기를 보면 미소를 짓고, 농구공을 따라 찻길로 뛰어든 아이를 발견하면 무조건 브레이크를 밟는 것이다. 간접적 트리거는 행동에 영향을 주기에 앞서 우회하는 과정을 거친다. 가족사진을 보면 일련의 생각들이 스쳐지나가면서 전화를 들어 어머니와 통화를 시도하게 되는 것처럼.

2. 트리거는 내부적일 수도, 외부적일 수도 있다

외부의 트리거는 환경, 오감으로 느끼는 자극으로부터 온다. 내부의 트리거는 어떤 외부적인 자극과도 연결되지 않은 생각이나 감정으로부터 발현된다. 대부분의 사람들은 내부의 트리거를 '마음의 소리'라고 여긴다. 어떤 문제에 대해 곰곰이 생각하다가 문득 머릿속에 떠오르는 생각은, 당신을 행동으로 이끄는 내부의 트리거라 할 수 있다. 그 기원은 명확히 알 수 없지만 어쨌든 행동을 자극하며, 외부로부터 들어오는 트리거와 마찬가지의 효과를 발휘한다.

3. 트리거는 의식적일 수도, 무의식적일 수도 있다

의식적 트리거는 자각自覺을 요구한다. 손가락이 뜨거운 접시에 닿으면 움츠러드는 이유를 당신은 알고 있다. 무의식적 트리거는 당신의 자각과는 별개로 당신의 행동을 형성한다. 예를 들면, 사람들은 날씨에 대해 흔히 이야기하지만 자신의 기분에 날씨가 주는 영향에 대해서는 생각하지 못한다. "당신은 얼마나 행복한가요?"라는 질문에 답할 때, 날씨가 궂을 때보다 좋을 때 응답자들이 매기는 행복 점수가 높아진다. 하지만 질문을 받을 당시에는 대부분의 응답자들이 날씨가 자신의 행복에 영향을 미친다는 것을 부정한다. 날씨처럼 행복 점수를 바꾸지만 자각의 범위 밖에 있는 것을 무의식적 트리거라 할 수 있다.

4. 트리거는 예상하던 것일 수도, 예기치 못한 것일 수도 있다

우리는 트리거를 예상한다. 슈퍼볼Super Bowl, 미식축구 결승전 경기을 시작할 때 우리는 국가를 들으며 연주가 끝나면 환호성이 이어질 것을 기대한다. 노래가 예측 가능한 반응을 촉발하는 것이다. (이것은 다른 방식으로도 작동한다. 모욕적 언사가 타인의 분노를 촉발할 것을 알고 있기에 우리는 그런 언사를 피한다.) 예상치 못한 트리거는 우리를 놀라게 하고, 그 결과 익숙하지 않은 행동을 자극한다. 내 친구 필은 계단에서의 추락을 미리 알지 못했으나, 그 추락 덕분에 변화하려는 강력한 욕구를 얻게 됐다.

5. 트리거는 격려할 수도, 단념시킬 수도 있다

격려의 트리거는 우리가 하는 일을 유지하고 확장하도록 만든다. 강화제 역할을 하는 것이다. 지칠 대로 지친 마라톤 주자가 결승점을 보게 되면 오히려 속도를 더 높인다. 라이벌이 옆에서 앞으로 치고 나오는 걸 보게 될 때도 그렇다. 단념의 트리거는 우리가 하는 일을 멈추게 만든다. 극장에서 영화관람 중 옆 사람과 잡담을 나누고 있는데, 화난 "쉬!" 하는 소리가 어딘가에서 들려오면 내가 사람들을 방해하고 있구나 하는 생각에 말을 멈추게 된다.

6. 트리거는 생산적일 수도, 비생산적일 수도 있다

이것이 가장 중요한 대조점이다. 생산적인 트리거는 우리가 원하는 사람이 되게끔 우리를 인도한다. 비생산적인 트리거는 거기서 멀어지게 만든다.

트리거는 좋지도 나쁘지도 않다

트리거는 고정적으로 '좋거나' '나쁘지' 않다. 트리거에 대한 우리의 반응이 중요한 것이다. 예를 들어 좋은 의도를 가지고 자녀를 지원하는 부모는 어떤 자녀에게는 긍정적인 이미지로 보일 수 있지만, 어떤 자녀에게는 '숨 막히게 구는' 것일 수 있다. 둘 이상의 자녀를 둔 부모라면 이 점을 너무 잘 알고 있을 것이다. 똑같은 헌신과 보살핌인데도 어떤 자녀에게서는 감사가, 또 다른 자녀에게는 저항이 촉발되어 나온다. 같은 부모, 같은 트리거, 그러나 그에 대한 반응은 다른 것이다.

그 이유에 대해 좀 더 자세히 알아보려면 트리거의 마지막 두 가지 면들, 즉 격려해주는 쪽이냐 단념시키는 쪽이냐와 생산적이냐 비생산적이냐를 좀 더 면밀히 관찰해야 한다.

우리가 원하는 것과 우리가 필요로 하는 것 사이에서 변치 않는 긴장이 나타난다. 우리는 장기적 이익을 필요로 하면서도 단기적으로는 만족을 원한다. 그리고 이 둘 중 어느 것을 선택하느냐의 문제에서 결코 자유로울 수 없다. 이것이 성인의 행동변화에 있어서 가장 결정적인 갈등이라 할 수 있다.

무엇이 트리거로 하여금 우리를 격려하게 만드는지 생각해보자.

누군가에겐 약인 것이 다른 사람에게는 독이 될 수 있다. 갑작스레 눈앞에 등장한 맛있는 아이스크림은 우리의 허기를 부르는 트리거가 될 수 있지만 같이 식사하는 동료는 자신이 앓고 있는 유당분해 효소 결핍증 때문에 속이 메슥거릴 수 있다.

마찬가지로 트리거를 생산적으로 만드는 것이 무엇인지 생각해보자. 우리 모두는 재정적 안정을 원한다. 그건 보편적인 목표다. 하지만 연말 보너스를 받은 후, 우리 중 일부는 그 돈을 은행에 저축하지만 일부는 주말 동안 유흥비로 탕진한다. 같은 트리거, 같은 목표지만 다른 반응이 나올 수 있는 것이다.

이러한 갈등을 다음의 그림으로 그려볼 수 있다.

격려해주는 트리거는 우리를 우리가 원하는 것을 향해 이끌고, 생산적인 트리거는 우리를 우리가 필요로 하는 것 쪽으로 이끈다. 격려해주는 트리거와 생산적인 트리거가 동일하다면 좋을 것이다. 그런 상황이 일어날 수 있다. 이상적인 상황이다. 하지만 불행하게도, 우리가 원하는 것이 우리가 필요로 하는 것으로부터 우리를 종종 꾀어내어 멀어지게끔 만든다.

자세히 살펴보기로 하자.

원하고 필요하다

오른쪽 상단은 우리가 언제나 선호하는 쪽이다. 격려해주는 트리거와 생산적인 트리거가 교차하는 영역으로, 우리가 원하는 단기적 만족과 우리가 필요로 하는 장기적 성취가 함께하는 지점이다. 칭찬, 인정, 존경과 금전적 보상이 여기서의 일반적인 트리거들이다. 이들

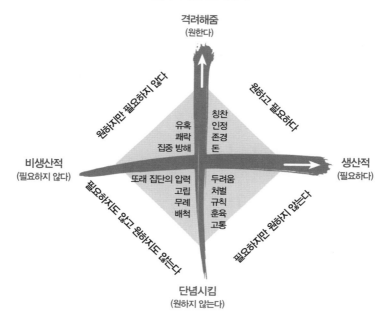

원한다 vs. 필요하다

격려해줌
(원한다)

원하지만 필요하지 않다

원하고 필요하다

유혹
쾌락
집중 방해

칭찬
인정
존경
돈

비생산적
(필요하지 않다)

생산적
(필요하다)

또래 집단의 압력
고립
무례
배척

두려움
처벌
규칙
훈육
고통

필요하지도 않고 원하지도 않는다

필요하지만 원하지 않는다

단념시킴
(원하지 않는다)

로 인해 우리는 당장 더 열심히 노력하게 되고 목표로 향하는 행동을 이어나가게 된다. 우리는 그것들을 지금 바라고, 후에 필요로 한다.

원하지만 필요하지 않다

격려해주는 트리거가 모순적이게도 역효과를 낳는 현상은 왼쪽 상단에서 가장 극적으로 드러난다. 여기서 우리는 목표 달성을 저해하는 쾌락적 상황과 맞닥뜨린다. 당신이 반드시 끝마쳐야 할 일이 있거나 잠을 자야 하는데 케이블 TV의 드라마 재방송에 정신이 팔려 그만 전체 시리즈를 다 보게 된 경험이 있다면, 집중 방해가 어떻게 자기 파괴적인 선택의 트리거가 되는지 알 것이다. 단기적 만족을 얻기 위해 당신의 목표를 희생한 셈이다. 상사의 칭찬이나 고객의 격려를 한 템포 쉬어가기 위한 핑계로 삼아본 적이 있다면, 긍정적인 강화가 당신을 앞으로 나아가게 하기보다 오히려 뒤로 잡아끌기도 한다는 걸 이해할 수 있을 것이다.

필요하지만 원하지 않는다

오른쪽 하단은 가시를 숨긴 보물상자와 같은데, 여기의 단념시키는 트리거를 우리는 원하지 않지만 필요하다는 것을 안다.

규칙(또는 잘 조직화된 환경)은 활동을 제한하여 우리를 실망스럽게 한다. 우리의 행동 선택지 중에서 특정한 하나를 아예 지워버리려 하기 때문이다. 하지만 규칙을 지키는 것이 올바른 일임을 아는 우리는, 그것이 필요하지 않을 수 없다. 그로부터 받은 첫인상이 아무리 반대 방향을 가리켜도 정작 우리는 규칙이 이끄는 대로 올바른 방향으로 나가야 한다.

부끄러움, 처벌, 보복, 후회, 무례, 배척 등에 대한 두려움은 단념시키는 트리거들로, 대개 우리가 규칙을 준수하지 못했을 때 등장한다. 사람들이 많은 곳에서 대놓고 상사로부터 질책을 받은 경험은 다시는 반복되지 않았으면 하는 일일 것이고, 그건 당신의 장기적 목표에 집중하는 강력한 동기로 작용한다.

이 트리거들은 약간 별난 교육방식으로 쓰이기도 한다. 나는 고객이 조롱하거나 빈정댈 때 벌금으로 20달러를 내게 하면서 이 단념시키는 트리거를 소개하고 설명하는데(이는 손실 혐오를 이용한 것으로, 우리는 2달러를 버는 즐거움보다 1달러를 잃는 상실감을 더 싫어한다), 여기엔 또한 그 고객의 생산적 행동을 촉발시키려는(즉 더 점잖은 사람이 되게 하려는) 목적도 있다.

물론 고통이 최고의 단념시키는 트리거다. 우리는 아픔을 주는 행동을 즉각적으로 멈춘다.

필요하지도 않고 원하지도 않는다

왼쪽 하단은 단념시킬 뿐 아니라 비생산적인 트리거가 있는 곳으로, 결코 멋진 장소라고는 할 수 없다. 여기엔 우리를 비참하게 만들고 도저히 벗어날 방법이 없는 모든 종류의 극단적 상황이 포함된다. 오염된 업무공간이나 폭력을 일삼는 이웃 등 우리를 목표에서 멀어지게 하는 바람직하지 못한 행동을 촉발하는 환경들이다. 이 비참한 환경이 피로, 스트레스, 무관심, 좌절, 고립과 분노를 불러오는 건 전혀 이상한 일이 아니다. 다만 왜 여기서 곧장 벗어나지 않고 머물러 있는지가 수수께끼일 뿐이다.

나는 이 네 가지를 아주 엄격히 구분하거나 교조적으로 집착하지는 않는다. 우리 경험의 폭은 아주 풍부하고 유동적이라 이런 이론의 틀에 가둘 수 없다. 어떤 트리거들은 우리가 그에 대해 어떻게 대응하느냐에 따라 중첩되거나 돌연변이가 되기도 하고, 나쁜 쪽에서 좋은 쪽으로 이동하기도 한다.

또래 집단의 사회적 압력이라는 트리거에 대해 생각해보자. 학업에 열중하려는 10대는 공부를 너무 열심히 하고 대학 진학을 목표로 한다는 이유만으로 게으른 반 친구들에게 놀림과 따돌림을 당할 수 있다. 이 아이가 또래의 압력 때문에 자신의 목표를 포기한다면 왼쪽 하단에 위치한 자신을 발견할 수밖에 없을 것이다. 반면 또래들의 눈총을 이겨내고 따돌림을 견딘다면, 그 고립감이 아이의 다짐을 더욱 견고하게 만들어줄 것이다. 그 경험이 아이가 필요로 하는 수련을 제공하는 셈이다. 단기적으로는 결코 기쁠 수 없지만, 아이에게 필요한 건 오른쪽 하단으로 옮겨가는 일이다. 트리거와 목표는 같지만, 그에 대한 대응에 따라 결과가 달라진다.

나는 이 네 가지 구분이 내 고객들을 위한 분석 도구로 유용하다는 것을 발견했다. 이 네 가지를 통해 그들은 자기 삶 속의 트리거들을 더 상세히 들여다볼 수 있게 되었다. 최소한 자신의 환경에 대해 더 잘 인식하게 되는 것이다. 보다 중요한 것은 그들이 생산적인 위치에서 활동하고 있는지를 밝혀준다는 점이다. 이 그림에서 오른쪽은 성공한 사람들이 머무르길 원하는 장소로, 자신의 행동 목표를 향해 전진해나가는 쪽이다.

이제 당신 차례다. 간단한 실험을 한번 해보자.

당신이 현재 변화하고자 하는 행동 목표를 하나 골라라. 누구나 몇 가지는 이런 목표를 갖고 있을 것이다. 그것이 다이어트를 하는 것이든, 보다 인내심 있는 부모가 되는 것이든, 혹은 지나치게 강요하는 사람들에게 맞서 좀 더 자기주장을 강하게 펼치는 일이든.

당신의 성과에 영향을 주는 사람과 상황의 목록을 만들라. 하루 동안의 모든 트리거들을 전부 목록에 적지는 마라. 그러자면 수백,

수천의 명단도 부족할 테니까. 하나의 특정한 목표와 관련 있는 한두 가지의 트리거만을 선정하라. 그리고 그것을 정의하라. 그것은 격려해주는 쪽인가 아니면 단념시키는 쪽인가? 생산적인가 비생산적인가?

답이 나왔다면 트리거를 앞에 나온 '원한다 vs. 필요하다' 그림에 넣어 당신이 옳은 위치에 있는지 확인해보라. 만약 당신이 목표 달성에 실패하고 있다면, 이 간단한 실험이 그 이유를 설명해줄 것이다. 아마 당신이 원하는 쪽에 너무 치우쳐 있어서 필요로 하는 쪽에는 충분치 못할 것이다.

하루에도 몇 번이나 당신의 책상 옆에 와서 퇴근 후에 술 한잔 하자고 꼬드기는 친한 직장동료가 아이들을 보러 일찍 집에 가려는 당신을 가로막는 트리거임을 이 실험을 통해 깨닫게 되었을 수도 있다. (그럼 당신은 그 동료를 당분간은 마음속에서 '해고'해야 할 것이다.)

혹은 아침 운동을 계속 못하는 이유가 기상 후 페이스북이나 이메일 체크에 시간을 낭비했기 때문이란 걸 알게 되었을 수도 있다. 분명 당신에게 필요한 것은 아침 운동이고, 원하는 것은 페이스북 체크일 것이다. (이 경우 아침이 운동 시간으로 당신에게 적정한 때인지 다시 생각해봐야 할 필요가 있다.)

나는 이 실험을 통해 당신이 특정한 트리거들에 대해 더 현명하게 대처하고, 행동 변화의 성공과 실패에 보다 직접적으로 다가서기를 바란다.

나 역시 직접 이를 실천에 옮기고 있다. 예를 들자면, 나는 5킬로그램을 더 감량한 예전의 나로 돌아간다면 더 행복해질 것이라고, 30년 동안 그렇게 믿으며 살아왔다. 하지만 그 5킬로그램을 빼기 위해 그동안 내가 한 일은 아무것도 없다. 내가 원하는 사람이 되는 데 실패한 이유가 뭘까?

앞의 그림이 그 답을 말해주고 있다.

나는 목표를 향해 나를 이끌어줄 어떤 격려해주는 트리거도 없었다. 오직 아내에게 소리 높여 불어나는 몸무게에 대해 걱정만 늘어놓을 뿐이었다. 하지만 그럴 때마다 아내는 "당신, 괜찮아 보이는데 뭘" 하며 긍정적 반응만을 보였다. 좋은 말이지만 나를 옳은 방향으로 이끌지는 않았다. 그렇다고 아내가 내 기분 좋으라고 거짓말을 하는 건 아니다. 사실 난 한 번도 과체중인 적은 없었다. 내 양복 사이즈와 허리둘레는 10여 년 동안 바뀌지 않았다. 그러니 아내는 그저 내 몸무게가 '적당히 괜찮다'고 이야기해준 것이다. 그래서 나는 스스로에게 "아내 말이 맞아. 왜 난 누구도 눈치 채지 못하는데 혼자 5킬로그램을 빼겠다고 난리지?" 하고 말했다. 그 결과, 나는 아무것도 하지 않았고 현재 상태에 머무르고 있는 것이다.

한편으로 목표를 향해 나를 밀어낼 단념시키는 트리거 또한 갖고 있지 않았다. 누구도 이 5킬로그램 때문에 나를 비웃거나 혼내겠다고 위협하지 않았다. 목표를 달성하라고 나를 자극할 어떤 규칙이나 벌칙 시스템도 없었다. 나는 단지 그림의 오른쪽에 존재하지 않을 뿐이다. 그런데 오른쪽만이 행동 변화를 이룰 수 있는 유일한 장소다.

나는 내 자신을 그림의 잘못된 위치에 놓음으로 해서 작지만 소중

한 교훈을 얻었다. **바로 트리거가 문제가 되는 것은 오직 그 트리거에 대한 내 대응이 문제를 만들 때만 그렇다는 점이다.**

5킬로그램 체중 줄이기의 문제에 있어서, 내가 원하는 쪽이 있는 왼쪽 상단을 탈출하여 내가 필요로 하는 쪽으로 이동하느냐는 전적으로 나 자신에게 달린 일이다. 그건 내 선택이고 내 책임이다. 이를 아는 것이 행동 변화를 일으킬 수는 없지만, 적어도 올바른 길로 향하는 출발이 될 수 있다.

이것이 우리의 트리거를 정의하고 확인하는 데 가장 중요한 부분이라고 할 수 있다. 우리는 아무리 극한 상황이라도 자신의 행동에 관한 한 선택권은 항상 자기 자신에게 있다는 점을 반드시 기억해야 한다.

5장

트리거는
어떻게
작동하는가?

그렇다. 우리는 항상 선택권을 가진다. 하지만 주제가 트리거와 그에 대한 우리의 반응일 때는 이 점이 그렇게 명확히 드러나지 않는다. 트리거와 반응이라는 용어 자체가 망설임이나 성찰, 선택을 위한 어떤 중간 매개도 허용하지 않는 이어진 시퀀스sequence처럼 들리기 때문이다. 그런데, 정말 그런가? 우리가 그렇게 간단히 움직이는가? 정말 트리거는 실질적으로 우리 내부에서 어떤 작용을 하는가? 트리거와 행동 사이에 어떤 유동적인 부분이 있다고 한다면 대체 무엇인가?

UCLA에서 내가 박사과정을 밟을 당시, 아동의 문제 행동을 분석하는 데 사용되던 고전적인 시퀀스 도형은 선행사건Antecedent, 행동Behavior, 결과Consequence로 이어지는 소위 'ABC 시퀀스'였다.

선행사건이란 행동을 발생시킨 사건을 의미한다. 그리고 행동이

결과를 낳는다. 한 평범한 교실을 예로 들어보자. 한 학생이 수업 중 과제에 집중하지 않고 낙서를 한다. 교사가 학생에게 과제를 끝마치라고 요구한다(이 요구가 선행사건이다). 그러자 아이는 한바탕 성질을 부린다(행동). 결국 교사는 벌로 그 아이를 교장실로 보낸다(결과). 교사가 성질부린 아이를 교장실로 보낸다는 것이 바로 ABC 시퀀스다. 몇 차례 같은 상황이 반복되고 난 뒤에야 교사는 아이의 행동이 과제를 피하려는 술책임을 눈치 챈다.

찰스 두히그Charles Duhigg는 자신의 책『습관의 힘The Power of Habit』에서 이 ABC 시퀀스를 습관의 형성과 중단에 적용했다. 선행사건, 행동과 결과 대신 그는 신호cue, 반복행동routine과 보상reward이란 개념을 이용해 '습관 고리'라고 알려진 세 단계 시퀀스를 소개했다. 흡연은 스트레스(신호), 니코틴 자극(반복행동), 일시적인 정서 안정(보상)으로 구성된 습관 고리라고 할 수 있다. 사람들은 금연을 시도할 때 종종 체중이 늘어나는데 그 이유는 니코틴 대신 음식으로 반복행동을 대체하기 때문이다. 그렇게 함으로써 두히그가 말하는 소위 습관 변화의 황금률(신호와 보상은 유지하면서 반복행동만을 바꾸는 것)을 따르고자 하는 것이지만, 제대로 그 법칙을 따른다고 하기는 어렵다. 팔굽혀펴기를 서른 번 (또는 어떤 일이든 육체적으로 힘든 일) 하는 편이 과식보다 더 효과를 발휘할 것이기 때문이다.

맨디라는 대학원생은 습관적으로 손톱을 깨무는데, 피가 날 때까지 멈추지 않을 정도였다. 그녀도 이 버릇을 없애고 싶어 했다. 의사는 맨디가 약간이라도 손가락에 긴장을 느낄 때마다 손톱을 깨문다는 것을 발견했는데, 이 긴장은 특히 그녀가 지루함을 느낄 때 나타났다. 손가락의 긴장은 지루할 때 발생한다는 것을 '신호'라고 볼 수 있다. 지루함과 싸우기 위한 '반복행동'이 손가락을 깨무는 것으로 드러났다. 열 손가락 전부를 생살이 드러날 때까지 물어뜯고 나서야 느껴지는 기분, 이 신체적 자극이 맨디가 얻는 '보상'이라 할 수 있다. 그녀가 그 보상을 갈구한 탓에 습관으로 굳어져버렸다.

의사는 맨디에게 카드를 가지고 다니면서 손가락에 긴장이 느껴질 때마다 체크해두라고 조언했다. 일주일 후 그녀는 28번의 체크 표시가 된 카드를 들고 왔지만, 이제는 손가락이 입 쪽으로 향하게 만드는 신호에 대해 알게 된 상태다. 비로소 자신의 반복행동을 바꿀 준비가 된 것이다. 의사는 맨디에게 '경쟁 반응competing response'에 대해 알려주었다. 이 경우에는 손을 주머니에 넣거나 연필을 집는 등 손가락이 입으로 향하는 걸 막는 행동을 의미한다. 맨디는 손톱을 깨무는 행위가 가져다주는 신체적 만족의 대체물로, 팔을 문지르거나 손가락으로 책상을 가볍게 치는 행동을 하게 됐다. 신호와 보상은 같지만, 반복행동이 바뀌었다. 한 달 후 드디어 맨디의 손톱

깨무는 버릇이 완전히 사라졌다. 해로운 버릇을 그렇지 않은 것으로 대체하는 데 성공한 것이다.

나는 두히그의 습관 고리에서, 첫 번째와 마지막 부분은 문제 삼을 생각이 없다. 선행사건과 결과, 신호와 보상, 자극과 반응, 원인과 효과, 트리거와 결말, 어떤 용어라도 상관없다. 다만 나는 중간 부분인 반복행동에 대해서는 수정을 가하고자 한다. 습관 고리에 따르면 우리에게 필요한 건 오직 우리에게 맞는 신호를 인지하는 것이며, 그러면 자동적으로 적절한 행동이 뒤따르는 것처럼 설명된다.

습관의 경우에는 그럴 수 있을지 모른다. 하지만 인간관계에서의 행동을 바꾸는 일에서는, '타인'이라는 복잡성이 한층 더해진다. 우리의 행동이 항상 자동적이고 무의식적이며 습관적일 수는 없다. 왜냐하면 우리는 항상 타인들이 우리의 행동에 어떻게 반응할 것인지를 고려하며 살아가는 존재이기 때문이다. 손톱은 우리가 자기를 물어뜯든 내버려두든 상관하지 않는다. 와인잔은 우리가 그걸 들이키든 말든 관심 없다. 담배는 자신을 향한 우리의 열정에 무관심하다. 하지만 인간으로서 우리는, 자신이 바람직하지 못한 충동적 행동(예를 들어 무례함, 잔인함, 분노 등)을 하는지 아니면 그 충동을 견디고 더 나은 선택을 하는지 여부에 엄청나게 신경을 쓴다. 인간의 행동을 유발하는 건 단지 습관만이 아니다. 하지만 우리가 습관에 휘둘리지 않고 융통성 있게 적응해야 하는 이유는, 습관의 위험이 너무 크기 때문이다. 내가 니코틴의 유혹을 뿌리치지 못하고 담배를 피우게 되면 나 자신을 해치게 될 것이고, 아이에게 화를 참지 못하면 내 아이를 해칠 것이다.

충동과 선택의 사이에서

—

성인의 행동 변화라는 문제를 다루는 데 있어서 나는 선행사건, 행동, 결과의 시퀀스에 약간의 수정을 가하여, 자각이라는 감각과 아주 짧은 시간을 끼워 넣고자 한다. 이렇게 수정한 시퀀스는 아래와 같다.

나는 세 가지의 아주 짧은 시간을 별도로 분리했다. 첫 번째가 충동, 그다음 자각, 마지막이 선택으로, 이들은 트리거와 행동 사이의 중요한 간격에 위치한다. 이 간격은 아주 찰나여서 우리가 '행동'과 거의 구분하지 못할 정도다. 하지만 경험과 상식을 통해 우리는 그것들이 실재함을 알 수 있다.

트리거가 나타나면 우리는 특정한 행동을 하려는 충동을 받는다. 등 뒤에서 요란한 충돌음이 들리면 즉각적으로 자신을 보호하기 위해 고개를 움츠리는 사람들이 있는 한편, 보다 기민하고 상황 판단이 빠른 이들은 당장 숨는 데만 신경 쓰지 않는다. 이들은 소리를 듣고 고개를 돌려 뒤를 돌아본다. 보다 더 걱정스러운 상황이 벌어지고 있을 경우를 대비하는 것이다. 같은 트리거인데 대응은 다르다. 한쪽은 자동적이고 성급하며(말하자면 충동적으로, 최초로 발생하는 충동에 바로 굴복한다), 다른 한쪽은 멈추어 생각하며 더 나은 선

택지를 고른다. 우리는 바늘로 쿡 찌르면 확 움츠러드는 달팽이처럼 원시적인 생명체가 아닌, 뇌세포를 가진 인간이다. 사고할 수 있는 능력이 있기에, 충동을 잠시 제자리에 두면서 충동이 이끄는 대로 할 것인지 무시할 것인지 선택할 수 있다. 우리는 무의식적 습관이 아닌 지성을 활용해 선택할 수 있다. 달리 말하면, 우리는 주의를 기울일 수 있다.

몇 년 전 어느 주말 나는 TV 프로그램 「투데이 쇼Today show」에 게스트로 출연해 진행자 레스터 홀트와 인터뷰를 하게 되었다. 방송 전에 카메라가 돌아가는 동안 시간이 아주 빨리 흘러간다는 경고를 들었다. 촬영시간 6분이 60초 정도로 짧게 느껴진다는 것이다. 그리고 정말 그랬다.

인터뷰는 순조롭게 진행됐다. 인터뷰를 한창 즐기고 있는데 갑자기 레스터가 차례가 끝났다는 관습적인 신호, 프로그램에 출연해주어 감사하다는 말을 건넸다. 그 순간 나는 멍해졌다. 믿을 수 없었다. 이제 막 시작했고, 난 아직도 할 말이 대여섯 마디는 더 남았는데. 레스터의 말은 트리거가 되었고, 나는 이렇게 말하고픈 충동을 느꼈다. "아뇨, 인터뷰를 더 하시죠." 그리고 실제로 이 말은 막 입 밖으로 튀어나오기 직전이었다. 하지만 이 쇼는 400만 명의 시청자들이 지켜보는 것이었다. 모든 말과 행동에 주의를 기울여야 했다. 그 어리석은 말을 뱉어버리기 직전 매우 짧은 찰나의 순간, 나는 그 말이 가져올 결과에 대해 생각해볼 수 있었다. '너 정말 「투데이 쇼」 진행자에게 인터뷰가 끝나길 원치 않는다고 말할 작정이니? 진심으로? 진행자가 그만 가라고 하는데 자리를 뜨지 않는 게스트가 될 셈이야?'

마침내 나는 레스터의 신호를 받아들이고 역시 의례적인 인사를 건 넸다. "초대해주셔서 감사합니다."

그 방송을 본 모든 시청자에게 내 마지막 모습이 자연스럽게 비춰 졌을 것이라 확신한다. 대부분의 감사 인사처럼 정형화된 제스처였 고, 특별히 유별난 점이나 관심을 끄는 점은 없었다. 시청자들은 레 스터 홀트가 던진 말들과 내가 마지막에 선택한 대응 사이, 내 머릿 속에서 순식간에 벌어진 그 드라마를 전혀 눈치 채지 못했을 것이 다. 비록 겉으로는 미리 짜둔 행동처럼 보였지만, 절대 자연스럽거 나 자동적인 행동이 아니었던 것이다. 출연에 대한 감사 인사는 아 주 별것 아닌 트리거였지만, 나는 선택지를 곰곰이 따져본 후 결정 을 내렸다.

우리가 주의를 기울이는 순간(사실 공중파 텔레비전 방송에 출연 하는 일은 주의의 수준을 한층 높여준다), 트리거는 이렇게 작동한 다. 어떤 트리거든 우리가 의식하면 어떤 일상적인 상황이라도, 바 람직하지 못한 결과로 이어질 무의식적인 행동을 이끌 가능성은 더 줄어든다. 자동적으로 행동하기보다, 시간을 두고 생각하면서 보다 숙고한 끝에 선택을 하게 되는 것이다.

우리는 이미 중요한 순간에 이렇게 하고 있다. 회사의 사장이 주 관하는 첫 회의에 들어갈 때 우리는 모든 말, 모든 행동, 모든 질문들 이 다 트리거임을 유념한다. 내 의견을 묻는 질문에도 머릿속에 처 음 떠오른 생각 그대로 입 밖에 내지 않는다. 한 발이라도 잘못 내딛 으면 끝없이 추락할 수 있는 낭떠러지에 발을 들였다는 점을 알고 있는 것이다. 법정에 선 변호인처럼 말을 신중히 고른다. 아마 미리

할 말도 준비해놨을 것이다. 어쨌든 충동에 따라 행동하는 일은 없다. 심사숙고하고, 선택하고, 그다음 반응한다.

역설적이게도 각종 트리거, 스트레스, 본능, 재난의 위험이 가득한 중요한 순간이 오히려 다루기 쉽다. 성공한 사람들은 그때가 바로 일종의 쇼타임이라는 것을 알고 있어서, 무대 위에 자신을 올릴 준비를 해둔다.

반면에 비생산적인 반응을 만드는 트리거는 주로 사소하고 평범한 순간들이다. 커피숍에서 좀처럼 줄지 않는 긴 줄, 왜 아직 결혼 못 했냐고 물어오는 육촌 형제, 애완견이 길에다 눈 뚱을 치우지 않는 이웃, 실내에서도 선글라스를 벗지 않는 동료, 약속시간보다 너무 일찍 나타난 손님, 음악소리가 크게 흘러나오는 헤드폰을 끼고 있는 옆자리 승객, 비행기에서 끊임없이 우는 아기, 당신보다 항상 재미있게 말하는 동료, 에스컬레이터에서 당신 왼쪽에 서 있는 사람 등등. 이들은 인생에서 마치 종이에 베인 상처와도 같다. 매일 일어나는 일이고 어디로 가버리지도 않는다. 대개는 다시 볼 일 없는 사람들과의 관계 속에서 벌어진다. 하지만 우리의 가장 근원적인 충동을 건드린다.

우리들 중 일부는 충동을 억압한다. 상식, 대립에 대한 우려, 보다 급한 일 등 이유가 무엇이건 간에 우리는 짜증나는 트리거들을 무시하는 선택을 내리기도 한다. 그 순간을 해제시켜버리는 것이다. 총 안에 총알이 없다면, 방아쇠인 트리거는 의미가 없다.

반면 쉽게 트리거에 휘둘리고 최초의 충동에 저항하지 못하는 사람들도 있다. 입을 열지 않고는 못 배긴다. 그래서 한심한 꼴이 시작된다. 이 사소한 골칫거리들 앞에서 노여움을 안으로 삭이지 못하고 인생에 오점을 남기게 된다.

특히 위험한 순간은 이 조그만 트리거에 가족이나 친한 친구가 개입됐을 때다. 이들과는 무슨 말이든 할 수 있다고 생각한다. '그들은 나를 알고 이해하니까 용서해주겠지.' '나 자신을 포장할 필요가 없이 충동이 이끄는 대로 진실하게 행동하면 돼.' 이렇게 가장 가까운 관계가 때로는 살면서 내가 좀처럼 보이는 일이 없는 모습을 불러오는 계기가 되기도 한다. 불끈하여 소리 지르고, 싸우다가 방문을 쾅 닫아버리고, 화가 난 채로 뒤돌아서서 몇 달, 몇 년, 몇십 년이고 얼굴조차 보지 않는다.

예를 들어 당신의 대학생 딸이 당신의 차를 빌려 타고 나가서는 두 시간 후 전화해 차를 도난당했다고 말한다고 가정해보자. 당신의 딸은 잠깐 편의점에 들르면서 차키를 꽂아둔 채 내렸다. 멍청한 실수(키를 잊은 것)가 발생 가능성이 낮은 사건(절도)이 일어나게 만들었다. 부모로서 당신은 어떻게 대응하겠는가? 당신의 딸은 무사하다. 위험하지도 않고 무면허나 음주운전도 아니다. 그저 피해자일 뿐이다. 그런데 당신은 자신의 중요한 재산을 도난당했다. 당신의 첫 번째 충동은 무엇인가?

화를 낼 수도 있다. "너 내가 뭐라 그랬니?"라거나 "넌 언제나 그런 식이지"와 같은 말로, 부모가 제일 잘 안다거나 딸은 자기가 생각하는 만큼 현명하지 못하다는 메시지를 전할 수도 있다. 하지만 딸을 위로할 수도 있다. "집까지 올 방법은 있니?" 하고 물어볼 수도 있다. 당신에게는 여러 가지 선택지들이 있다.

나라고 완벽한 답을 갖고 있는 건 아니다. 다만 딸에게서 걸려온 그 전화가 아주 강력한 트리거라는 것만 안다. 비록 단순하고 예기치 못한 사건이며, 아주 넓은 관점에서 보자면 그리 대단치는 않은 일일지라도. 이미 피해는 발생했다. 세월이 흘러 손자 녀석들에게 과장해 들려줄 만한 이야깃거리도 되지 못한다. 하지만 당신이 어떻게 그에 대해 대응하는가는 매우 중요하다. 이 불행한 사건이 자녀와의 관계에 더 큰 피해를 끼칠 트리거가 되게 할 것인가, 아니면 이를 계기로 뭔가 더 좋은 결과를 이끌어낼 것인가? 충동이 이끄는 대로 경멸감을 드러낼 것인가, 아니면 크게 한숨 들이쉬고 더 현명한 선택을 내리겠는가?

6장

계획은
잘 세우지만
실천은 젬병

왜 우리는 우리가 원하는 사람이 되지 못하는가? 왜 우리는 우리가 해야 한다고 아는 바대로, 또는 계획한 대로 행동하지 못할까?

이건 아리스토텔레스만큼이나 오래된, 영원한 화두다. 나는 이에 대해 만족스러운 답을 이미 갖고 있다고 믿지만, 제대로 된 설명을 위해서는 내 경력의 초창기로 거슬러 올라가야 한다.

1970년대 초 UCLA에서 박사과정을 밟고 있던 당시 내 멘토는 선구적 조직심리학자 폴 허시Paul Hersey였다. 허시가 조직행동학에서 한 가장 큰 공헌은 '상황적 리더십situational leadership'이라는 개념을 만든 것으로, 그는 내 친구이자 영웅인 켄 블랜차드Ken Blanchard와 함께 이를 발전시켰다.

허시와 블랜차드의 전제는, 리더는 자신의 스타일을 직원들의 성과 진도에 맞춰야 한다는 것이었다. 이 진도는 사람마다 다를 뿐만 아니라 업무에 따라서도 달라진다. 직원들마다 또 업무마다 동기와 능력의 수준이 각각 다르다. 예를 들어 뛰어난 세일즈맨인 제리는 고객 응대에서는 높은 수준을 갖추고 있지만 판매보고서를 작성하는 수준은 떨어진다. 가장 효율적인 리더라면 자신의 리더십 스타일을 상황이 요구하는 바대로 맞출 수 있어야 한다. 그러므로 상황적 리더십이란 용어가 등장한 것이다.

허시와 블랜차드는 리더란 아래와 같은 능력을 갖춰야 한다고 믿었다.

- 직원들의 변화하는 '진도' 수준을 체크해야 한다.
- 각각의 상황마다 적절히 대응해야 한다.
- 상황이 지속적으로 변한다는 점을 인지해야 한다.
- 직원들의 진도에 맞게 자신의 리더십 스타일을 미세하게 조정해야 한다.

이상이 '상황적 리더십'의 요체다. 상황적 리더십에서는 리더와 직원들 간의 관계를 지휘형Directing, 코치형Coaching, 지원형Supporting, 위임형Delegating 이 네 가지 스타일로 구분한다.

1. 지휘형

업무의 완수를 위해 상세한 지시를 많이 필요로 하는 직원에게 적용한다. 리더는 이렇게 말한다. "크리스, 자네가 이렇게 해줬으면 해. 이렇게 저렇게 단계별로. 그리고 이 날까지 이 업무를 마쳐주게." 직원의 의견이 거의 반영되지 않는, 주로 일방적인 대화가 된다.

2. 코치형

평균보다 좀 더 많은 지시가 필요한 부하직원에게 적용하지만, 대화는 쌍방향인 부분이 더 많다. 배움을 바라고 필요로 하는 사람을 위한 방법이다. 리더는 이렇게 말할 것이다. "크리스, 자네가 이렇게 해 줬으면 해." 그리고 이어서 직원의 의견을 들을 차례다. "그럼 자네는 어떻게 생각하나?"

3. 지원형

업무 완수를 위한 능력은 있지만 스스로 해낼 자신감은 부족한 직원들을 위한 리더십이다. 이 스타일에서는 리더의 지휘가 많은 부분을 차지하지 않는다. "크리스, 이게 자네가 해야 할 일이네. 어떻게 해야 한다고 생각하나? 한번 이야기해볼까? 내가 어떤 부분을 도와줬으면 좋겠나?"

4. 위임형

동기와 능력, 자신감이 모두 높은 직원에게 적용한다. 이미 그들은 무엇을 어떻게 해야 할지 알고 있으며, 스스로의 힘으로 해낼 수 있다. "크리스, 여기 임무가 있네. 자네의 실적이 참 뛰어나군. 내가 도울 일이 있다면 말만 하게나. 만약 도움이 필요 없다면 알아서 처리해주길 바라네."

이상의 네 가지 스타일 간에는 질적인 우위를 가릴 수 없다. 어떤 스타일이 다른 스타일에 비해 '낫다'고는 할 수 없는 것이다. 각각이 어울리는 상황이 있다.

효율적인 리더는 이 차이를 본능적으로 안다. 조직 내에서 어떤 직원에게 더 많은 지시가 필요한지, 누가 홀로 업무를 해결할 수 있는지 본능적으로 알고 있다. 강한 리더는 관찰과 실험, 실패를 통해서만 이를 체득한다. 비효율적인 리더는 아예 알지 못하는 사람들로, 말이 많은 하급자에게 "자네는 상사의 말을 잘 들어야 할 필요가 있겠어"라고 이야기하며 한 번의 대화로 오래 지속되는 인상을 남기길 기대한다. 형편없는 청자_{聽者}에게 뛰어난 청자가 되라고 하는 게 모순임을 인지하지 못하고, 나중엔 그 부하가 아예 듣지조차 않았다는 점에 놀란다.

상황적 리더십은 전 세계 수백만의 리더들을 훈련시키는 데 사용해온 널리 알려진 이론이다. 나는 이 이론을 창시자들에게 내 경력의 초기부터 배워 활용했기 때문에 잘 알고 있다. 이것은 또한 내가 비즈니스 리더들이 동료나 직원들과 더 좋은 관계를 맺도록 돕는 일에 투신하게 된 큰 이유이기도 하다.

당신이 필요로 하는 바를 파악하고, 스타일을 선택하라

―

그런데 우리가 원하는 사람이 되지 못하는 이유와 상황적 리더십이 어떤 연관이 있다는 말인가?

나는 허시와 블랜차드의 상황적 리더십이 우리가 자신의 행동을 바꾸고자 시도할 때 나타나는, 우리 안에 존재하는 숨겨진 인격의 역학 관계와 매우 비슷하다는 것을 깨달았다. 우리가 그것을 리더와 부하, 계획가와 실행가, 혹은 관리자와 직원 등 무엇이라 부르던지 간에 그 역학 관계는 동일하다. 내게는 서로 호환가능한 용어들인 것이다.

우리가 인생에서 좋은 친구, 파트너, 사원, 운동선수, 부모, 자식이 되겠다는 계획을 세울 때 우리 내부에는 두 가지의 인격이 존재한다. 자신을 바꾸겠다는 계획을 세우는 쪽이 리더·계획가·관리자이며, 그 계획을 실행하려는 쪽은 부하·실행가·직원이다. 우리는 이 둘이 자신도 모르는 사이에 계속 바뀌어가며 일상의 우리를 지배하고, 또 모두 우리의 일부이기 때문에 둘이 서로 나뉘어져 있음을 알지 못한다고 생각한다. 하지만 이런 생각은 틀렸다.

실상 우리는 매일을 둘로 나뉜 인격으로 시작한다. 한쪽은 리더고, 다른 쪽은 부하인 상태다. 그리고 매일의 일정이 진행되는 동안 이 둘의 격차는 점점 더 커진다.

당신이 오늘 하루를 어떻게 시작했는지 되돌려보자. 대부분의 사람들은 하루에 대한 가치 있는 계획을 세우는 리더의 모습으로 아침에 침대에서 일어난다. 심지어 오늘 해야 할 일을 글로 적어놓는 사람도 있다. 그 리스트를 보면서 하루에 대한 자신감과 동기를 불러오는 것이다. 당신에게는 그럴 듯한 계획이 있기 때문에 자신만만하다. 계획이란 멋진 것이다. 그 순간, 당신은 리더다.

하지만 시간이 흘러 같은 날 후반이 되면, 자신도 알지 못하는 사이에 당신은 다른 역할을 하고 있다. 아침에 세운 리더의 계획을 수행해야 하는 부하가 되어 있는 것이다.

리더로서의 당신은, 아침에 계획한 각각의 지시들을 부하인 당신이 충실히 수행하기를 기대한다. 그리고 그 일들에는 실패할 어떤 이유도 없다. (솔직히 누가 실패할 계획을 세우겠는가?) 리더는 당신 안의 부하가 고객이나 동료 때문에 평정심을 잃거나 긴급 상황에 호출되거나 회의가 길어져서 일정에 쫓기게 되는 등의 가능성을 무시해버린다. 하루는 순탄히 흘러갈 것이고, 모든 일들이 순리대로 진행될 것이다. 오늘 하루만이 아니라 매일 매일이 그래야 한다.

자, 이제 당신 자신에게 이렇게 물어보라. **당신의 하루가 당신이 계획한 대로 흘러간 적이 있었는가?**

리더 입장에서 당신의 부하가 당신이 지시한 내용을 어김없이, 당신이 짜놓은 틀 안에서, 당신이 기대한 결과대로, 당신이 예측한 자세로 수행해낸 적이 있었는가?

아마도 그런 적은 드물었을 것이다. (허나 만약 그랬다면, 그건 자축할 만한 가치가 있는 예외적인 일이다.) 그런데 리더이자 동시에 부하이며, 관리자이자 직원인 당신 자신에게 어떻게 그런 일이 일어날 것이라 기대할 수 있겠는가? 다른 사람이 아닌 당신 자신에게 지시를 내렸다는 이유로 모든 일이 순탄하게 흘러갈 것이라고 대체 어떻게 믿을 수 있다는 말인가?

당신이 다른 사람들을 이끌든 자신 안의 부하를 이끌든 간에 당신의 목표를 가로막는 장애물은 동일하다. 여전히 협조적이기보다는 적대적인 환경과 맞서야 한다는 것이다. 당신이 이루고자 하는 바와의 거리를 더 벌리게 만드는 사람들을 상대해야 하고, 발생 가능성이 적다고 생각했던 일들을 생각과는 달리 자주 일어나게 만드는 요인들도 여전히 상존한다. 그리고 하루의 시간이 흘러감에 따라 당신의 에너지도 점차 고갈된다는 점도 고려해야 한다. 당신의 활력과 자제력도 그에 따라 고갈될 것이다.

나는 상황적 리더십이 자기관리를 해야 하는 성인의 행동 변화에도 유용하게 쓰일 수 있다는 것을 확신한다. 자신의 부하들을 잘 다루는 효율적인 리더처럼, 우리 안의 리더가 일상적인 상황을 잘 파악해 우리 안의 부하를 다루는 데 적합한 경영 스타일을 적용할 수 있다면 어떻겠는가? 이때 필요를 파악하고 스타일을 선택하는 단순한 두 단계면 충분하다.

우리들 중 다수는 이미 이런 식의 자기평가를 자동적으로 시행하고 있다. 그들은 자기경영이 얼마나 크게 우리에게 도움이 되는지 본능적으로 알고 있다. 지휘와 감독이 별도로 필요치 않은 목표도 있다. 그럴 때는 목표를 따로 적어놓지도 않고, 목표 달성에 필요한 시간 스케줄을 따로 마련해놓지도 않고, 우리의 조수에게 그 일을 해야 한다고 부탁하지도 않는다. 그저 우리 안의 계획가가 우리 안의 실행가에게 일의 실행을 위임해두고 진행되길 기다릴 뿐이다. 하지만 어떤 업무나 상황은 보다 깊은 간섭이 필요하다.

예를 들어 딸의 결혼식에 참석해야 하는 문제에 있어서는 별도의 가이드나 자기관리가 필요하지 않다. 날짜와 시간, 주소, 입어야 할 복장을 잊어버릴 걱정은 거의 하지 않는다. 천재지변이 아니고서야 제시간에 식장에 나타나는 일에 별다른 지시를 받지 않아도 된다. 너무 중요한 일이기에 그 무엇도 내 주의를 흐트러뜨릴 수 없다. 반면, 결혼식에서 어떻게 행동해야 하는지에 대한 문제는 별도의 지휘가 필요할 수 있다.

내가 이 점에 대해 좀 실감나게 이야기할 수 있는 이유는, 내 딸 켈리의 결혼식에서 실제 그랬기 때문이다. 결혼식 전날 내 딸은 신부 입장 시 내가 어떻게 행동해야 하는지, 특별히 신경 써야 할 사람들이 누군지를 알려주었다. 그리고 딸아이는 이렇게 말했다.

"아빠, 학교에서 수업하듯이 행동하지 마세요."

나는 딸의 지시에 기분이 나쁘지는 않았다. 오히려 그 말을 기꺼이 수용했다. (신랑의 아버지가 나중에 내게 일러주길, 자신의 아내 역시 비슷한 지시를 내렸다고 했다.) 결혼식과 피로연 중에도 나는 딸이 일러준 것들을 계속 상기하면서 아내에게 "이렇게 하는 게 괜찮을까?" 물었다. 그렇게 내 식대로 자기경영을 한 것이다.

나는 이렇게 타인을 경영하는 방식대로 자신을 관리하는 상황적 접근법을 내 고객에게 적용해봤다. 그 첫 사례가 레니라는 고객으로, 주지사의 자금 관리를 맡고 있는 변호사다. 과거 거대 로펌에서 자신의 요청에 따라 수족처럼 움직이던 팀들을 데리고 일했던 레니는, 주지사와 함께 일하면서 한정된 인력과 자원을 처음 경험했다. 그는 로펌에서처럼 서너 명의 직원들에게 똑같은 임무를 맡겼고, 그 결과 불필요한 혼란과 수고가 더해졌다.

레니는 일부러 사람을 괴롭히는 스타일은 아니었다. 직원들을 혼란스럽고 짜증나게 하려고 계획을 짜지는 않았다. 그저 일을 잘하려는, 선하고 원칙을 지키는 사람이었을 뿐이다. 더구나 자신의 나쁜 버릇을 잘 알고 있어서 자제하려 노력했다. 하지만 직원회의라는 환경이 레니에게는 변화의 트리거였다. 그는 한 프로젝트에 관심을 가지면 모든 이들이 그에 관여하기를 원했고, 중복되는 임무들을 쏟아냈다. 아침에 일어나 스스로를 제어하고자 했던 차분한 계획가가, 회의석상에서는 그 계획을 잘 지키는 실행가가 되지 못했다. 의도는 좋았지만, 회사에서의 레니는 포용적이기보다는 분열을 초래하는 리더였다. 아침에 일어나 세운 자신의 계획을 충실히 수행하지 못하는 실행가였던 것이다.

나는 스스로에게 자문했다. 계획가로서의 레니가 실행가로서의 자신에게 더 적합한 관리 스타일을 배우게 되면 어떨까? 계획과 다른 분열적 행동을 보이는 직원회의에서 할 수 있는 더 나은 진행방식을 배운다면 어떻게 될까?

레니와 의논한 결과, 우리는 직원회의에서 그가 어떻게 행동할지에 대한 가이드가 필요하다는 결론을 내렸다. 레니 역시 회의에서 지금처럼 행동하고 싶지 않았던 것이다. 그에게는 항상 사용할 수 있는 명확한 지시가 필요했다. 우리의 해결책은 레니가 참석하는 모든 회의마다 그 앞에 카드를 한 장 놓아두는 것이었다. 이 카드에는 "직원들을 혼란스럽게 하지 마라. 여러 사람에게 같은 임무를 주지 마라"라고 쓰여 있었다. 뻔해 보이는 글귀지만, 회의 분위기가 과열되고 마음이 흔들릴 때마다 이 카드는 그가 직원들에게 임무를 맡기기 전에 한 번 더 생각하게 만드는 트리거가 되었다. 이렇게 레니 내부의 계획가가 실행가와 조화되기 시작한 것이다.

이렇게 직장이나 우리 내부에서 상황적 리더십이 적용되는 방식은 비슷하다. 리더로서의 비생산적인 행동을 바꾸기 위해 우선 레니는 자신 내부의 계획가와 실행가 사이의 행동을 변화시켜야 했다. 이 두 인격이 자동적으로 일치하는 것을 기대하고 있을 수만은 없었다. 특정한 상황이 (그의 경우에는 직원회의였다) 그 자동적인 연결고리를 끊어놓기 때문이다. 일단 직원회의에서 자신의 취약성이 드러난다는 점을 인지하게 되면, 무엇을 해야 할지 파악하는 것은 그리 어렵지 않다. 글이 쓰인 카드가 실행가로서의 레니에게 필요한 지휘와 체계로 충분한 역할을 다 할 수 있었다.

이제 직장을 넘어 보다 개인적인 방향으로 가보자. 계획가로서의 우리는 행동을 변화시키려는 쪽이고 실행가로서의 우리는 그 변화를 실현시키려는 쪽이다. 이 둘 간의 단절은 여전하다. **우리는 뛰어난 계획가지만 실행가로서는 젬병이다.**

- 하루 종일 아내에게 보다 친절하게 대하자고 생각했던 남편은 그날 저녁 스포츠 채널을 시청하는 자신을 방해하는 아내에게 짜증을 내고 말았다.
- 자녀들과 더 많은 시간을 보내려 했던 워킹맘은 그날 오후 회사의 급한 일 때문에 딸의 수영대회에 참석하지 못했다.
- 매주 일요일마다 엄마에게 전화하려 계획했던 아들은 2주 동안 전화를 못 드리더니 한 달에 한두 번 정도만 전화해도 '충분하다'고 생각하게 되었다.

훌륭한 의도의 계획가가 형편없는 실행가가 되는 사례는 우리가 알고 있는 사람들이나 맞게 되는 상황의 가짓수만큼이나 많다. 계획에 실패하는 건 마치 죽음이나 세금처럼 피할 수 없는 일 같다.

우리 계획을 망치는 게 단지 환경의 개입이나 예기치 못한 사건 때문만은 아니다. 고의로 과거의 경험을 무시하는 경향 탓도 있다. 우리는 과거의 행동과 완전히 배치되는 계획을 세운다. 일생에서 한번도 지키지 못했던 마감일을, 계획가로서의 우리는 근시안적인 태도로 또 정해버리는 것이다. 이 계획가는 이번에는 다를 것이라고 믿지만, 실행가는 결국 놓쳐버린 마감일의 목록을 하나 더 추가할 뿐이다.

계획가와 실행가 간의 이 뻔하디 뻔한 차이는 성공할 가능성이 매우 높은 상황에서도 나타난다.

얼마 전 나는 내 고객 17명을 뉴욕의 한 레스토랑에서의 저녁식사에 초대했다. 다음 날 우리는 서로의 목표를 공유할 온종일 걸리는 회의를 앞두고 있었기에, 이 날의 식사 자리는 회의를 앞두고 서로를 알기 위한 사전 모임 성격이었다. 나는 다음의 요청으로 모임을 시작했다.

"전 여기 모이신 여러분들이 저녁 동안 남을 방해하거나 비난하는 말을 하지 않기를 바랍니다. 그렇지 못할 때마다 벌금으로 20달러씩 내는 데 찬성하시는 분은 손을 들어주세요."

17명 모두의 손이 올라갔다. 모두가 이 규칙을 따르는 데 찬성한 것이다. 하지만 나는 내심 그들 모두가 이 약속을 깨게 되리란 걸 예상하고 있었다.

시작한 지 10분이 채 지나지 않아 테이블 중앙에는 20달러짜리 지폐로 400달러가 넘는 돈이 쌓였다. (이 돈들은 자연보호협회에 기부될 예정이었는데, 마침 그 자연보호협회의 회장 역시 동석해 있었다.) 30분 후에는 돈이 두 배로 늘어났다. 얼마 뒤 세계 최고의 회사 중 한 곳에서 최근 퇴직한 CEO가 자리에서 일어나 현금인출기로 향했다. 갖고 있던 현금이 떨어진 것이다. 이 고객들 중 절반은 자수성가한 기업가들이었고 나머지 절반은 회장이나 CEO란 직함을 명함에 박은 사람들이었다. 그들은 분명히 훌륭한 사람들로, 약속을 지키기 위해 필요한 자질들로 무장된 상태였다.

- 나는 그들에게 하나의 계획을 제시했다.
- 그들은 그 계획을 지키겠다고 약속했다.
- 그들은 식사를 하는 3시간 동안만 그 약속을 지키면 됐다. 절제된 행동을 지속하는 데 그리 긴 시간은 아니었다.
- 약속 위반에는 벌금이 매겨졌는데, 이는 곧 좋은 행동에 대한 인센티브기도 했다.
- 나는 그들이 실패할 것 같다는 언질을 주면서 그들에게 계획을 더 잘 각인시키고, 내가 틀렸다는 걸 증명하려는 이 사람들의 사기를 북돋웠다.
- 이 일이 그들의 능력에 넘치는 건 아니었다. 그들은 단지 부정적인 언사를 삼가고 입을 다물기만 하면 됐다.

하지만 결국, 17명 중 16명이 자연보호를 위해 주머니에 있는 20

달러 지폐들을 모두 꺼냈다. (여기서 레니만이 유일한 예외였는데, 나중에 알게 된 사실은 그가 자신 앞의 유리잔 밑에 '방해 금지, 비난 금지'라고 적은 카드를 몰래 놓아두었다는 것이다.) 아무도 자신의 환경을 극복하지 못한 것이다. 그들 내부의 실행가는 유쾌한 식사 분위기에 휩싸인 나머지 몇 분 전 내부의 계획가가 했던 약속을 지키지 못했다.

권투선수이자 철학자인 마이크 타이슨은 이렇게 말했다. "누구나 얼굴에 한 방 맞기 전까지는 계획을 갖고 있다." 우리가 인생이란 길을 헤맬 때, 우리 얼굴을 수없이 두들기는 상대는 바로 우리가 처한 환경이다.

7장

예상, 회피, 적응

내가 살고 있는 샌디에이고의 이웃들 중에는 열정적인 요트 조종사, 서퍼, 골퍼들이 많다. 그들은 매시간마다 스마트폰으로 날씨를 체크하는데, 충분히 이해 가는 일이다. 샌디에이고의 날씨예보는 지구상에서 가장 믿을 만하지만, 때로는 부족하게 느껴질 때도 있다. 그래서 내 이웃들은 태평양의 바람이 선선한지, 파도가 충분히 이는지, 골프 코스는 이용이 가능한지 여부를 체크하는 자기 나름대로의 도구들을 사용한다. 그들은 환경을 명확히 인식하고 있을 뿐 아니라 자신만의 방식으로 예측하는 것이다.

열정적인 요트 조종사, 서퍼, 골퍼들에게는 당연한 일이겠지만, 일반인들은 사실 날씨를 예측하느라 그리 많은 시간을 보내지는 않는다. 우리가 만약 그랬다면, 그렇게 자주 날씨의 기습을 받지는 않았을 것이다.

환경이 우리에게 끼치는 영향력이 지대하다는 것을 알았다면 우선 해야만 하는 일이 바로 예측이라고 할 수 있다. 예측은 예상anticipation, 회피avoidance, 적응adjustment의 세 단계로 구성된다.

1단계: 예상

성공한 사람들은 그들의 환경을 어느 정도 예상한다. 우리 인생의 중요한 순간들에서, 결과가 너무나 중요하고 실패는 아예 고려대상이 아닐 때, 우리는 예상의 달인이 된다.

광고회사 직원이 고객에게 설명하기 위해 회의실에 들어설 때는 이미 자신의 프레젠테이션을 충분히 연습하고, 고객의 성향을 연구하고, 어떤 반론도 피해갈 예리한 답변을 준비해둔 상태다. 회의가 끝났을 때 회의실의 긍정적인 분위기를 상상하면서 그런 상황을 연출하기 위해 프레젠테이션을 준비한다.

이와 마찬가지로 재판에 임하는 변호사들도 절대 자신이 답을 알지 못하는 질문은 던지지 않는다. 증인에게 묻는 모든 질문은 전부 예상 시나리오에 포함되어 있는 것이다.

주민회의에서 민감한 이슈를 다룰 때도 비슷한 모습이 연출된다. 의장은 누군가 화가 나서 말을 하다 보면 대화가 분노와 모욕으로 치닫게 되리란 점을 예상한다. 과열된 환경 속에서 의장은 스스로 침착하고 공정해지자고 다짐하고, 사람들을 달랠 수 있는 말을 미리 준비해두기도 한다. 심지어 경찰관의 입회를 요청할 때도 있다.

젊은 남성이 여자친구에게 청혼할 때도 그렇다. 관습에 따라 청혼하는 제스처는 사전에 다 연습해둔 것이다. 장소 선정부터 질문을 던져야 할 타이밍까지, 여자친구로부터 예상한 반응을 끌어내기 위해 모든 노력을 다한다. (이럴 때 여자친구는 결혼식 장면까지 머릿속에 예상해가며 화답하기도 한다.) 행동이 분명하고 즉각적인 결과를 낳을 때 우리는 뛰어난 임기응변을 보인다. 환경이 우리를 만들게 놔두는 게 아니라, 우리가 직접 환경을 창조한다.

문제는 우리 일상 대부분이 사소한 순간들로 가득 차 있어서, 그 상황마다 어떤 의미부여를 하지는 않기 때문에 환경이나 우리의 행동에 대해 미리 깊이 생각하지는 않는다는 데 있다. 이렇게 언뜻 환경이 잔잔하게 느껴지는 경우가 역설적으로 절대 방심해서는 안 되는 때다. 우리가 환경을 예상하지 않을 때, 무슨 일이든 벌어질 수 있기 때문이다. (당신이 사랑하는 사람이나 동료에게 별 생각 없이 순수한 마음으로 던진 말이 제3차 세계대전 급의 말다툼으로 번지거나 돌이킬 수 없이 큰 상처를 남겼던 경험이 있다면, 아마 내 말이 무슨 소린지 이해할 것이다.)

한번은 내 고객들 두 명을 식사자리에서 서로에게 소개시키면 좋겠다는 생각을 했다. 에드가는 아이비리그 출신으로, 뉴욕 시의 한 진보적 연구소 소장이었다. 그는 놀라운 외교술을 발휘해 부자들에게 기부금을 따내는 재주가 있었다. 마이크는 오클라호마의 에너지 회사 대표로, 사교적이고 약간은 짓궂은 편이었다. 나는 그들의 서로 다른 배경이 오히려 재미있는 만남을 만들어낼 것이라고 생각했다. '그들은 마음을 열고 그런 자리를 주선한 내게 감사하리라.'

하지만 내 오판이었다. 내 경험상, 똑똑한 사람들이 처음으로 만난 자리에서 대화 소재가 고갈되면 결국 정치 이야기로 빠진다. 그들의 지지 성향이 같다면 반대편을 욕하면서 즐거운 시간을 보낼 수 있다. 하지만 정치적으로 서로 반대 입장이라면, 각자가 상대편이 틀렸다는 점을 설득시키려 든다. 바로 그런 일이 그날 저녁 벌어졌다. 에드가는 과격 진보론자, 에너지 회사 대표인 마이크는 단단한 보수주의자였다.

애피타이저가 나올 때까지만 해도 분위기는 괜찮게 흘러갔다. 하지만 그들은 직업과 가족, 휴가 계획, 스포츠에 대한 친근한 대화는 아예 생략한 채로, 곧바로 현 정치 판세에 대해 논하기 시작했다. 그들의 손에는 마치 건드려야 할 뜨거운 이슈들이 적힌 목록이라도 쥐어져 있는 듯했다. 국가안보, 에너지 정책, 총기규제, 마리화나 합법화, 소수자 차별철폐, 정부지출 문제 등을 논하면서 그들은 서로의 관점을 변화시키려는 무익한 노력을 포기하지 않았다. 30분 동안을 간접흡연에 대해 논쟁했지만, 정작 둘 모두 그에 대한 전문적 지식을 갖고 있지 않았으며 심지어 평소에 관심을 두던 것도 아니었다. 단지 두 명의 기가 센 수컷이 승리에 대한 의지만을 마음껏 내보인 저녁이었다. 그리고 나는 불쌍한 관중 역할을 맡아야 했다.

하지만 잘못은 그들이 아닌 내게 있었다. 새뮤얼 존슨이 불행하게 이혼하자마자 다시 결혼하는 홀아비를 '경험에 대한 희망의 승리'로 표현했던 것처럼, 나는 이를 몸소 체험한 것이다.

나는 그들의 정치적 입장이 다르다는 걸 이미 알고 있었다. 그들이 중간에 끼어들 사람 없이 서로 마주보고 앉도록 자리를 배치한 것도 나였다. 뒤늦게야 사무실과 같은 배치였다면 그들이 행동이 아마 달랐으리란 점을 깨달았다. 사무실이었다면, 그들은 일터에 맞게 보다 화기애애하고 프로다운 행동을 보였을 것이다. 내 가장 큰 실수는 퇴근 후의 식당이라는 환경에서 벌어질 그들의 행동을 예상하지 못했다는 데 있었다. 두 사람 다 업무에서 벗어난 환경에서 프로다운 고려는 하지 않고 무슨 말이든 해도 된다는 생각을 했을 것이다. 만약 내가 제대로 예상했다면, 그 자리를 '회피'하는 쪽을 택했을 텐데 말이다.

2단계: 회피

피터 드러커는 "내가 만나본 리더들 중 절반은 무엇을 해야 할지 배울 필요가 없는 사람들이다. 그들은 무엇을 그만둬야 할지를 배워야 할 필요가 있다"는 명언을 남겼다. 대개의 경우 환경에 대한 가장 현명한 대처는 그걸 피하는 것이다.

- 집에 밤늦게 귀가할 때는 으슥한 뒷골목은 피해간다.
- 술을 끊으려 할 때는 술집에 들르지 않는다.
- 피부가 민감해서 햇볕에 잘 탄다면, 해변에 가는 건 피한다.
- 이웃에 사는 토드가 마음에 들지 않으면, 그의 초대는 정중히 거절한다.

우리는 보통 신체적이나 감정적으로 위험이 느껴지거나 불쾌한 환경은 본능적으로 피한다. 반면에 즐겁고 유쾌한 환경은 애써 극복하려 들지 않는다. 포기하거나 피하는 대신 계속 그 환경을 즐기는 쪽을 택하게 마련이다.

그 이유 중 하나는 관성에 있다. 뭔가 재미있는 일을 그만두는 데는 상당한 의지력이 필요하다.

하지만 더 큰 이유는 우리의 환경과 유혹 간의 관계를 우리가 근본적으로 잘못 이해하고 있다는 것이다. 유쾌한 환경 속에 숨은 유혹은 우리의 긴장이 풀어지게 하고 조금 더 오래 머무르라고 권한다. 유혹은 우리의 가치, 건강, 관계와 경력 모두를 망가뜨릴 수 있다. 환경을 지배할 수 있다는 망상 때문에 우리는 도망치는 대신 그 유혹과 경솔히 어울리고 만다. 그에 맞서서 자신을 끊임없이 시험해보려 드는 것이다. 그리고 마침내는 실패와 함께 찾아오는 충격과 절망을 맛보게 된다.

유혹이란 다이어트 중에 만나는 한 조각의 치즈케이크처럼 사소한 것일 수도 있고, 어떨 때는 일정에 맞추지 못할 것임을 알면서도 불가항력적으로 너무 빨리 거래에 응해버리게 되는 업무상의 매우 중대한 도전일 수도 있다.

나는 성공한 고객들이 이런 식으로 생각하는 경우를 흔히 본다. 그들은 도전을 사랑하고, 유혹을 이겨낸 자신들의 승리를 자찬하는 경향이 있다. 그들은 또 유혹을 피하는 건 결코 성취가 될 수 없고, 수동적인 자세가 만든 부정적인 선택지라고 생각한다. 그건 부전승이나 마찬가지라고 여긴다.

선택적으로 회피하기보다 항상 응전하려는 이런 충동은 내가 그들이 보이는 행동들을 변화시키려 코칭을 맡는 이유이기도 하다. 한 발 물러서야 할 때 자신의 힘을 오히려 시험해보려는 유혹에 굴복하는 모습이, 바로 리더들에게 나타나는 가장 일반적인 행동 문제들 중 하나다.

나는 개인적으로 내 고객들에게 나타나는 이런 태도를 '드라마 내러티브 오류'라고 부른다. 극복할 수 없는 곤경을 피하기보다 그에 맞서 싸우는 스토리를 가진 TV 드라마처럼, 실제 삶에서도 도전을 가급적 받아들이려고 하는 자세를 말한다. 철인3종 경기 출전을 위해 연습하는 것처럼, 취미생활을 위해 그런 도전을 하는 건 괜찮다. 하지만 그런 태도를 모든 일에 적용시키려 하면 인생은 매우 위험해지고 만다. 상식적으로도 그렇지만, '이번엔 그냥 넘어가자'고 하는 게 진정한 용기일 때가 있다.

골퍼들은 지루해 보이는 경기야말로 훌륭한 경기라고 생각한다. 페어웨이에 볼을 올리고, 핀에서 멀지 않은 곳으로 볼을 보내고, 버디나 파를 잡아낸다. 그리고 다음 티샷을 위해 걸어가서 다시 그 과정을 반복한다. 이렇게 18홀을 지나다 보면 개인 최고기록을 세우기도 하고 코스 신기록을 깨기도 하는 것이다. 선택할 수 있다면, 골퍼들은 매번 드라마틱한 롤러코스터를 타는 쪽보다는 지루하게 라운드 도는 쪽을 택할 것이다.

나는 스탠이란 오랜 고객과 흔치 않은 경험을 했다. 그는 손수 기업을 창업해 성공시킨 뒤 매각했고, 「포춘」 50대 기업의 CEO로 일하기도 했다. 일흔 살이 되어 은퇴한 스탠은 자신의 재산 절반을 출연해, 의학 연구를 지원하는 단체를 설립하고자 했던 꿈을 실현시켰다. 그는 자신의 아내를 이 단체의 대표로 앉히고 두 딸들은 부대표직을 맡게 했다.

어느 날 스탠이 내게 전화를 걸어 코네티컷에 있는 그의 집에서 열리는 가족회의에 한 번만 참석해달라고 요청했다. 회의가 시작된 지 몇 분 지나지 않아 문제점이 보였다. 스탠의 가족들은 그의 말을 듣지 않고 있었다. 그가 아내를 향해 명령조로 이야기하면 그녀는 "나는 당신의 아내이자 단체의 대표예요. 나를 당신 직원들과 혼동하지 말라고요"라며 받아쳤다. 한두 번 이런 설전이 오간 후에도 스탠은 여전히 자신의 처지를 깨닫지 못했다. 그러다가 변호사와 의사인 두 딸들에게 뭔가 지시를 하면 "우리는 대표님에게 보고할 거예요"란 답이 돌아왔다.

이번이 스탠이 가족들에게 절망한 첫 번째 회의가 아니었고, 스탠이 나를 부른 이유는 그의 아내와 자녀들이 자신의 말을 경청하게 만드는 방법을 가르쳐달라는 것이었다.

나는 그에게 말했다.

"그런 일은 일어나지 않을 겁니다."

"하지만 이 모든 일에 돈을 댄 사람은 납니다. 이렇게 날 대할 순 없어요!"

나는 고개를 끄덕였다.

"맞습니다. 하지만 그건 상관없어요. 당신은 CEO로서 당신의 경력과 가정 내에서 당신의 권위를 동일시하는 잘못을 저지르고 있어요. 당신의 가족들은 분명히 그런 식으로 당신을 바라보지 않는데도 말이죠. 당신이 그들에게 그 자리를 맡겼어요. 단체는 그들의 책임입니다. 그걸 당신이 되돌린 순 없습니다. 지금 할 수 있는 건, 직장에선 당신이 책임자일지 몰라도 집에서는 아니라는 점을 받아들이는 겁니다."

나는 이 문제가 '환경적'임을 쉽게 알아챘다. 단체의 사무실이 아닌 집이라는 환경에서 회의를 연다는 것 자체가 상황을 혼동하도록 만들었다. 이것은 비즈니스인가 아니면 가족 문제인가? 이 점이 직장에서는 고압적인 리더로 행동해왔던 스탠을 혼란스럽게 만들었던 것이다.

나는 스탠이 평소 어디서나 분위기를 잘 읽어내는, 사교적인 사람이라는 것을 잘 알고 있었다. 하지만 가족들과 함께 있는 집이라는 환경에 영향을 받은 그는 자신의 이익에 반하는 행동을, 그것도 제대로 인식하지도 못하면서 행하고 있었던 것이다.

"이 상황을 그냥 피하는 게 낫지 않을까요?"

"하지만 이 모든 게 제 생각이었습니다."

스탠은 여전히 자신이 이 단체의 '주인'이라는 믿음을 고집하고 있었다.

"스탠, 당신의 가족들은 당신이 아닌 당신의 태도에 대해 반감을 표시하고 있는 겁니다. 당신이 태도를 바꾼다 해도 그들이 그걸 받아줄지 모르는 겁니다. 그렇다고 과거로 되돌릴 수도 없는 일이잖아요? 그냥 집에서의 가족회의를 피하는 게 상책입니다."

스탠이 해결책으로 회피를 택하기까지 몇 분의 시간이 걸렸다. 나는 최악의 경우라 해도 가족과의 싸움은 즉시 끝날 것이고, 최선의 경우라면 아내와 딸들이 결국 그에게 조언을 청해올 것이라고 그에게 설명했다. 하지만 스탠이 스스로 이 상황에서 벗어나지 않는 한, 그런 일은 일어나지 않을 것이라는 점도 말해주었다.

보통 나는 정치인들을 롤 모델로 삼지 않지만, 어쨌든 그들은 회피에 있어서는 달인들이다. 내 성공한 고객들(자신들이 실수를 저질러본 적도 거의 없고 실수할 가능성을 잘 인정하지도 않기에 실수가 가져올 상황을 잘 예측하지 못하는 사람들)과는 달리, 정치인들은 정치 생명을 끝낼 수 있는 실수에 대해 극심한 두려움을 갖고 있다. 덕분에 그들은 어떤 상황에서나 위험에 빠지지 않도록 완벽한 한 수를 구사하려 노력한다. 기자회견에서 답이 궁한 질문을 받았을 때 그들의 회피 기술이 드러난다. 정치적으로 극단인 사람과 같은 장소에 있으려 하지 않고 피한다. 논쟁거리가 될 만한 일에 대해 의사표명을 해야 할 때 그들은 피한다.

정치인들은 이를 본능적으로 안다. 우리는 왜 그렇지 못한가?

이건 아주 간단한 방정식이다. 바람직하지 못한 행동을 피하려면, 그런 행동이 벌어질 것 같은 환경을 피하라. 당신의 신경을 곤두서게 할 동료 때문에 화내고 싶지 않다면 그를 피하라. 밤늦게 과식을 하고 싶지 않다면, 냉장고에 남은 음식을 찾느라 부엌 근처에서 서성대지 마라.

3단계: 적응

물론 도저히 피하는 게 불가능한 순간들이 인생에는 많이 있다. 두

렵지만 반드시 해야 하는 일들(예를 들면 공공 강연)도 있고, 분노를 부르기 쉽지만 해야 하는 일(시댁이나 처가를 방문하는 일)이나 자신을 멍청이로 만들지만 해야만 하는 일(존경하지 않는 인물과 비즈니스를 하는 것)도 있다.

우리가 운이 좋다면, 적응이 예측의 마지막 산물일 수도 있다. 물론 오직 우리가 환경의 영향력을 예상하고 회피하지 않아도 되는 게 가능할 때만.

적응의 발생 가능성은 높지 않다. 우리들 중 대부분은 잘못된 길을 계속 걸어가야 한다. 우리는 같은 행동의 함정에 계속 빠지면서도 그것을 이어나간다. 적응은 우리가 변화에 매우 목말라 있거나 예기치 않은 통찰의 순간을 만났을 때, 혹은 다른 사람들(친구나 코치 등)로부터 도움을 받았을 때 발생한다.

내가 실리콘밸리에서 만난 IT기업의 임원인 사치가 바로 그런 일을 겪었다. 사치는 인도의 한 작은 마을에서 태어나 가난하고 어렵게 살았다. 그녀는 부모의 지원을 받아 델리에 있는 일류 기술대학에서 전자공학을 전공할 수 있었다. 실리콘밸리에서 일하면서 그녀는 스탠포드에서 MBA 학위를 취득했고, 나이 서른에 이미 최고 IT기업의 임원으로까지 승진했다.

사치는 내게 자신의 고향을 방문한 일에 대해 말해주었다. 옛 친구들 7명과 함께한 저녁식사 자리에서 한 친구가 물었다.

"지난주엔 뭘 하고 지냈어?"

사치는 그 화려했던 한 주에 대해 상세히 이야기해줬다. 회의 참석차 파리로 갔다가 업계의 우상 몇 사람을 만났고, 다시 돌아와 신제품 개발을 지휘하는 중이었다. 사장은 그녀가 회사의 차기 리더 육성 프로그램에 합류하게 됐다는 소식을 전했다. 그녀는 자신의 생활을 열정적으로 설명했다.

식사가 끝난 후 사치의 가장 친한 친구인 란지니만 남고 모두 돌아갔다. 란지니는 사치처럼 대단한 성공을 거두지는 않았지만, 꽤 큰 인도 기업에서 꾸준히 성장하고 있는 중이었다. 그 외의 다른 친구들은 그리 잘 사는 편이 아니었다. 사치가 란지니에게 다시 만나 얼마나 기쁜지 모르겠다고 하자, 그녀가 대뜸 물었다.

"너는 친구들이 파리와 신제품, 너희 사장 따위의 이야기를 듣고 싶어 할 거라고 생각하니? 너, 언제부터 그렇게 자랑만 하는 사람이 됐어?"

사치는 한 대 얻어맞은 듯한 충격을 받고, 자신을 변호하려 했다.

"친구들이 나한테 지난주에 뭐했냐고 묻기에 그냥 대답한 것뿐이야."

그날 밤, 사치는 자신이 모임을 완전히 망쳐놨다는 걸 떠올리며 잠을 이룰 수가 없었다. 그녀는 실리콘밸리의 천재들을 상대하고 있는 게 아니라 자신과 함께 자랐으나 자신만큼 성공하지 못한 가난한 사람들과 같이 있었던 것이다. 그녀 입장에서는 자신의 삶을 공유하려 했던 것이지만, 그들의 입장에선 그리 달갑지 않은 상황이었을 것이다.

그녀는 그런 점을 예상하지 못하고 너무도 둔감하게 행동한 자신을 책망했다. 하지만 우리는 실수로부터 배운다. 그녀는 단순한 질문에 있는 그대로 대답하는 것이 어떤 상황에서는 적절하지만 또 어떤 상황에서는 큰 잘못일 수 있다는 점을 깨닫게 됐다.

그다음 번 다시 고향을 방문해 마을 사람들을 만난 자리에서 직업에 대한 질문을 받자 사치는 "그냥 기술 분야에서 일을 해. 출장이 많아. 그래서 힘들지"라고 답했다. 그러고는 다른 사람들의 삶에 대해 묻는 배려와 매력을 보여줬다.

사치의 행동은 환경을 제대로 이해한 사람만이 보일 수 있다. 그녀는 바로 '적응'을 해낸 것이다.

8장

변화의
수레바퀴

지금까지 우리가 이야기한 것들을 되짚어보자.

앞서 나는 성인이 자신의 행동을 변화시키는 것만큼 어려운 과제는 없다고 말했다. 우리는 변화를 피할 구실을 찾아내는 데 귀신들이다. 우리는 변명한다. 우리는 합리화한다. 우리는 온갖 부정과 저항을 부르는 믿음들을 갖고 있다. 그 결과 우리는 자신이 바라는 사람이 되는 일에 끊임없이 실패한다.

이 방해물들 중 가장 중요한 것은 우리가 환경과 맺고 있는 관계다. 환경이 우리에게 영향을 미친다는 사실을 우리는 의도적으로 무시하려 한다. 하지만 환경은 끊임없는 트리거 메커니즘으로 우리를 당장 성자에서 죄인으로, 낙천주의자에서 비관주의자로, 훌륭한 시민에서 깡패로 바꿔놓을 수 있으며, 우리가 되고자 했던 자신이 누구였는지조차 알 수 없게 만들어버릴 수 있다.

먼저 좋은 소식은, 환경이 첩보 작전처럼 비밀스럽게 작동하지 않는다는 점이다. 환경은 공개적으로, 우리에게 지속적인 피드백을 보내고 있다. 우리는 종종 환경이 우리에게 보내는 메시지를 제대로 듣지 못한다. 하지만 우리가 주파수를 맞추고 주의를 기울이는 순간, 우리의 행동을 은밀히 결정하는 듯 보였던 트리거가 선명히 모습을 드러낸다.

그리 좋지 못한 소식은 우리의 환경이 바뀌는 모습에 지속적인 주의를 기울이기 어렵다는 점이다. 우리 주변은 매분, 매시마다 변화하지만, 우리는 각 상황을 입맛대로 관리할 수 있는 능력이나 의지를 항상 불러올 수는 없다. 우리는 혼란에 빠지고, 한 걸음 나섰다가 두 걸음 뒤로 물러서기 일쑤다.

게다가 우리의 '계획가'와 '실행가'라는 두 분리된 인격은 각각 환경에 다르게 대응한다. 아침에 일어나는 건 하루에 대한 분명한 계획을 가진 계획가지만, 나중에 그 계획을 실행해야 될 때는 다른 사람이 되어버린다. 위험한 환경에 대한 예상, 회피와 적응이라는 기본 도구들은 우리 내부의 계획가와 실행가 사이의 갈등을 해소해나가는 첫걸음이다. 하지만 결국은 눈앞의 어려움을 넘기기 위한 미봉책일 뿐, 그것으로 우리의 행동이 영구히 바뀌지는 않는다.

우리가 선택할 수 있는 것들
—

지금까지 나는 우리가 행동 변화에 직면했을 때 얼마나 무력한지,

환경과의 전쟁에서 왜 패배자의 낙인이 찍히게 되는지를 설명해왔
는데, 이쯤 해서 당신은 충분히 다음과 같은 질문을 내게 던질 때도
되었다. "우리가 뭘 어떻게 해야 되는지는 과연 언제쯤이나 알려줄
건가요?"

너무 서두르지 마라. 문제를 이해하려면 문제가 있다는 점을 인정
해야 할 뿐 아니라, 당신이 가진 선택권들 전부를 알아야 한다. 그리
고 환경 변화라는 문제에 있어서도 당신에게는 선택 가능한 지점들
이 있다.

다음 그림은 내가 오랫동안 고객들을 코칭할 때 사용해온 것이다.
이 그림은 바로 우리가 되고자 하는 사람이 되려면 우선 정리해야

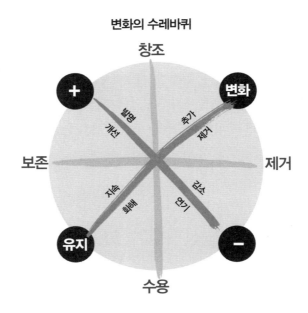

변화의 수레바퀴

할 두 차원 간의 상호 교환 관계를 나타내고 있다. +(긍정적)와 -(부정적) 축은 우리를 돕거나 혹은 방해하는 요소들을, 변화와 유지 축은 우리가 앞으로 바꿀 것인지 아니면 그대로 놔둘 것인지 결정하는 요소들을 의미한다. 즉 어떤 행동변화를 추구하든 우리에게는 다음 네 가지 선택지가 있다. 긍정적이거나 부정적인 요소들을 변화시킬 것인가 아니면 유지할 것인가.

- '창조'는 우리가 앞으로 만들고 싶은 긍정적 요소들을 나타낸다.
- '보존'은 우리가 앞으로 유지하고 싶은 긍정적 요소들을 나타낸다.
- '제거'는 우리가 앞으로 없애고 싶은 부정적 요소들을 나타낸다.
- '수용'은 우리가 앞으로 받아들일 필요가 있는 부정적 요소들을 나타낸다.

이것들이 바로 우리의 선택지들이다. 보다 더 역동적이고 화려하고 재미있는 선택들도 있지만, 모두가 동등하게 중요하다. 그리고 이들 중 세 가지는 우리가 상상하는 것보다 훨씬 더 많은 노력을 요구한다.

1. 창조

창조는 멋진 행동 변화의 전형적 양상이라고 할 수 있다. 지금보다 행동이 나아진 우리 자신을 떠올릴 때, 우리는 자신을 다시 발견하는 흥미로운 과정으로 여긴다. '새로운 자신'을 창조하는 것이다. 정하기만 하면 누구든 될 수 있는 것이니, 호소력 있고 충분히 매혹적인 생각이다.

중요한 점은 방관자 입장이 아닌 자신의 선택에 의해 창조해야 한다는 것이다. 스스로를 창조하는가, 아니면 그 기회를 날리고 외부의 힘에 의해 창조되는가의 문제다.

우리 중 가장 현명한 이들에게조차 창조란 거저 주어지는 선물이 아니다. 정년은퇴를 6개월 앞둔 유럽 어느 대기업의 CEO와 일하게 되었을 때 나는 그에게 질문을 던졌다.

"은퇴하면 무슨 일을 할 생각이세요?"

"모르겠어요."

"만약 당신 회사가 6개월 내에 완전히 변신해 고객과 정체성까지 바뀔 거란 사실을 알게 된다면, 당신은 그에 대비한 계획을 세울 겁니까?"

"물론이죠. 그러지 않는다면 무책임한 일이겠죠."

"뭐가 더 중요하죠? 당신 회사와 당신 인생 중에서 말입니다."

물론 그건 과장이 심한 수사적인 질문이었다. 나는 그에게 6000명의 직원들을 거느린 기업의 수장이라는 자신의 정체성이 사라진다면 권태와 혼란, 우울함에 빠지기 쉬울 것이라 경고했다. 난 그런 모습을 제대로 은퇴 준비를 못한 전前 CEO들에게서 많이 봐왔다. 그래서 그에게 자기 자신을 위한 새로운 정체성을 창조하지 않는 일이야말로 '무책임한' 짓이라고 이야기한 것이다.

내가 말한 것들은 그도 이미 알고 있던 사실들이었다. 그는 오랜 세월 동안 기업의 임원으로 일했다. 또한 주변의 많은 사람들이 은

퇴 후에 좌초하거나 흔들리는 모습도 많이 봐왔다. 그러나 그는 그렇게 얻은 통찰력을 정작 자신에게는 사용하지 않았다. 우리들 대부분과 마찬가지로 흔한 실수를 저지르고 있는 중이었다.

자신의 인생에 만족하는 순간, 기대를 뛰어넘을 정도로 행복하거나 기쁜 것도 아닌 그저 '만족'하는 순간, 우리는 타성에 젖는다. 항상 해왔던 대로 계속 그렇게 할 것이다.

하지만 만족하지 못하면 다른 극단적 모험을 감행할 것이고, 모든 아이디어를 시험해보면서 한 아이디어가 뿌리를 내리고 진정으로 새로운 모습을 보일 수 있을 만큼 충분한 시간 동안 집중하지 못할 것이다. 주변에 유행하는 다이어트 방법마다 다 시도해보지만 절대 살을 빼는 데 성공하지 못한 사람이 있다면, 당신도 이런 유형을 알 것이다. 그건 그저 뒤쫓는 것일 뿐 절대 창조라고 할 수 없다.

앞의 그림처럼 창조는 '추가'에서 '발명'으로 이어진다. 이미 성공한 사람들에게는 보통 새로운 하나의 행동을 추가하는 것만으로 충분하다. 임원급 고객들을 일대일로 만날 때 나는 고객이 자신의 인격을 전체적으로 점검하도록 도울 필요가 없었다. 성공한 리더들은 넓은 관점에서는 부적절한 행동을 보이지 않는다(그랬다면 지금의 자리에 있지도 못했을 것이다). 하지만 한두 가지 영역에서는 부적절하게 행동할 때가 있는데, 그 모습을 보고 사람들은 그 리더들의 전부를 판단하게 된다.

우리에겐 항상 스스로 더 나은 행동을 창조할 기회가 있다. 타인들을 대하는 방법, 환경에 대응하는 방법처럼 다음 행동을 부르는 트리거를 사용할 기회 말이다. 우리에게 필요한 건 달라진 자신을 상상하게 하는 자극이다.

2. 보존

'보존'이라고 하면 수동적이고 별 거 아닌 것처럼 들리지만, 이것이 야말로 진정한 선택이라 할 수 있다. 우리에게 진짜 잘 맞는 모습을 찾기 위해서는 우선 스스로를 먼저 탐구해야 하고, 새롭고 빛나지만 반드시 더 좋다는 보장이 없는 일 때문에 본래의 자신을 포기하지 않도록 단련해야 한다.

우리는 보존을 충분히 실행하지 못한다. 성공한 사람들을 정의하자면, 많은 일들을 제대로 하고 있는 사람들이라 할 수 있을 것이다. 즉 그들에게는 보존해야 할 것들이 많다. 하지만 한편 기본적으로 그들은 점진적으로 전진하는 걸 지속적인 개선으로 여긴다. 정체되는 것과 싸우려 하고 그대로 머무르려 하지 않는다. 성공한 사람들은 만약 좋은 것과 더 나은 것 중에 골라야 한다면 본능적으로 후자를 고른다. 매우 훌륭한 자질들을 놓칠 수도 있는 위험을 무릅쓰고서라도 말이다.

보존은 심지어 변화무쌍하다. 「포춘」이 '미국 최고의 비영리기구 운영자'라고 평한 내 친구(고백하자면 내 평생의 영웅이기도 한) 프랜시스 허셀바인은 1976년 미국 걸스카우트 연맹의 CEO가 되었다. 그녀에게는 회원 수가 감소 중이며, 모든 임직원이 120명의 자원봉사자에게 의존하고 있고, 어린 소녀들에게 시대에 뒤떨어졌다는 인상을 주는 이 경직된 조직을 변화시켜야 한다는 임무가 주어졌다. 기존의 모든 것을 폐기하고 새로 시작하라는 요구가 충분히 이해될 법하다.

하지만 펜실베이니아 주의 고향에서 걸스카우트를 위해 자원봉사했던 경험을 가진 프랜시스는 이 조직에 보존할 만한 것들이 많다는 점을 알고 있었다. 단지 집집마다 돌아다니면서 쿠키를 파는 일뿐 아니라 젊은 여성들에게 도덕적 기준을 제시해주는 걸스카우트의 정체성을 말하는 것이다. 그녀는 자신의 직원들과 자원봉사자들에게 마약과 10대 임신 같은 위협요소들에게서 소녀들을 보호하는 것이 그 어느 때보다 중요함을 인식시키고자 했다. "미래가 있는 전통." 보존과 창조의 과감한 결합을 그녀는 이렇게 표현했고, 이는 곧 걸스카우트 연맹의 새로운 목적이 되었다. 그녀가 걸스카우트 연맹의 CEO로 재직한 기간 동안 회원 수는 4배 증가했고, 회원 구성의 다양성은 3배 늘었다.

한 정치인이 내게 이렇게 말했다. "내가 내린 결정 중 가장 어렵기만 하고 보상은 없었던 건 뭔가 나쁜 일이 벌어지지 않게끔 하는 것이었습니다. 왜냐하면 뭔가 더 나쁜 일이 벌어지지 않도록 내가 막았다는 것을 결코 증명할 수 없었기 때문이었지요."

보존도 이와 마찬가지다. 뭔가 좋은 일을 망치지 않았다는 성과는 대개 인정받지 못한다. 아주 뒤늦게야 인정받게 되고 본인만 인정하게 되는 경우가 많다.

그래서 우리는 이런 질문을 스스로에게 던지지는 않는다. "내 인생에서 지켜야 할 만한 것이 뭐가 있지?" 하지만 이 질문에 답할 수 있다면, 그 답은 우리의 시간과 에너지를 대단히 아껴줄 수 있다. 무엇보다, 하나의 가치 있는 행동을 지킨다는 건 곧 우리가 바꿔야 할 행동이 하나 줄어든다는 의미가 된다.

3. 제거

제거는 우리를 가장 자유롭게 하고 치유해주는 행동이지만, 실행이 쉽지 않다. 다락방이나 창고를 청소하는 일처럼, 우리는 자신의 일부를 버리는 걸 후회할지 안 할지 결코 알지 못한다. 혹시 앞으로 그게 필요하게 되지 않을까, 이게 성공의 열쇠가 될 수도 있는데, 사실 난 그게 너무 좋은데 등등의 생각이 든다.

내 경력에서 가장 중요한 변화의 순간이 바로 무언가를 제거해버렸던 때였다. 그런데 내 의지만으로 그랬던 건 아니다.

나는 30대 후반이었고 기업들에게 조직적 행동에 대해 똑같은 말을 되풀이하며 전국을 돌아다니고 있었다. 수입은 괜찮았지만 다람쥐 쳇바퀴 같은 일상이었다. 이때 내 멘토 폴 허시가 충고했다.

"자네는 지금 하는 일을 너무 잘하고 있어. 자네의 하루를 기업들에게 파는 대가로 너무 많은 돈을 벌고 있다는 걸세."

누군가 나에게 내가 '너무 잘한다'고 하면 나는 기꺼이 그 칭찬을 즐기는 편이다. 하지만 허시는 내게 한 번도 그렇게 칭찬한 적이 없었다.

"자네는 자신의 미래에 투자하고 있지 않아. 연구도 저술도 않고, 새로운 말할 거리를 찾지도 않지. 앞으로도 지금 하는 일을 계속할 순 있겠지. 하지만 자네가 되고 싶어 했던 그런 사람은 결코 되지 못할 걸세."

몇 가지 이유로, 그 말의 마지막 문장은 내 감정을 흔드는 트리거가 되었다. 나는 허시를 너무 존경했다. 그리고 그가 옳다는 것을 알았다. 피터 드러커의 말처럼 난 "오늘을 위해 미래를 희생"하는 중이었다. 내 미래가 보였고, 그 가운데는 어두운 큰 구멍이 나 있었다. 그동안 나는 안락한 삶을 유지하느라 너무 바쁘게만 살았다. 언젠가는 이 일이 지겹고 불만족스럽게 되겠지만, 그때는 아마 대처하기에 너무 늦어버린 상태일 것이다. 내가 바쁜 삶을 어느 정도 '제거'하지 않는다면, 스스로를 위해 뭔가 새로운 걸 결코 창조하지 못하게 될 것이다. 당장 수입이 줄어들겠지만, 나는 수익을 좇는 걸 그만두고 다른 길을 걷기로 결심했다. 그때 해준 허시의 조언에 지금까지도 감사하고 있다.

우리는 모두 자신에게 상처를 주는 것들을 제거해본 경험이 있다. 특히 그 제거의 이익이 즉각적이고도 확실할 때 말이다. 우리는 우리를 힘들게 하는 믿지 못할 친구와 관계를 끊고, 우리를 초조하게 하는 카페인 음료를 마시지 않고, 하루를 망치는 멍청한 일을 그만두고, 죽음에 이르게 할지도 모르는 버릇을 버린다. 그 결과가 극도로 고통스러울 때, 우리는 제거에 착수하는 것이다.

진정 어려운 건 우리가 즐기는 무언가를 희생해야 할 때다. 겉으로는 우리의 경력에 해가 되지도 않고, 심지어 우리에게 도움이 된다고 믿는 것을 말이다. 이런 경우에는 "내가 뭘 없애야 하지?"라고 묻지만 아무것도 찾지 못한다.

4. 수용

CEO들은 자신들의 기업에 대해서는 변화의 수레바퀴 네 가지 요소

중 세 가지를 아주 명확하게 짚어낸다. (그러지 못하는 CEO라면, 오랫동안 그 자리에 있었던 사람은 아니다.) 창조는 혁신으로, 위험을 무릅쓰고 새로운 모험을 하고, 회사 내에 새로운 이윤 창출 부서를 만드는 것이다. 보존은 핵심 사업에서 눈을 떼지 않는 것이다. 제거는 더는 어울리지 않는 사업들을 폐기하거나 팔아치우는 것이다.

그런데 수용은 이 변화의 새장에서 희귀종이라 할 수 있다. 피해를 인정하길 꺼리는 사업가들은 '수용'을 '묵인'이라는 말과 동일시하려 든다. 언젠가 한 기업의 CEO와 그 회사의 부서장들과 함께 예산회의에 참석한 적이 있었다. 정치적이고 사회적인 분위기를 매우 많이 타는 에너지 기업이었다. 지난 5년간의 분위기는 다방면으로 이 회사에 적대적이었다. 취약한 부서들은 수익 목표를 맞추기 위해 정체된 수익만큼의 비용 절감에 나섰지만 그 전략은 결과가 좋지 못했다. 이런 하향세에 접어든 지 6년째인데도, 부서장은 다시금 장밋빛 전망을 내놓으며 더 많은 비용절감으로 수익을 낼 수 있다고 했다. 결국 CEO는 더 이상 참고 들어주지 못했다. 그는 회의 테이블의 가운데로 보고서를 홱 내던지며 말했다.

"이 회의는 이제 끝입니다. 일주일 안에 여러분 모두 새로운 계획을 내놓으세요. '우리 사업이 내년에 사라지고 다시는 살아나지 못한다'는 예상에 맞춰서요. 난 당장 우리 앞에 놓인 상황을 인정하고 내놓는 계획을 봤으면 합니다."

회의실의 모두에게 제시된 데이터는 똑같았다. 하지만 오직 CEO만이 명확하게 그 데이터를 직시하고 받아들였다. 사업을 할 때 우리는 각종 지표들을 갖게 된다. 시장점유율, 품질 평가 점수, 고객들의 피드백 등은 우리가 심각한 상황을 받아들이거나 변화의 필요성을 느끼게 해준다. 하지만 우리의 자연적 충동은 현실적이기보다는 희망적으로 생각하려는 쪽이다. 즉 부정적인 면은 줄이고 가장 좋은 시나리오를 선호한다는 뜻이다.

이런 충동은 대인관계에서 더욱 심하게 나타난다. 지표들 대신 우리는 인상에 의존하게 되는데, 인상은 해석하기 나름이다. 듣고 싶은 것만 들으려 하고, 들을 필요가 있는 기분 나쁜 소리는 꺼버린다. 직속상사가 우리의 성과를 평가하는데 부정적인 평가 다섯 가지와 긍정적 평가 한 가지를 했다면, 우리 귀에는 자연스럽게 긍정적인 평가가 더 크게 들린다. 나쁜 소식보다는 좋은 소식을 받아들이기가 더 쉬운 법이다.

물론 어떤 사람들은 심지어 칭찬을 받아들이는 일에도 어려움을 겪는다. 친구의 옷차림에 대해 칭찬했는데, 그 친구는 "이거? 나 요새 이런 거 잘 안 입는데"라고 말한다. 그럴 땐 "고마워"라고 해야 옳지, 칭찬에 오히려 면박을 줘서는 안 된다.

우리가 변화를 만들어내는 데 무력할 때 수용은 가치가 있다. 그러나 우리는 무력할 때야말로 수용을 가장 꺼린다. 즉 무력할 때는 비생산적인 행동이 가장 잘 나타나는 순간이라는 의미다.

- 정교한 논리로 동료나 배우자를 설득시키는 데 실패했다면, 우리는 상대를 윽박지르거나 위협하거나 비하하려 든다. 이성적인 인간이라면 동의하지 않을 수도 있다는 점을 수용하기보다 그렇게 공격하는 편이 이기기에 더 좋은 방법이라고 생각한다.

- 우리의 배우자가 우리를 사소한 가정 내 준수사항을 지키지 않았다고 닦달할 때(예를 들어서 냉장고 문이 열려 있다든가, 아이들을 늦게 데리러 갔다든가, 우유 사오는 걸 잊었다고), 또 그 잘못이 100퍼센트 자신에게 있을 때 우리는 "당신이 옳아. 미안해"라고 하는 대신 중언부언하며 쓸데없는 논쟁을 벌이곤 한다.
- 직속상사가 우리 제안을 거절했을 때, 우리는 동료나 부하직원들에게 그 상사가 얼마나 보는 눈이 없는지 험담을 늘어놓는다.

창조, 보존, 제거에서 좋지 않은 면을 다 합친 것보다 수용하지 않아 나타나는 결과가 더 나쁜 행동의 트리거라고 나는 생각한다.

기업에서 행동 변화와 관련된 일을 할 때, 이 변화의 네 가지 요소는 내가 처음 내놓는 과제 중 하나다. 4명, 6명, 때로는 12명의 임원들이 저마다 이질적인 목소리를 낼 때는, 그 논쟁을 단순화시킨 간단한 개념에 사람들을 집중하게 만드는 것이 매우 중요하다. 사람들에게 "우리가 제거해야 할 것은 무엇일까요?"라고 묻는 편이 "뭐가 잘못됐나요?" 혹은 "동료의 싫은 점이 뭔가요?"라는 질문보다 더 빠르게 동의를 이끌어낸다. 전자는 사람들로 하여금 행동의 긍정적 측면을 생각하게 하는 반면(심지어 제거로 이어질 때라도), 후자는 불평과 불만의 트리거를 만들어낸다.

내 고객인 앨리샤는 8개 다른 업종의 사업을 하며 직원 수가 10만 명이 넘는 대기업의 인사부서장으로 승진해서, 기업의 위상을 높이라는 임무를 부여받았다. 대부분의 기업에서 인사부서는 그저 행정적인 책임을 지고 직원들의 관리만을 맡을 뿐 회사의 방향성이나 정책에는 거의 영향력이 없다. 하지만 앨리샤의 회사는 그렇지 않았다. 직원 수가 많았기에 CEO는 인사부서의 결정사항들이 조직의 운명을 좌우할 수 있다는 점을 알았다. CEO는 앨리샤에게 말하길 자신이 그녀에게 큰 기회를 주고 있다고 했다. 그녀의 임무는 영업부서장이나 COO의 일만큼이나 중요했다. CEO는 그녀가 이 기회를 허비하지 않으리라고 믿고 있었다.

나는 앨리샤와 그녀의 팀과 함께 이틀 동안 새로운 '초대박' 전략을 수립하는 일에 참여했다. 변화의 네 가지 요소를 사용해 앨리샤는 자신의 팀원들에게 단지 네 가지 결정만을 내리면 된다고 말했다. 창조하고, 보존하고, 제거하고, 수용할 것을 한 가지씩만 고르면 된다고. 다음은 그들이 내놓은 답이다.

창조: 회사 내에 더 현명한 인재들, 특히 하이테크 포트폴리오에 강한 인재들을 보강하기 위해 팀은 채용 기준을 업그레이드한다. 새로운 전략은 벤치마킹 대상인 기업들과 일류 대학으로부터 더 공격적으로 인재를 뽑는 데 중점을 둘 것이다.

보존: 팀원들은 거의 하루 종일 이 문제로 논쟁했다. "지켜야 할 가치가 있는 것은 무엇인가?"라는 이 어려운 질문에 대한 각자의 답이 제각각이었다. 결국 팀의 문화로 결론을 봤다. 그들이 가진 힘은 항상 긴밀하고 따뜻한 분위기였다. 누구나 서로 편하게 대화했다. 내부 갈등은 거의 없었다. 별다른 요청 없이도 직원들은 서로 협력했다. "우리가 무엇을 하든, 이 분위기를 잃지 말자"고 팀원들은 입을

모았다. 감동적인 순간이었다. 보존에 대한 결정을 하기까지, 팀원들은 자신들 스스로 만든 환경이 얼마나 독특하고 유쾌한지 모르는 것 같았다.

제거: 이 부분에서는 앨리샤가 제안했다. 회사에 대해 알리고, 대학과 학회로 출장을 다니는 데 시간을 더 투자하려면 고위직들은 사무실에 앉아 있는 시간을 줄여야 한다. "행정적인 일만 하고 있어서는 더 전략적으로 움직일 수가 없습니다." 앨리샤가 팀원들에게 이야기했다. 그들은 '과거의 일'을 부하직원들에게 보다 더 많이 위임하기로 합의했다. 그리고 팀원 모두 서류 작업에 들이는 시간을 30퍼센트 줄이기로 목표 수치까지 정했다.

수용: 회사의 인력을 개선하는 일은 하루아침에 끝나지 않는다. 1년, 혹은 2년 내라도 마찬가지다. 그건 장기전이 될 것이다. 설사 그들이 임무를 훌륭히 해냈다고 해도 그에 대해 정당한 평가를 받으리란 보장은 없다. 각 부문의 책임자들은 모든 개선사항이 본인들의 덕택이라고 생각할 것이다. 그들이 관심 있는 것은, 얼마나 변화가 오래 걸릴 것인가와 누가 그 영광을 차지할 것인가였다.

이것은 수레바퀴 모형의 심플한 아름다움이라고 할 수 있다. 우리가 변화시킬 수 있는 것과 그러지 못하는 것, 버릴 것과 지킬 것을 가감 없이 인정하고 판단할 때 우리는 그 답의 대담한 심플함에 스스로 놀라게 될 것이다.

이 변화의 수레바퀴는 개인의 문제에 있어서도 유용하게 쓰인다. 어둡고 조용한 방에 홀로 앉아 미래에 대한 고민에 열중해 있을 때도, 우리는 여전히 우리 머릿속에서 충돌하는 소리들에 정신을 빼앗긴다. 이럴 때 큰 그림을 그려보려 노력하면, 그 혼란스런 목소리들을 밀어내고 사소한 이슈들과 일상의 골칫거리들을 정리할 수 있다. 이럴 때는 어떤 답도 옳고 그른 것이 없다. 다만 정직하기만 하면 된다.

맨해튼에서 일하지만 허드슨 강 건너 뉴저지에서 사는 재정담당 임원 스티브가 아래와 같이 답했던 일이 기억난다.

- 창조: 더 짧은 출퇴근길.
- 보존: 내 가족의 신성함.
- 제거: 내 현재의 출퇴근길.
- 수용: 내 골프 실력은 더 나아지지 않을 것이다.

출퇴근길, 가족, 그리고 골프? 이것은 내가 전에 듣도 보도 못한 답이었다. 나는 스티브가 장난을 치고 있다고 생각했다(그는 분명 출퇴근에 문제를 겪고 있긴 했지만). 그러나 그와 대화해보니, 그 대답에 있던 힘듦과 진실성이 드러났다. 행동에 대한 트리거까지도.

스티브는 교외에 있는 집에서 맨해튼 시내의 사무실 사이를 통근하는 데 3시간이나 걸리는 것이 정말 싫었다. 아내와 세 자녀와 보낼 수 있는 시간이 그만큼 줄어든다는 걸 의미했기 때문이다. 그가 교외에 사는 이유는 골프를 워낙 좋아해서였다. 그러나 우선순위가 바뀌었다는 점이 그의 답을 통해 드러났다. 그의 인생에서 골프의 중요성이 감소했다는 걸 인정하고 수용했다는 것은 더 이상 교외에 머무를 이유가 없다는 의미였다. 집을 걸어서 출퇴근이 가능한 맨해튼으로 옮기면 가족과의 시간을 보존할 뿐 아니라 늘리기까지 할 수 있었다. 그래서 그는 교외의 큰 집을 팔아 회사에서 10분 거리에 있는 곳으로 이사했고, 거의 매일 저녁식사를 가족과 함께할 수 있었다. 여전히 직장 내에서의 문제들이 있었지만, 인생에서 가장 큰 골칫거리는 사라졌다.

우리가 무엇을 창조하고, 보존하고, 제거하고, 수용해야 하는지 스스로에게 물으면 좋은 일이 벌어진다. 하지만 우리들 중 일부만이 이 질문을 통해 자신을 관리하고 있다. 정말 무엇이 문제인지를 알아내는 건 축복이고 선물이지, 부담이나 짐이 아니다. 받아들이고 깨달아야 한다.

나는 왜 우리가 원하는 사람이 되지 못하는지를 연구하면서, 어떤 변화의 기회도 거부하는 편협한 게으름뱅이로 만드는 부정적 선택들의 목록이 정말 길다는 걸 알게 되었다. 괜찮다. 우리가 무언가를 하지 못하는 이유를 찾을 때 부정적 측면들은 필연적으로 나타나게 돼 있다.

하지만 희망은 있다. 나딤은 공공장소에서 자신의 행동을 바꿈으로써 가상의 적을 제거했다. 레니는 카드를 갖고 다니면서 더 좋은 관리자가 되었다. 스탠은 가족회의를 피하여 가족 간의 마찰을 줄였다.

이런 행동 변화들은 하루아침에 이뤄지지 않았다. 나딤이 동료들의 인정을 받기까지 18개월이 걸렸고, 레니는 아직도 회의마다 카드를 가지고 다닌다. 스탠은 '그의' 재단에서 밀려난 것에 대해 몇 달

동안이나 불평을 늘어놓다가 이제야 겨우 가족 내의 새로운 변화를 받아들일 수 있었다.

나 같은 외부의 조언자가 그들의 환경이 행동에 나쁜 영향을 미쳤다는 점을 지적해준 덕을 봤다는 건 사실이다. 그러나 외부의 조언보다 우리가 이렇게 행동하는 이유를 설명하는 일종의 통찰력이 우리를 올바른 길로 인도한다. 그 통찰력은 우리의 미래보다는 과거에 더 눈길을 준다.

우리 마음속에 단단한 이미지로 자리 잡은 변화를 실행해내는 것은 하나의 과정이다. 항상 경계를 늦추지 말아야 하고 꾸준한 자기 관리가 필요하다. 처음엔 바보 같고 볼품없다고 생각해서 무시해버리기 쉽기 때문에, 헌신적으로 계속 반복해야 한다. 무엇보다도 성공을 즐기고 실패를 두려워하는 법을 배워가는 그 과정을 통해, 아주 어렸을 때는 가지고 있었지만 나이가 들면서 점점 잃어버린 본능을 되찾게 될 것이다. 바로 시도하고 도전해보는 일의 중요성 말이다.

2부

시도

원하는 내가 되기 위한 첫걸음

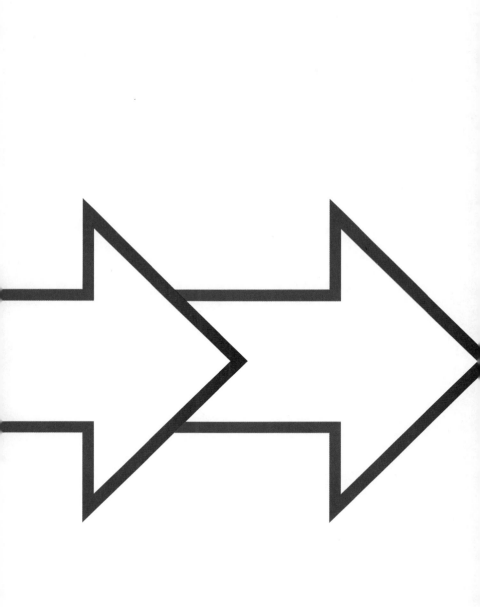

9장

새로운 트리거 메커니즘

사람들을 코칭할 때 나는 몇 가지 '마법의 행동'을 트리거로 사용하길 권한다.

미안하다는 사과가 마법의 행동 중 하나다. 자신의 잘못을 인정하는 사람은 도저히 용서하지 않을 수 없다. 사과로부터 변화가 시작된다.

도움을 요청하는 것도 마법의 행동이다. 당신이 진심으로 간청하면 사람들은 거절할 수 없다. 도움 요청은 변화가 유지되고 진행되게끔 해준다.

낙관주의(마음속 느낌뿐 아니라 밖으로 나타내는 것도 포함) 역시 마법의 행동이다. 우리는 모든 일이 잘 풀릴 것이라는 자신감을 가진 사람에게 끌리게 되어 있다. 그런 사람이 자신을 이끌어주길 바란다. 그의 성공을 돕기 위해서라면 궂은일도 마다하지 않는다.

낙관주의가 변화를 실현시키도록 이끈다.

이런 행동들이 마법의 힘을 갖는 건, 다른 사람들이 바르게 처신하도록 만드는 효과가 있고 쉽게 실행할 수 있기 때문이다.

이번 장에서는 또 다른 마법의 행동을 소개하고자 한다. 바로 능동적으로 질문하는 기술이다. 사과하기나 도움 요청처럼 실천이 쉽다. 하지만 다른 종류의 트리거 메커니즘으로 작동한다. 바로 타인들이 아닌 자기 자신의 행동을 바꾸는 것이 목적이라는 점이 다르다. 그렇다고 마법의 힘이 약해지진 않는다. 매우 단순하고, 제대로 인정받지 못하고 있으며, 드물게 해보는 이 능동적 질문이 모든 걸 변화시킬 수 있다.

나는 이 능동적 질문을 내 딸 켈리에게 배웠다. 켈리는 예일 대학에서 행동 마케팅 박사학위를 취득하고 현재 노스웨스턴 대학 켈로그 경영대학원에서 학생들을 가르치고 있다.

켈리와 나는 내 일에서의 영원한 수수께끼에 대해 이야기하고 있었다. 즉 미국 기업들이 직원들의 참여를 증진시키기 위한 교육 프로그램에 100억 달러가 넘는 돈을 투자하고 있는데 왜 성과는 그렇게 나지 않을까 하는 수수께끼였다.

켈리는 그렇게 막대한 투자에도 불구하고 기업들이 직원들의 참여를 증진하기보다는 억압하는 데 중점을 두고 있는 것이 문제라고 말했다. 기업들이 질문하는 방식부터가 그렇다. 거의 모든 기업들의 조사 방식이, 그녀가 '수동적 질문'이라고 부르는 정적인 상태를 묘사하는 질문들에 의존한다는 것이다. "당신은 명확한 목표가 있습니까?"가 수동적 질문의 한 예다. 이 질문이 수동적인 이유는 직원들이 스스로를 위해 무엇을 하고 있는지보다 무엇이 그들에게 행해졌는지를 생각하도록 만들기 때문이다.

이렇게 수동적 질문을 받은 사람들은 대부분 '환경적' 대답을 내놓을 수밖에 없다. 만약 "당신은 명확한 목표가 있습니까?"란 질문에 "아니오"라고 답하는 직원들은 그 이유를 "제 상사가 마음을 정하지 못해요"나 "회사가 매달 전략을 바꿉니다" 같이 외부적 요인들로 돌린다. "제 잘못입니다"라며 책임을 안으로 돌리는 직원들은 찾아보기 어렵다. 그밖에도 어디에나 탓을 돌릴 수 있다. "당신은 명확한 목표가 있습니까?"가 가진 수동성은 수동적인 변명("상사가 명확한 목표를 정하지 못해서")을 낳을 뿐이다.

그 결과, 회사가 다음 단계로 변화를 위한 긍정적 제안을 요구할 때 직원들의 대답은 다시금 자신이 아닌 외부 환경에 포커스를 맞추게 된다. "상사가 목표 설정을 위한 교육을 받아야 한다"거나 "우리 임원들이 회사의 비전을 좀 더 효과적으로 전파해줘야 한다"는 전형적인 대답들이 나온다. 회사는 근본적으로 "우리가 무엇을 잘못하고 있지?"라고 질문하면 직원들은 회사의 잘못을 일일이 나열하는 대답을 할 수밖에 없다.

수동적 질문 자체가 나쁘다는 건 아니다. 회사가 개선할 점을 찾아내는 데 아주 유용한 도구가 될 수 있다. 반면에 의도치 않게 매우 부정적인 결과도 낳을 수 있다. 수동적 질문은 개인이 책임을 지고 책임감을 표현하는 데 있어 천적이라고 할 수 있다. 사람들이 자신을 제외한 누구에게든 무엇에게든 책임을 전가하도록 허락해주는 것이나 마찬가지다.

능동적 질문이 이 수동적 질문에 대한 올바른 대안이다. "당신은 명확한 목표가 있습니까?"와 "당신은 스스로 명확한 목표를 세우는 데 최선을 다했습니까?" 이 두 질문 사이에는 큰 차이점이 있다. 전자는 직원의 마음 상태를 결정하려 들지만, 후자는 직원이 자신의 행동방침을 서술하거나 방어하게 유도한다. 켈리는 기업에서 능동적 질문이 무시되고 거의 항상 수동적 질문만이 사용된다는 점을 지적한 것이다.

참여에 관한 연구
—

아버지와 딸이 기업들의 행동이 가진 복잡성에 대해 논하느라 의미론을 들먹이며 시간을 보내고 있는 모습이, 일반인들의 눈에는 언뜻 이상하게 보일지도 모른다.

하지만 내게는 중요한 분수령이 된 순간이었다. 바로 내 주요 고객 리스트에서 큰 부분을 차지하는 인사 전문가들의 중대하고 무거운 숙제에 대해 우리가 논의하고 있는 것이기 때문이다.

운동선수들에게 있어서의 '몰입'이나 예술가의 '영감'처럼, 경영계에 있어서 '참여'란 궁극적인 이상이나 마찬가지로 여겨진다. 인사 전문가들에게 있어서 직원 참여는 디즈니 애니메이션 「백설공주」 속 〈일하며 휘파람을 불어요Whistle While You Work〉가 상징하는 소박한 비전과 똑같다고는 할 수 없지만, 매우 유사하다.

그러나 완전 고용이나 세계 평화와 마찬가지로, 직원 참여 역시 쉽게 규정할 수도 없고 잘못 알려진 바가 많다. 나는 그 문제에 대해 숙고하고 전문가들과 논의하는 데 오랜 세월을 보냈다. 그리고 나 역시 그 개념에 대해선 따로 공부한 파란만장한 개인사가 있다. 어떤 사람에게는 참여를 독려하기가 그렇게 어렵고 어떤 사람에게는 쉬운 이유가 대체 뭘까?

인사부서 임원들의 회의에서 코칭에 관해 연설하도록 초대받았을 때 내 의문은 정점에 달했다. 내 순서 이전의 발표자들은 대기업에서 온 인사담당 임원들로, 왜 직원 참여가 기업 성공의 주요한 열쇠인지에 대해 발표했다. 그들에 따르면 다음의 요인들이 참여의 주요 동력으로, 여기에는 참으로 담대한 포부가 담겨 있다.

- 적절한 임금과 보상
- 올바른 도구와 자원의 제공
- 열린 커뮤니케이션 방법을 배울 학습 환경 창조
- 업무에 다양성과 도전정신 부여
- 부하직원들을 잘 성장시키고 권한을 위임하며, 올바른 인식과 적절한 피드백을 주고, 친밀한 관계를 만들 리더 길러내기

모두가 맞는 말이다. 회사를 위해 애쓰고자 하는 헌신적 직원이 참여에 소홀한 직원보다 높은 생산성을 보인다는 데 누가 감히 이견을 달 수 있겠는가? 누가 직원들에게 제대로 보상하지 않고 참여를 증진할 방법을 제공하지 않으려 하겠는가?

이런 발표 뒤 인사담당 임원들은 직원들의 참여 수준이 언제나 낮다고 했다! 2011년 갤럽 조사는 그 수준을 보여주는데, 71퍼센트의 미국인들이 자신들이 직장에 '비참여적'이라거나 '의도적으로 비참여적'이라고 응답했다. 이 모두가 당시의 내게는 새로운 정보였다. 모든 기업들이 직원들을 교육했지만 결코 참여 수준은 개선되지 않았다.

하지만 그건 충격적인 뉴스는 아니다. 나는 비행기에 탈 때마다 그걸 입증할 만한 상황을 목격한다. 보통 3시간이 걸리는 비행 중에 보면 어떤 승무원들은 긍정적이고, 의욕에 차 있고, 열정적이다. 그들이 바로 '직원 참여의 좋은 모델'이라 할 만하다. 반면 부정적이고, 활기가 없고, 비참해 보이기까지 하는 승무원들도 있다. 그들이 '의도적으로 비참여적인 사람'들이라 할 것이다.

왜 이런 차이가 날까? 두 종류의 승무원들 모두에게 환경은 동일하다. 같은 비행기, 같은 승객, 같은 급여, 같은 시간, 심지어 받는 교육까지 같지만 그들은 극명히 다른 수준의 참여를 보여주고 있다.

나는 항공사 카운터와 클럽 라운지에서 참여 수준 테스트를 해봤다. 1100만 마일리지가 쌓여 있는 내 고객 카드를 제시해달라는 요청을 받을 때마다 나는 직원들의 반응을 체크했다. 그런데 내 고객 카드는 조지 클루니가 영화 「인 디 에어 Up in the Air」에서 1000만 마일리지에 도달했을 때 받은 무광의 검은 카드처럼 특징적이진 않아서, 나는 직원들에게 일부러 이렇게 물었다. "이런 카드를 전에 본 적이 있어요?" 이론상으로는 참여적인 항공사 직원이라면 내 놀라운 마일리지를 보고 나를 귀족처럼 대해야 할 것이다. 내 마일리지는 내가 그들의 회사에 많은 돈을 쓰고 애착을 보여준 증거이기 때문이

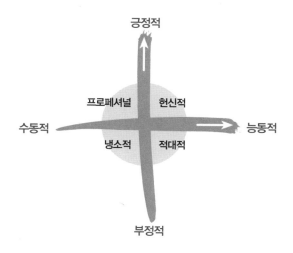

다. 하지만 나는 비행기 안에서 승무원들의 참여 수준 차이를 경험했기 때문에, 지상의 근무자들에게도 그리 큰 기대를 갖지 않았다.

내 경험에 따르면, 매우 참여적인 직원들은 자신들의 일에 있어 긍정적이고 주도적이다. 자신이 하는 일에 대해 만족할 뿐 아니라 그 열정을 거리낌 없이 외부에 노출시킨다. 긍정과 부정, 능동과 수동을 기준으로 내 1100만 마일리지 카드를 보여줬을 때의 반응으로 네 가지 스타일을 확인할 수 있었다.

헌신적인 직원

활발하고 긍정적인 직원들은 마치 전에 한 번도 본 적이 없는 것처럼 내 카드를 관찰하면서 이런 식으로 말했다. "와, 정말 멋지네요." 일부는 이 카드를 보라고 옆자리의 직원을 부르기까지 했다. 모두가 진심으로 내 충성도에 감사했다. 비록 우리가 짧게 스쳐지나가는 인

연일 뿐 다시 만날 일은 없을 텐데도, 그 직원들은 내게 대단한 인상을 남겼다. 이것이 헌신적이고 참여적인 직원들의 모습이다.

프로페셔널한 직원

다음으로 수동적이지만 긍정적인 반응들이 있었다. 그중 가장 인상적이었던 건 댈러스에서 "저희에게 보내주신 성원에 감사하고 있습니다, 선생님"이라며 진실한 감사를 표했던 직원이었다. 그것만으로도 괜찮다. 내게 감동을 느끼게 해줬다. 그녀는 프로페셔널한 모습을 보여줬다.

냉소적인 직원

수동적이고 부정적인 목소리로 "멋지네요"나 "재밌네요" 하는 대답이 내가 주로 접한 반응이었다. 자신의 일을 지겹게 여기고 고객에게 무관심한 이런 직원들은 자신들의 목소리 톤 따위에는 별로 주의를 기울이지 않고, 그저 겉으로만 직업에 충실한 수동적인 모습을 보이는 부류다.

적대적인 직원

참여 수준의 맨 밑바닥에는 능동적으로 부정적인 유형이 있는데, 자신들의 일을 싫어하기 때문에 내 태도를 참지 못하는 사람들이었다. 나를 동정의 대상으로 대하는 게 그나마 나은 정도였다. ("앞으로는 이런 장난을 치지 않으셨으면 하네요.") 최악은 내 카드를 받고 "당신 같은 사람들, 항상 비행기를 타고 다니면서 마일리지 좀 있다고 항공사에서 뭐라도 대접받길 바라는 게 정말 지긋지긋해요"라며 나를 공격한 한 남자처럼 내 존재 자체를 못 참는 사람들이었다. (그는 특히 '마일리지'를 네 음절로 뚝뚝 끊어서 발음했다. 일반적으로 "당신 같은 사람들" 다음에는 좋은 말이 이어지는 걸 들은 적이 없는데, 그 역시 날 실망시키지 않았다.)

서비스업에 종사하고 있는 '적대적'이거나 '냉소적'인 직원들을 만날 때마다 두 가지가 궁금했다.

- 대체 어떤 천재가 당신을 고용해 고객을 응대하는 자리에 배치한 거지?
- 대체 당신에게 무슨 일이 있었던 거야?

둘 중 첫 번째 질문에 대답하는 일이 바로 내 직업의 핵심이었다. 인사부서 임원들의 회의 이후로 나는 직원들을 훈련시킨 다음의 사후 관리가 중요하다는 점을 더욱 강조하기 시작했다. '사후 관리를 하지 않으면 사람들은 나아지지 않는다. 그러니 직원들의 사후 관리를 통해 더 나은 결과를 얻어보자'는 게 내 연구 주제 중 하나였다.

능동적 질문을 트리거로 활용하기

그러다가 딸 켈리와의 논의 덕분에 내가 여전히 기업의 시각으로 보고 있다는 점을 깨닫게 됐다. 그 사람들을 누가 고용했는지, 누가 그들을 고객 서비스의 최전선에 배치했는지를 궁금해한다는 것 자체가 헌신적인 직원을 만들어내는 일의 책임을 직원 본인들이 아니라 그 고용주들로 보고 있다는 증거였다. 물론 내가 강력한 사후 관리를 강조한 것은 단지 기업의 부담을 늘리려는 의도가 아니라 회사의 직원 관리 방식을 다시 점검해보라는 뜻이었다.

내 메시지 자체는 잘못된 게 아니었지만, 나는 방정식의 나머지 절반을 무시하고 있었다. 바로 직원들 자신이 스스로의 행동에 책임이 있다는 점 말이다. 항공사가 승무원들을 참여적으로 만들기 위해 무엇을 했느냐가 그들의 차이를 유발한 게 아니다. 승무원들 스스로 무엇을 했느냐가 차이를 만들어낸 것이다!

이것을 깨달은 순간이 바로 내가 교육 중인 직원들에게 능동적 질문의 효과를 시험해보는 대조 연구에 착수하게 된 시발점이다. 증명해야 할 것은 능동적 질문이 응답자에게 세상이 자신들에게 긍정적인 변화를 줄 수 있는 게 아니라, 자신들이 세상에 긍정적인 변화를 만들 수 있다는 태도를 심어준다는 것이었다. 즉 능동적 질문과 수동적 질문이 측정 가능할 정도로 효과가 다르다는 이론이다. ("국가가 당신을 위해 무엇을 할 수 있는지 묻지 말고, 당신이 국가를 위해 무엇을 할 수 있는지를 물어라." 존 F. 케네디의 이 말은 미국 역사상 가장 기억될 만한 행동 촉구 발언으로 남아 있다.)

연구를 시작하면서 나는 응답자들을 세 가지 그룹으로 나눴다.

첫 번째 그룹은 대조 집단으로, 별도의 교육 없이 행복, 의미, 긍정적 관계 구축과 참여에 대한 '이전과 지금을 비교하라'는 질문들을 받았다.

두 번째 그룹은 직장과 가정에서 "스스로에게 몰입하라"는 주제로 두 시간 동안의 교육을 우선 거쳤다. 이 과정이 끝난 뒤에는 매일 (10일 동안) 수동적 질문들이 주어졌다.

1. 당신은 오늘 얼마나 행복했습니까?
2. 당신의 하루는 얼마나 의미 있었습니까?
3. 당신의 타인과의 관계는 얼마나 긍정적이었습니까?
4. 당신은 얼마나 몰입했습니까?

세 번째 그룹은 두번째 그룹과 똑같이 두 시간의 교육을 받았다. 그리고 교육 이후 매일(역시 10일 동안) 능동적 질문들을 받았다.

1. 당신은 행복하려 최선을 다했습니까?
2. 당신은 의미를 찾으려 최선을 다했습니까?
3. 당신은 타인들과 긍정적 관계를 쌓으려 최선을 다했습니까?
4. 당신은 완벽히 몰입하기 위해 최선을 다했습니까?

2주 후, 각 그룹의 참가자들에게는 행복, 의미, 긍정적 관계, 몰입의 발전도에 대해 스스로를 평가해보라는 지침이 주어졌다.

결과는 놀라웠다. 대조 집단인 그룹은 거의 변화를 보이지 않았다. (대조 집단이란 원래 그렇다). 수동적 질문을 받은 그룹은 네 영역 모두에서 보통의 개선 효과를 보였고, 능동적 질문을 받은 그룹은 모든 영역에서 두 배의 개선치를 나타냈다! 물론 사후에 질문을 받은 쪽 둘 모두가 그렇지 않은 쪽에 비해서는 우수했지만, 단지 개인이 결정할 수 있는 부분에 중점을 두는 쪽으로 살짝 질문을 바꿨을 뿐인데 결과는 엄청나게 달랐던 것이다.

어떤 질문이
행동 변화를
일으키는가?

한 번의 연구로 우리의 모든 의문이 풀릴 수는 없었다. 반대로 나는 더 많은 답을 얻는 데 목이 말랐다. 그래서 두 번째 연구를 시작했는데, 이번에는 내 리더십 세미나에 꾸준히 참가하는 사람들에게 10일 동안 매일 여섯 가지 능동적 질문들에 답하게 했다. 직원들이 참여감을 느끼도록 하는 요인에 대한 내 경험과 문헌을 토대로 하여 나는 질문들을 재구성했다.

1. 나는 오늘 명확한 목표를 세우기 위해 최선을 다했는가?

명확한 목표를 가진 직원은 그렇지 않은 쪽에 비해 훨씬 일에 몰입한다고 보고되고 있다. 당연한 일이다. 당신에게 명확한 목표가 없는데 "나는 몰입하고 있는가?"라고 자신에게 물으면, 당연히 "뭘 하는 데 몰입하란 말이지?"라는 답이 나올 수밖에 없다. 이건 개인뿐 아니라 큰 조직에 대해서도 마찬가지다. 명확한 목표 없이는 어떤 몰입도 없다. 2008년 금융위기 후에 나는 3년간 CEO가 세 번 바뀐한 은행의 임원들과 일하게 됐다. 이 조직은 목표의식이 희박했고, 이는 임원들의 형편없는 참여도 점수로 나타나 있었다. 특히 "나는 명확한 목표가 있는가?"라는 질문이 가장 점수가 낮았다. 이 질문을 능동적 형태로 수정하자 즉각적인 차이가 보였다. 임원들의 무기력함에 의기소침해 있던 리더들이, 다른 사람에게서 목표를 제시받길 기다리는 대신 스스로 자신의 방향성을 설정하기 시작한 것이다.

2. 나는 오늘 목표를 향해 전진하는 데 최선을 다했는가?

테레사 애머빌Teresa Amabile은 그녀의 세심한 연구와 이를 토대로한 책『전진의 법칙The Progress Principle』을 통해 '전진하겠다'는 생각을 가진 직원들이 그렇지 못한 이들에 비해 보다 몰입하고 있음을 보여주었다. 특정한 대상을 고를 필요도 없이, 그저 어떤 목표에서 멀어지지 않고 다가서고 있는 우리 자신만 봐도 안다. 당신이 어떤 목표를 정했는데 지금 여기서 더 나아지지 않는다고 생각해보라. 심지어 이전보다도 더 후퇴할 수도 있다. 그런데 어떻게 더 참여적이 될 수 있겠는가? 전진은 우리의 성취를 한층 의미 있게 만들어준다.

3. 나는 오늘 의미를 찾기 위해 최선을 다했는가?

의미의 발견이 우리의 삶을 발전시킨다는 점을 구태여 우리가 지금 따져봐야 할 필요가 있다고는 생각지 않는다. 나는 이 문제에 대해 빅터 프랭클Viktor Frankl의 1946년작『죽음의 수용소에서Man's Search for Meaning』를 따르고자 한다. 아우슈비츠 수용소의 생존자인 프랭클은 의미를 찾으려는 투쟁이 (결과가 아닌 투쟁 자체만으로도) 열악한 상황에서도 얼마나 우리를 보호해줄 수 있는지에 대해 썼다. 의미를 전하는 건 회사 같은 외부의 중개자가 아니라 우리 자신에게 달린 일이다. 이 질문을 통해 우리가 무엇을 하든 의미를 찾는 일에 더 창조성을 발휘할 수 있다.

4. 나는 오늘 행복하기 위해 최선을 다했는가?

행복이 직원의 참여도를 높이는 원인인지에 대해서는 아직도 논쟁 중이다. 나는 행복이란 의미와 쌍으로 오는 것이기 때문에 둘 다 필요하다고 생각하는 쪽이다. 행복하지만 일에서 의미를 찾을 수 없다고 답하는 직원이 있다면, 마치 스스로 즐기기 위해 인생을 낭비하고 있다는 생각에 일종의 공허함을 느끼고 있는 것이다. 반면 일에서는 보람을 느끼지만 행복하지 않다고 생각할 때 직원들은 마치 순교자 같은 느낌을 갖는다. 그리고 그런 환경에는 더 이상 머물러 있고픈 욕구를 갖지 못한다. 대니얼 길버트Daniel Gilbert는『행복에 걸려 비틀거리다Stumbling on Happiness』란 책에서, 우리가 무엇이 우리를 행복하게 만드는지 예측하는 일에 서투르다고 말했다. 우리는 행복의 근원이 '저기 어딘가(예를 들어 직업, 더 많은 돈, 더 좋은 환경)'에 있다고 생각하지만, 정작 대개 행복을 찾게 되는 건 '지금 여기'다. 우리에게 행복을 가져다줄 누군가를 기다리지 않고 스스로 행복을 깃들게 하는 데 책임을 지는 순간 행복이 온다. 행복을 얻게 되는 건 지금 우리가 있는 곳이다.

5. 나는 오늘 긍정적인 인간관계를 만드는 데 최선을 다했는가?

갤럽연구소는 직원들에게 "직장 내에 가장 친한 친구가 있습니까?"를 묻고는 그 답이 직원들의 참여와 직접적인 연관이 있음을 발견했다. 이 질문을 수동형에서 능동형으로 뒤집으면, 이미 존재하는 관계 대신 긍정적인 관계를 더 발전시키고 새로운 친구를 만드는 일을 계속해야 한다는 의미가 된다. '베스트 프렌드'를 갖는 최고의 방법은 내가 직접 '베스트 프렌드'가 되는 것이다.

6. 나는 오늘 완벽히 몰입하기 위해 최선을 다했는가?

이것이 능동적 질문들 중 가장 핵심이 되는 질문이다. 우리의 참여 수준을 증진시키고자 한다면, 반드시 스스로에게 최선을 다하고 있는지 먼저 물어야 한다. 육상선수는 연습 때 계속 자신의 기록을 체크하고 실제 경기에서 훈련 때보다 더 빨리 달리려고 해야 더 좋은 기록을 낼 수 있다. 마찬가지로 직원도 의식적으로 더 열심히 일하려 하고 평소 자신의 노력을 평가하는 걸 게을리 하지 않아야 한다. 이것은 일종의 자기 충족적인 동력이라 할 수 있다. 우리 자신의 노력을 평가하려는 행동은 삶에 대한 책임이 본인에게 있음을 상기시킨다.

내 수업의 참가자들은 위의 여섯 가지 질문들에 스스로 답하기로 했다. 그리고 10일 후 "어때요? 개선된 점이 있나요?" 하고 본질적인 변화에 대해 물었다. 지금까지 2737명의 참여자를 대상으로 79차례의 연구가 진행되었다. 그 결과는 믿을 수 없을 정도로 긍정적으로 나타났다.

- 참가자들 중 37퍼센트가 여섯 영역 모두 개선되었다고 말했다.
- 65퍼센트가 적어도 네 영역이 개선되었다고 말했다.
- 89퍼센트가 적어도 한 영역이 개선되었다고 말했다.
- 11퍼센트가 전혀 변화가 없었다고 말했다.
- 0.4퍼센트는 적어도 한 영역에서 이전보다 나빠졌다고 말했다. (이상도 하여라!)

변화에 대한 사람들의 거부감이 어쨌든 존재한다는 걸 고려하면, 이 연구는 능동적 자기 질문이 세상과 교류하는 새로운 방법을 만들어낼 수 있다는 것을 입증한다. 능동적 질문을 통해 우리가 노력하는 지점과 포기하는 지점을 파악할 수 있다. 그럼으로써 우리가 실제 무엇을 변화시킬 수 있는지에 대한 인식이 확실해지는 것이다. 능동적 질문을 통해 우리는 피해의식 대신 조절력과 책임감을 얻는다.

나 자신에게 실험하다

"당신은 명확한 목표가 있습니까?"와 "당신은 스스로 명확한 목표를 세우기 위해 최선을 다했습니까?" 간의 차이를 구별하려다가, 내 인생에서도 마찬가지로 이 수동과 능동이 맞서는 잘못을 해왔다는 생각이 머리를 스쳤다.

수년 동안 나는 매일 밤마다 '하루 질문'이라 부르는 행동을 해왔다. 내가 어디에 있든 누군가 내게 전화를 해서 특정한 질문들에 답하는 걸 들어준다는 상상을 하며 질문했다. 질문이 가장 많았을 때는 무려 13가지를 물었고, 그중 다수가 내 육체적 행복에 중점을 두고 있었다.

첫 번째 질문은 항상 "오늘 나는 얼마나 행복했는가?"이고(그것이 내게 중요하니까), 그다음으로 아래와 같은 질문들을 했다.

- 내 하루는 얼마나 의미 있었는가?
- 내 몸무게는 얼마인가?
- 나는 오늘 아내에게 어떤 멋진 일이나 말을 했나?

진실하게 답하도록 만드는 한밤의 분위기가 더 행복하고 더 건강한 인간이 되려는 내 목표에 집중하게 만들었다. 1년에 180일을 집밖에서 보내는 혼란스러운 삶에서도 나는 10년이 넘게 이 한 가지의 자기 단련법만은 꾸준히 지켜왔다. (이건 뻐기는 게 아니라 내게 자제력이 얼마나 부족한지 오히려 고백하고 있는 것이다.)

그날 일과 중에 고객과의 미팅이 산책 중에 이루어졌다면, 저녁에 산책한 시간을 기록했다. 늦게까지 깨어 있다가 일찍 일어난 후에는 내 박한 수면시간에 대해 썼다. 아내에게 안부 전화를 깜빡한 날에는 마지막 질문에 대한 답이 딱 잘라 '아니오'가 되었다. 전화 통화는 2분 이상 걸리지도 않는데.

능동과 수동의 관점에서 내 질문 리스트를 바라보니 상당수가 수동적임을 깨달을 수 있었다. 고무적이지도 동기를 부여해주지도 않았다. 내게서 특별한 노력을 이끌어내지 못하는 질문들이었다. 단지 목표를 위해 하루를 어떻게 보냈는지를 묻고 있을 뿐이었다. TV를 보느라 점수를 낮게 받았다고 해도 그 답에 대해 자신을 질책하거나 죄의식을 갖지 않았고, 게으름을 피우고 자신을 놓아버렸다는 느낌을 받지 않았다. 수동적 질문에 답하는 대부분의 사람들처럼, 나도 내 실수를 자신이 아닌 환경의 작용 탓으로만 여겼다. 나는 실험 삼아 "최선을 다했는가" 공식에 맞춰 질문들을 수정해봤다.

- 나는 행복하기 위해 최선을 다했는가?
- 나는 의미를 찾는 일에 최선을 다했는가?
- 나는 건강한 다이어트를 위해 최선을 다했는가?
- 나는 좋은 남편이 되기 위해 최선을 다했는가?

갑자기, 얼마나 잘했느냐가 아니라 얼마나 노력했는지에 대한 질문을 받은 것이다. 그 차이는 내게 큰 의미가 있었다. 나의 처음 질문에서는 행복하지 않거나 아내를 무시했을 때 항상 나 아닌 다른 요인을 탓할 수 있었다. 내가 행복하지 않은 건 활주로 위에 나를 세 시간이나 붙잡아뒀기 때문이다. 다시 말해, 항공사가 내 행복에 책임이 있다. 또는 내가 과식하게 된 이유는 고객이 나를 자기가 좋아하는 바비큐 식당으로 데려갔기 때문이다. 고칼로리 음식들이 넘쳐나고 도저히 유혹을 뿌리치기 힘든 곳에 말이다. 다시 말해, 내 고객(아니면 그 식당인가?)이 내 식욕을 제어하지 못한 데 책임이 있다.

"최선을 다했는가"라는 말을 추가하는 건 변화의 방정식에 노력이라는 요소를 추가하는 것과 마찬가지다. 개인의 주인의식과 책임의식을 나의 질문과 대답 프로세스에 넣어보았다. 몇 주 후 이 질문에 대한 대답들을 살펴보자, 나는 예기치 못한 결과를 얻었다. 능동적 질문들이 단지 답만 바꾼 것이 아니었다. 아예 내 목표에 대한 다른 차원의 참여를 창조해냈다.

내 노력을 정확하게 설명하기 위해서는 단지 '예' '아니오'나 '30분' 같은 말로는 답할 수 없었다. 어떻게 답을 쓸지 고민해야 했다. 우선 내 노력을 측정해야 했다. 그리고 그 평가를 의미 있게 하기 위해, 즉 내가 제대로 하고 있는지를 알기 위해 나는 최근의 노력을 과거의 그것과 비교하면서 상대평가를 해야 했다. 나는 자신에게 1부터 10까지의 점수를 매기기로 했다. 행복해지려는 노력에 낮은 점수를 받으면, 그 탓은 오직 내게로 향했다. 우리가 항상 목표를 달성할 수는 없지만 노력하지 않은 점에 대해선 변명이 소용없다. 누구나 노력은 할 수 있는 것이니까.

내가 스스로에게 "나는 오늘 아내에게 어떤 멋진 일이나 말을 했나?"를 물었을 때 나는 몇 분 동안 전화를 걸어 "사랑해" 하고 말한 후, 그 질문에 승리를 선언할 수 있었다. 하지만 "좋은 남편이 되기 위해 최선을 다했는가?"라는 질문에는 자신에게 적용하는 기준을 훨씬 높여야 한다는 점을 배웠다.

이 '능동적' 과정은 누구든지, 그것이 무엇이든 변화하고 발전하는 데 도움이 된다. 하루에 몇 분이면 족하다. 하지만 조심하라. 매일 자신의 실제 행동과 노력의 정도를 마주하는 건 쉽지 않은 일이다.

그 이후 나는 내 하루 질문에 많은 수정을 가해왔다. 질문이 계속 변화하지 않으면 효력을 내지 못한다. 어떤 이슈에 대해 더 나아지지 않으면 새로운 질문들을 추가했다. 현재 내가 매일 점검하는 "최선을 다했는가?" 질문 22가지는 다음과 같다.

하루 질문				〈 ── 날짜 ── 〉				
나는 다음의 일들에 최선을 다했는가(1~10점)	1	2	3	4	5	6	7	일주일 평균점수
명확한 목표 정하기	10	9	10	10	7	9	4	8.43
목표를 향해 전진	8	10	10	9	8	9	6	8.57
의미 찾기	7	9	10	9	9	9	6	8.43
행복하기	8	10	9	8	10	9	9	9.00
긍정적인 인간관계 만들기	4	9	10	9	9	10	5	8.00
완벽히 몰입하기	6	10	10	9	8	9	6	8.29
새로운 것 배우기	8	3	2	3	9	3	9	5.29
새로운 자료 발굴하기	10	0	0	1	7	2	8	4.00
고객들과의 관계 유지	10	10	10	10	10	10	10	10.00
가진 것에 감사하기	10	10	8	10	7	10	9	9.14
타인에 대해 분노와 부정적 말들 피하기	8	10	7	9	10	10	10	9.14
인정한 실수에 대해 자신과 타인 용서하기	10	10	10	10	6	10	8	9.14
가치 없는 일에 내가 옳다는 걸 증명하려 애쓰지 않기	10	4	6	4	10	9	10	7.57
바꿀 수 없는 일에 에너지 낭비하지 않기	9	8	6	8	10	9	10	8.57
운동하기	8	10	10	10	10	3	8	8.43
명상하기	1	9	10	9	8	8	8	6.14
잘 자기	10	8	10	10	10	10	10	9.71
건강한 다이어트	10	10	2	4	4	7	3	5.71
아내에게 멋진 말이나 행동하기	8	8	8	10	8	5	8	7.86
아들 브라이언에게 멋진 말이나 행동하기	8	8	8	8	8	8	0	6.90
딸 켈리에게 멋진 말이나 행동하기	5	5	10	8	8	5	0	5.90
사위 리드에게 멋진 말이나 행동하기	0	0	0	0	5	0	0	0.71

당신도 보다시피 처음 여섯 가지 질문들은 내가 모두에게 제시했던 능동적 질문들이다. 그 다음 여덟 가지는 창조, 보존, 제거, 수용으로 나눴던 개념들을 토대로 하고 있다. 예를 들어 새로운 것 배우기나 새로운 자료 발굴하기는 창조, 감사의 표현은 보존이다. 분노의 말 피하기는 제거이고, 가치 없는 일에 옳음을 증명하지 말라는 건 회피다. 바꿀 수 없는 걸 받아들이라는 것은 수용에 해당된다. 그리고 나머지 질문들은 내 가족과 건강에 관한 것들이다.

정해진 질문의 가짓수는 없다. 자신이 원하는 대로, 당신이 얼마나 많은 이슈들을 다루기 원하는가에 따라 질문의 수를 정하면 된다. 내 고객들 중에는 매일 밤 딱 서너 가지 질문에만 답하는 사람들도 있다. 내 리스트는 22가지 질문들이 있는데, 그건 내가 많은 도움이 필요하기도 하고(정말이다!) 이를 오랫동안 해왔기 때문이기도 하다. 이제 막 '하루 질문'을 시작한 사람들에게 분명히 목표가 될 것으로 보이는 대인관계 문제들과 나 역시 오랫동안 씨름해 왔다. 예를 들자면 항상 남을 이기고픈 욕구를 억누르기나 보다 협력적인 사람이 되기와 같은 것들이다. 나는 이제 그런 문제들을 '정복'까지는 아니더라도 더 이상 내 하루 질문 리스트에 오르지는 않을 정도까지는 해결했다.

앞에 있는 표를 작성한 주는 미국 밖에서 보낸, 내게는 전형적인 일주일이었다. 뉴욕에서 로마로, 다음에는 바르셀로나, 마드리드, 취리히로 이동했고, 마지막에는 싱가포르를 경유해 자카르타로 향하는 비행기에 몸을 실었다. 방문했던 각 유럽 도시들에서 긴 프레젠테이션을 했다. 운전사가 나타나지 않는 등 몇 차례 문제도 겪었다

(내가 화를 내고 만 변명거리다). 며칠은 잘 잤지만 며칠 동안은 불면의 밤도 있었다(스케줄 상 시간대가 바뀐 걸 탓해야겠지). 로마와 마드리드의 매혹적인 음식들 때문에 다이어트에도 위기가 왔다(과식의 핑계로 삼았다). 전반적으로 사람들 앞에 서서 발표한 시간은 즐거웠다. 이메일에 많은 시간을 썼고 사소한 골칫거리들도 있었다. 내가 원한 만큼 많은 글을 쓰진 못했다. 나는 이런 모든 결과들을 매일 밤 되짚으면서 점수에 반영했다. 이 특별했던 한 주에 대한 전반적인 반성으로, 나는 더 좋은 장인이 되어야겠다는 생각을 했다. (참고로 내 사위인 리드는 훌륭한 청년이다.) 사실 65세의 사람이 감당하기에는 빠듯한 일정이었다. 나는 지금처럼 계속 살고 싶지만, 아마도 점점 힘들어질 것이다.

요점은, 당신의 하루 질문에는 반드시 당신의 목표들이 반영되어야 한다는 것이다. 대중에게 공개할 의도로 작성하는 게 아니고(당신이 그 주제에 대해 책을 쓰고 있는 게 아니라면), 누군가에게 판단을 받을 것도 아니다. 누군가에게 감명을 주기 위해 당신의 리스트를 구성하는 게 아니다. 그건 당신의 리스트, 당신의 인생이다.

나는 내 "최선을 다했는가" 질문들에 쉽게 1부터 10까지의 점수를 매긴다. 당신은 당신이 편한 방식을 사용하면 된다. 다만 아래 두 가지만 고려하라.

- 이 목록들이 내 인생에서 중요한가?
- 이 목록에서 성공을 거두는 게 내가 원하는 사람이 되는 일에 도움이 되는가?

차이를 만드는 구별

—

능동적 질문들은 쓸데없는 구별이 아니다. 전문적인 여론조사 요원들은 인터뷰 대상에게 어떻게 질문할지가 조사 결과에 중대한 영향을 미친다는 걸 항상 알고 있다. 예를 들면, 내가 "평화를 지키는 최선의 방법은 군사력이다"란 말에 동의하는지 아닌지를 묻는 것과 "평화를 지키는 최선의 방법은 군사력이다"와 "민주주의가 평화를 지키는 최고의 방법이다"란 말 중에서 고르라는 것 간에는 차이가 있다. 민주주의라는 옵션이 함께 주어졌을 때 군대 옵션은 훨씬 더 인기가 떨어진다.

이것이 능동적 질문들을 행동으로 만드는 비결이다. "나는 최선을 다했는가"라는 문구의 삽입이 노력의 트리거를 만들어낸다.

노력의 트리거는 우리의 행동을 변화시킬 뿐 아니라 우리가 그 행동을 해석하고 반응하는 방식도 바꾼다. 노력의 트리거는 목표들을 담은 리스트의 뜻을 수정하는 정도가 아니라, 변화를 격려하거나 아예 포기하게 만들 수 있는 예기치 않은 감정을 불러온다.

당신의 행동 변화 리스트를 담은 하루 질문을 상상해보라. 당신이 대개의 사람들과 같다면, 목표들은 예상 가능한 다양한 카테고리들로 구성될 것이다. 건강, 가족, 인간관계, 돈, 깨달음, 규율 등.

친밀한 인간관계에 대한 목표가 한두 가지는 있어야 할 것이다(배우자에게 친절하기, 아이들에게 인내를 갖고 대하기). 다이어트나 건강 관리하기에 대한 목표(설탕 섭취 줄이기, 요가 수업 듣기, 매일 치실 쓰기)와 시간 관리에 대한 목표도 있을 것이다(자정 전에 잠자리에 들기, TV 시청은 하루 3시간 이하로 줄이기).

아마 직장에서의 행동에 대한 목표도 필요하고(도움 요청하기, 인맥 늘리기, 새 직업 찾기), 특별히 커리어와 관련된 사항들도 넣자(블로그 시작하기, 전문 그룹에 가입하기, 관련 잡지에 기고하기).

지적인 자극과 관련된 것들(어려운 책 읽기, 예술 수업 듣기, 중국어 공부 등), 바람직하지 못한 습관 없애기와 관련된 목표들(손톱 물어뜯지 않기, "너도 알지"란 말 너무 자주 쓰지 않기, 옷을 아무 곳에나 벗어두지 않기 등)도 써보자.

그리고 우리는 명확한 단기 목표를 좋아하기 때문에, 사소하게 누군가의 심부름 끝내기나 마음을 깨끗이 하는 방 청소처럼 당장 성취할 수 있는 특정한 일들도 가능하다.

계속해보자. 매일 일과를 마치면서 당신이 체크리스트에 점수를 매길 수 있는 목표들을 나열하는 것이다. 매 질문마다 적당한 곳에 "나는 최선을 다했는가"란 문구를 집어넣어야 한다.

이제 그 리스트를 보면서 앞으로 30일간 잘해낼 수 있을 가능성을 한번 평가해보라. 당신이 대부분의 사람들과 마찬가지라면(90퍼센트의 사람들이 스스로에게 평균 이상으로 점수를 매긴다), 당신의 목표를 달성할 가능성이 50퍼센트 이상일 것이다. 어떤 자기계발 프로젝트건 자신감이 하늘을 찌르는 출발점에서는, 이것이 합리적인 추론으로 여겨진다. 하지만 우리가 탁월한 계획가이고 형편없는 실천가이기에 일은 그렇게 진행되지 않는다.

나는 강의에서 이 하루 질문들에 대해 이야기할 때, 수강생들에게 확신에 찬 예측을 던진다.

"2주 안에, 여러분들 중 절반은 하루 질문을 포기하게 될 겁니다."

그리고 그들이 단지 몇 가지 목표들을 태만히 하게 된다는 뜻이 아님을 설명한다. 몇 번 점수 매기기를 잊을 것이고, 결국 전체를 포기하게 될 것이다. 그것이 인간의 본성이라고 나는 말한다. 심지어 자기 스스로가 자신에게 점수를 매기더라도, 그룹 내 모두가 A를 얻을 수 없다. 누군가는 다른 이들보다 열심히 노력할 것이고, 누군가는 덜할 것이다. 내가 이 예측에 이렇게 자신 있어 하는 이유는 그런 일들을 자주 봐왔기 때문이다. 매일 거울을 바라보면서 우리 인생에서 가장 중요하다고 스스로 정했던 일들을 하는 데 노력하지 않았다는 현실을 받아들이는 건 우리들 누구에게나 너무 힘든 일이다.

하루 질문들을 가장 열렬히 실행하는 사람들(이 개념을 깊이 받아들인 사람들)이라 할지라도, 이런 종류의 고통에는 장사가 없다. 보스턴의 외과의사이자 작가인 아툴 가완디가 『체크! 체크리스트』를 펴냈을 때, 그와 하루 질문에 대해 통화한 적이 있었다. 그는 흥미를 표하면서 자신도 하루 질문을 활용해보겠다고 했다.

몇 달이 지나 내가 안부를 묻자, 그는 하루 질문이 얼마나 자신의 삶을 변화시켰는지에 대해 설명해주었다. 여전히 건강한 40대였지만, 그에게는 부양해야 할 아내와 두 아들들이 있었다. 그런데 자신의 가족을 보호할 어떤 생명보험도 없다는 점이 그를 괴롭게 했다. 그래서 자신의 하루 질문 리스트에 다음의 항목을 추가했다. "생명보험에 가입했는가?" 행동 목표와는 별 상관이 없을뿐더러 당장 해서 리스트에서 지워버릴 수 있는 일처럼 보였다.

그런데…… 14일이 지난 후, 그는 아직도 이 생명보험 질문에 계속 '아니오'라고 답을 쓰고 있었던 것이다.

가완디는 이 맥 빠지는 '아니오'의 긴 줄을 바라보면서, 자신이 매일 낯선 이들의 목숨을 구하지만 정작 가장 사랑하는 이들을 보호해 줄 생명보험 하나 가입하는 간단한 일조차 처리하지 못하는 아이러니를 절감했다. 그는 자신이 만든 시험에 통과하지 못한 것이다.

하지만 아이러니만으로는 행동의 트리거가 되지 못한다. 가완디는 '아니오'가 줄지어 선 모습이 극한 감정을 불러왔다고 말했다. 중요한 이득을 가져다줄 그렇게 간단한 일조차 처리하는 데 실패했다는 사실이 그는 당황스러웠다. 다음 날 그는 바로 생명보험에 가입했다.

이것이 하루 질문이 가진 비밀스러운 힘이다. 우리가 목표에 이르지 못하면 결국 우리는 질문들을 포기하거나 우리 자신을 행동으로 내몰게 된다. 자신이 질문을 작성했고, 답도 알고 있는데도 실패했다는 점에 부끄럽고 당황스러운 감정을 느끼게 된다. 질문이 "최선을 다했는가"로 끝나면 그 감정은 훨씬 더 강렬해진다. 우리가 해야만 한다는 점을 알고 있는 일을 시도조차 하지 않았다는 걸 인정해야 하기 때문이다. 그리고 그 감정은 우리를 행동하게 만드는 강력한 트리거가 된다.

11장

행동 변화의 트리거, 하루 질문

에밀리에게 트리거는 자신이 일하는 슈퍼마켓의 1일 직원 할인 행사였다. 직원들은 하루 동안 신선한 채소들을 포함해 매장 내 모든 물건들을 40퍼센트 할인된 가격에 살 수 있었다. 에밀리는 요리학교를 갓 졸업하고 첫 직장으로 이 슈퍼마켓에 입사했다. 보스턴 시내에서 북쪽으로 몇 킬로미터 떨어진 곳이었다.

에밀리는 스물여섯 살이었다. 보스턴에 사는 내내 그녀는 과체중 문제에 시달렸다. 함부로 닥치는 대로 먹는 편인 데다 요리학교를 다니면서 문제는 더 심각해졌다. 항상 요리하고 레시피를 테스트하고 음식에 대해 생각해야 했다. 적정체중에서 적어도 45킬로그램은 더 나가는 비만이었다.

'그래도 누가 40퍼센트 세일을 놓칠 수 있겠어'라고 그녀는 생각했다. 매장을 둘러보면서 에밀리는 신선한 채소들을 가득 실으려 했다. 꽃양배추, 피망, 브로콜리, 토마토와 아티초크까지. '건강식을 좀 만들어서 식습관을 개선하고 감량도 해야지. 이렇게 다이어트를 시작하면 되겠지.' 비록 그녀가 이제껏 다이어트에 실패한 횟수를 세는 일조차 포기한 상태였지만 말이다.

그녀는 매장에 새로 자리 잡은 주스 바에도 관심을 가졌다. 당근, 케일, 샐러리, 오이, 사과들이 무더기로 주변에 쌓여 있고, 시끄러운 기계가 온종일 주스를 갈아내는 곳이었다. 매장에서 가장 인기 있는 코너이기도 했다. 그녀의 친구 중엔 1주일 동안 주스만 마시면서 소위 '해독'을 통해 금세 살을 뺀 사람도 있었다. '아마 주스 바 매니저에게서 더 많은 걸 배울 수 있을 거야' 하며 그녀는 채소들을 카트에 실었다.

온몸에 문신을 하고 주스에 대해 광신적인 매니저가 에밀리의 질문에 답해주다가 그녀가 도저히 거부할 수 없는 제안을 하나 했다. "네가 채소들을 산다면, 내가 주스 기계를 공짜로 줄게."

에밀리는 그날 저녁 채소로 가득 찬 쇼핑백과 주스 기계, 그리고 「살찌고 아프고 거의 죽다」란 제목의 주스 관련 비디오를 손에 들고 집에 도착했다.

그리고 나서 그녀가 한 행동은 상당히 현명한 일이었다(동시에 드문 일이기도 했다). 친구들과 가족들에게 자신이 건강을 위해 60일간의 주스 프로그램을 시작하니 도와달라는 이메일을 썼던 것이다.

이렇게 나는 에밀리를 소개받았다. 그녀가 보낸 이메일의 수신자들 중 한 명인 삼촌 마크는 나의 저작권 대리인이었던 것이다. 마크 역시 하루 질문에 대해 잘 알고 있었다. 그는 나에게 자신의 조카가 행동 변화에 도전하고 있으니 도와달라는 의뢰를 해왔다.

에밀리의 이야기는 하루 질문을 올바르게 사용하는 법(질문 고르기, 점수 유지하기, 스스로를 모니터링하기, 포기하지 않기)에 있어서 뿐만 아니라 우리가 선택하고 수정하는 바가 결과에 어떤 영향을 미치는지에 대해서도 좋은 본보기가 된다.

고객을 만나면 나는 보통 머릿속으로 고객이 얼마나 견딜 수 있는지와 다음 만남에서 무엇을 준비해야 하는지에 대한 '변화 프로필'을 작성해본다. 그들의 노력과 성공 실적, 변화에 요구되는 사회적 교류와 자기 제어들을 고려해보는 것이다.

에밀리를 네 가지 요인으로 분석해보니, 모두가 그녀에게 유리한 상황은 아니었다.

그녀가 도움을 청해왔다

이 점은 좋다. 우리가 변화하고자 하는 욕구를 주변에 알릴 때는, 공개적으로 실패를 감수하고 우리의 평판이나 자존감을 시험대에 올려놓는 것이다. 힘들게 번 돈을 거는 도박과 친구끼리 재미 삼아 하는 내기 사이엔 큰 차이가 있다.

그녀는 홀로 도전했다

감량이라는 목표는 홀로 도전하는 것이다. 예를 들어 우리가 남의 말에 더 귀를 기울이는 사람이 되겠다고 결심했을 때, 그 성공에는 타인들의 참여가 있어야 한다. 자신의 변화된 행동을 꾸준히 보여줘 다른 사람들이 내가 말하기보다 들으려고 한다는 것을 인지해야 하는 것이다. 더 잘 듣는 사람이 되었다는 판단은, 우리가 아닌 다른 사람들이 내려줘야 한다.

하지만 에밀리는 다른 상황에 놓여 있었다. 그녀가 살을 빼는 건 다른 사람들이 아닌 스스로 평가해야 하는 일이다. 그녀가 흔들리면, 오직 자신만을 실망시킨다. 고립된 상태에서 행동하게 된다는 건, 자신이 운명 전반을 제어한다는 뜻이다. 이런 면을 고려해볼 때, 홀로 도전하는 건 그녀에게 유리하게 작용할 것이다.

그녀는 '가혹한' 상황에 놓여 있었다

에밀리가 큰 슈퍼마켓 체인에서 일한다는 건 전혀 이점이 아니다. 그녀는 풍부한 음식들과 유혹이 넘쳐나는 슈퍼마켓에서 종일 일할 뿐 아니라 치즈 코너를 담당하고 있었다. 알코올 중독자의 직장이 술집인 경우와 마찬가지로, 다이어트를 하기에 이상적인 환경은 절대 아니었다.

그녀는 성공해본 경험이 없었다

에밀리는 내 비즈니스 고객들과는 달리 그녀에게는 어떤 성취나 도전에 성공한 경험이 없었다. 이제 막 직장 생활을 시작한 젊은이였고, 이미 여러 차례 다이어트에 실패했다.

그건 성공한 사업가들과 비교해 심각한 약점이었다. 사업가들에게 있어 도전과 성공은 마치 근육을 단련하는 일과 같았다. 더 많이 사용할수록 더 강해진다. 그렇게 그들은 어디서나 성공할 수 있다는 자신감을 갖게 된다.

내가 앨런 멀러리Alan Mulally와 2001년 처음 일하게 됐을 때, 그는 항공기 제조회사 보잉에서 상업비행 부문을 지휘하고 있었다. 그는 내가 이야기하는 것들을 주의 깊게 듣더니 이렇게 말했다.

"알겠어요, 따라 할 수 있는 내용이네요."

"글쎄요. 일단 좀 더 들어보는 게 좋지 않을까요?"

내가 말하자, 앨런은 빙긋 웃어 보였다.

"난 보잉 777기도 만들었어요. 할 수 있습니다."

그가 옳았다. 성공한 사람들은 성공 경험이라는 무기를 지니고 있어서, 그걸 새로운 과제에 적용시킬 줄 알았다. 앨런은 이제까지 내 수업을 가장 빨리 끝낸 사람으로, 성공의 방식을 이미 알고 있었던 덕분이었다.

"성공이 성공을 낳는다"라는 진리는 내가 매우 성공한 사람들과 일할 때, 과정이 끝날 때까지 돈을 받지 못한다는 조건이라도 2년의 시간을 투자할 수 있는 이유다. 성공한 사람들과 함께할 때는, 성공의 가능성도 내 편이 된다.

에밀리에게는 이런 성공의 배경이 없었다. 그녀에게 필요한 건 단지 새로운 식습관과 새로운 행동을 익혀야 하는 일뿐 아니라, 성공하는 법을 배우는 것까지 포함되어 있었다. 에밀리는 협조적이지 않은 직장 환경 속에서 가장 어려운 행동 변화에 도전하고 있었고, 사람들의 도움 없이 홀로 그 과제를 풀어야 했다.

반면에 하루 질문과 삼촌이 밤마다 걸어주는 전화는, 무엇을 먹어야 할지 일러줄 뿐 어떻게 그 습관을 유지할지는 알려주지 않는 대부분의 다이어트 책과 감량 프로그램들이 갖지 못한 것을 제공해주었다. 그녀가 해낸 과정은 행동의 변화를 추구하는 방법에 대한 입문서와도 같았다.

그녀가 첫 번째 밟아야 할 단계는 무엇을 바꿀지 결정하는 일이었다. 에밀리는 다음의 여섯 가지 목표를 정했다.

- 계속 해독주스를 섭취한다.
- 매일 운동한다.
- 와인 지식을 더욱 발전시킨다(그녀는 소믈리에 시험을 준비 중이었다).
- 친구들, 가족들과 계속 연락한다.
- 직장에서 새로운 걸 배운다.
- 직장 밖의 사람들에게 뭔가 좋은 일을 한다.

에밀리의 목표는, 별로 놀랍지 않게도 우리 모두가 익히 들어본 고전적인 자기계발 메뉴에서 뽑아낸 것들이었다. 살 빼기, 운동하기, 정리하기, 새로운 것 배우기, 나쁜 습관 끊기, 저축하기, 다른 사람들을 돕기, 가족과 시간 보내기, 새로운 곳으로 여행하기, 연애하기, 그리고 스트레스 받지 않기. 그게 잘못이란 건 아니다. 다른 사람들과 비슷한 목표를 가졌다는 사실이 그 목표들의 가치를 떨어뜨리지는 않는다.

그녀의 다음 단계는 능동적 질문의 개념을 이해해 결과보다는 노력에 중점을 두는 것이었다. "나는 ……을 했는가"가 아닌 "나는 ……에 최선을 다했는가"의 형태로 자신의 목표를 작성해야 했다.

매일 밤 10시가 되면 그녀의 삼촌이 전화를 할 것이고 그녀는 자신의 점수를 준비해둬야 한다. 이렇게 그녀의 변화 과정이 시작되었다. 하루 질문과 마크 삼촌의 관리 전화는 후퇴 없이 계속될 것이었다. 다음은 1주부터 4주차까지의 그녀의 점수표다.

나는 다음의 일들에 최선을 다했는가(1~10점)	1~2주차													
	1	2	3	4	5	6	7	8	9	10	11	12	13	14
해독주스 섭취	10	10	10	10	10	10	10	10	10	10	10	10	10	10
운동	0	0	0	0	0	0	0	2	0	0	0	0	9	9
와인 지식 늘리기	2	3	0	0	0	1	4	10	10	8	7	6	9	9
친구들과 가족들에게 연락하기	8	5	6	4	6	3	3	5	5	3	8	4	8	4
직장에서 새로운 것 배우기	3	2	2	6	7	10	0	4	9	3	3	10	9	0
직장 밖의 사람들에게 잘하기	5	10	10	4	4	6	5	6	3	3	7	7	3	10
총점	28	30	28	24	27	30	22	37	37	27	35	37	48	42

나는 다음의 일들에 최선을 다했는가(1~10점)	3~4주차													
	15	16	17	18	19	20	21	22	23	24	25	26	27	28
해독주스 섭취	10	10	10	10	10	10	10	10	10	10	10	10	9	10
운동	8	0	8	8	10	8	8	8	9	10	10	9	10	10
와인 지식 늘리기	8	8	7	8	8	8	8	10	10	8	8	10	8	9
친구들과 가족들에게 연락하기	4	5	3	3	6	4	5	3	4	5	7	7	3	2
직장에서 새로운 것 배우기	4	4	10	5	0	4	4	7	8	2	2	8	0	0
직장 밖의 사람들에게 잘하기	6	10	7	6	7	7	8	4	3	3	5	5	5	8
총점	40	37	45	40	41	41	43	42	45	38	42	49	35	39

하루 질문에서 잘 드러나지 않는 성과 중 하나가, 익숙하지 않은 데이터를 수치화하도록 한다는 것이다. 바로 우리의 노력 수준을 말이다. 우리는 거의 그러지 않는다. 노력을 마치 2류 시민이라도 대하듯 한다. 실패했을 때나 건네는 위로의 말쯤으로 여긴다. "나는 적어

도 최선을 다했어"라거나 "노력에는 A를 줘도 돼"라는 식으로. 하지만 며칠 지나고 나면, 결과보다 노력을 수치화하는 일이 우리가 놓쳐왔던 것들의 패턴들을 드러나게 해준다는 걸 알게 된다.

예를 들어 첫 12일 동안 에밀리는 주스 프로그램에서 스스로에게 10점 만점을 줬다. 시작 단계에서 우리의 열정을 고려하면 어떤 변화 과정의 초기 단계에서 이런 성과는 별로 놀라운 게 아니다. 계획과 실천 사이의 시간이 짧을수록, 우리가 계획을 기억하고 있을 가능성은 더 높기 때문이다. 하지만 계획과 실천 사이의 시간이 늘어나면 환경이 유혹과 산만함을 가져오고 우리의 열정과 규율은 옅어진다.

하지만 그녀의 다음 우선순위 목표인 매일 운동하기에서, 그녀는 11번의 0점과 한 번의 2점(이날은 산책을 나갔다)을 얻었다. 삼촌은 거의 2주 동안이나 무시했다면 목표가 무슨 소용이냐며, "대체 왜 그런 목표를 리스트에 올려놓는 거야?"라고 물었다.

이 '사랑의 매' 덕분에 에밀리는 운동을 병행하지 않는 갑작스런 식이요법은 건강에 좋지 않다는 점을 떠올리게 됐다. 다음 날 그녀는 지역의 YMCA에서 운영하는 수영장을 찾아 한 시간 동안 수영을 했다. 바로 13번째 되는 날 그녀가 "오늘 운동에 최선을 다했는가?"라는 질문에 스스로 9점을 준 걸 볼 수 있을 것이다. 19일째에 그녀는 자신의 운동 계획에 핫요가의 초보자 요가 수업 등록을 추가했다. 33도가 넘는 요가 교실에서 90분간을 거의 혼절해 있던 그녀는 그날 처음으로 그 항목에 10점을 줬다. 4주가 지난 후 그녀의 몸무게는 15킬로그램이 줄어 있었다.

다음 4주간 비슷한 일들이 반복되었고, 몇 번의 기복과 함께 무엇이 중요한지, 무엇이 효과적인지, 무엇에 뒤쳐지는지에 대한 깨달음을 얻게 되었다. 다음이 그녀의 성적이다.

나는 다음의 일들에 최선을 다했는가(1~10점)	5~6주차													
	29	30	31	32	33	34	35	36	37	38	39	40	41	42
해독주스 섭취	10	10	10	10	10	10	10	10	10	10	10	2	2	2
운동	8	8	10	9	10	3	3	10	10	10	10	8	8	8
와인 지식 늘리기	7	8	9	9	10	9	10	10	10	10	10	5	5	5
친구들과 가족들에게 연락하기	9	8	8	6	4	5	6	9	0	3	1	10	10	10
직장에서 새로운 것 배우기	4	5	4	3	7	4	3	0	1	4	7	0	0	0
직장 밖의 사람들에게 잘하기	6	5	5	5	3	2	6	7	6	5	8	4	4	2
총점	44	44	46	42	44	33	38	46	37	42	46	29	29	27

나는 다음의 일들에 최선을 다했는가(1~10점)	7~8주차													
	43	44	45	46	47	48	49	50	51	52	53	54	55	56
해독주스 섭취	10	10	10	10	10	10	10	10	10	10	10	10	10	10
운동	8	8	8	10	8	6	10	9	10	10	8	4	10	10
와인 지식 늘리기	7	8	8	10	7	10	10	10	9	10	2	6	10	10
친구들과 가족들에게 연락하기	9	5	4	7	5	7	6	3	–	–	–	–	–	–
직장에서 새로운 것 배우기	4	4	4	6	3	6	6	6	–	–	–	–	–	–
직장 밖의 사람들에게 잘하기	6	9	9	3	6	3	3	5	–	–	–	–	–	–
총점	44	44	43	46	39	42	45	43	29	30	20	20	30	30

해독주스 섭취에서 계속해서 10점을 받은 건 매우 인상적이다. 에밀리의 노력이 흔들림이나 탈선, 속임수 없이 계속되었음을 의미한다. 40일~42일차에서 그녀의 주스 점수는 급격히 떨어졌지만, 그건 고의로 그렇게 한 것이다. 친구의 결혼식에 참석한 그녀는 다른 사람들

이 모두 샴페인과 케이크를 먹고 마시는 동안 주스나 들이켜고 있는 '그런 여자'는 되기 싫었고, 잠시 쉬어가기로 했다. 하지만 딱딱한 음식들이 입에 맞지 않아서 쉽게 다시 주스를 마시게 되었고, 60일의 프로그램을 3일 더 늘림으로써 중단한 기간을 보충했다.

또한 와인 지식을 발전시키는 것과 관련된 세 번째 질문 부분에서도 초반과 비교할 때 상당한 증가세를 확인할 수 있다. 그녀의 뉴욕 시 소믈리에 시험일(49일차)이 빠르게 다가오고 있어 개인 시간을 모두 와인 공부에 투자했기 때문에 자신에게 9점이나 10점을 매긴 것이다.

51일차부터는 4~6번 질문에 모두 '–'를 표시하기 시작한다. 에밀리는 더 이상 그 목표들이 자신에게 필요치 않다는 결론에 이르렀다. 자신에게는 자연스러운 일들이라 굳이 '최선'을 다해야 하는 과제를 부여할 만한 행동이 아니었던 것이다. 그녀는 이들을 걸러내고 자신의 목표를 3가지로 한정했다. 그것들만으로도 충분하다. 포기한 것이 아니라 놓아준 것이다.

				⟨——— 9주차 ———⟩				
나는 다음의 일들에 최선을 다했는가(1~10점)		57	58	59	60	61	62	63
해독주스 섭취		10	10	10	10	10	10	10
운동		8	8	10	10	9	10	10
와인 지식 늘리기		7	6	4	9	9	7	9
친구들과 가족들에게 연락하기		–	–	–	–	–	–	–
직장에서 새로운 것 배우기		–	–	–	–	–	–	–
직장 밖의 사람들에게 잘하기		–	–	–	–	–	–	–
총점		25	24	24	29	28	27	29

주스 프로그램의 마지막 날인 63일차에 에밀리의 체중은 25킬로 그램이 줄어 있었다. 또한 소믈리에 2차 시험에도 합격했다. 일주일에 최소 5일은 수영이나 요가 수업을 들었다. 살면서 이렇게 긴 시간 동안 계획한 대로 사는 건 처음이었다. 에밀리는 스스로에 대한 자부심을 느꼈다.

하지만 정작 힘든 일은 이제 시작이었다.

앞에서 이야기한 것처럼 우리는 창조, 보존, 수용, 제거에 의해 변화한다. 지금까지 에밀리는 제거에 중점을 두어왔다. 오랫동안 잘못된 식습관에 길들여졌던 그녀는 고체로 된 음식물을 아예 섭취하지 않는 극단적 방법으로 자신의 신진대사 시스템을 갈아엎어서 급속한 감량을 이뤄냈다.

하지만 인간은 주스만으로 살 수 없다. 두 달이 지난 후 에밀리는 이 극도의 박탈감을 안겨주는 프로그램을 중단해야 할 때가 되었음을 알았다. 해독주스는 제 역할을 다 했다. 케일, 셀러리, 망고, 고구마, 당근, 피망, 비트, 사과를 갈아 넣은 음료가 당신이 고를 수 있는 식단의 전부라면, 그중에서 후회할 선택을 하기란 오히려 불가능하다. 치즈 크래커 한 접시, 아이스크림 한 통, 심지어 아몬드 한 줌도 아예 구경조차 할 수 없는 환경을 만들어버리면, 그런 음식들이 당신을 유혹하는 일도 원천봉쇄된다.

이제 에밀리는 주스를 통한 응급조치를 넘어서서 식습관과 음식 문제를 해결해야 했다. 말하자면 행동 변화의 두 번째 국면에 들어선 것이고, 제거보다는 창조하는 쪽으로 넘어간 것이다. 이제 과거에 사용했던 하루 질문들은 더 이상 효용을 다하지 못한다. 그녀가 앞으로 살면서 활용할 수 있는 계획에 맞게 자신의 목표들을 재조정할 필요가 있었다. 다음은 그녀의 2단계 하루 질문들이다.

나는 다음의 일들에 최선을 다했는가(1~10점)	64	65	66	67	68	69	70	71	72	73
육체적으로 단련하기	–	–	–	–	–	–	–			
내 몸을 위해 건강하게 먹기	–	–	–	–	–	–	–			
와인 지식 늘리기	–									
정신적으로 단련하기	–									
총점	–	–	–	–	–	–	–			

〈——— 10~11주차 ———〉

그리고 거의 1년 동안 에밀리는 이 질문 리스트를 계속 작성하면서 추가로 25킬로그램을 감량해 결국 자신이 목표한 체중에 이르는 데 성공했다. 또한 소믈리에 3차 시험에도 합격했다(이제 마지막이자 가장 어려운 4차 시험만 남았다). 게다가 처음으로 5킬로미터 단축 마라톤을 완주했다.

이 이야기는 그럭저럭 해피엔딩으로 끝났다고 할 수 있을 것이다. 다만 '끝'이라는 말이 딱 적확한 표현이라고는 할 수 없다. 에밀리의 이야기는 정해진 만료일 없이, 지금도 진행 중이다. 우리와 마찬가지로, 그녀도 이전의 바람직하지 않은 행동으로 회귀할 위험을 항상 갖고 있다. 극도의 다이어트를 통한 감량 이후 요요현상은 흔한 일이니까(체중을 감량한 사람들의 3분의 2가 3년 후엔 이전 몸무게로 돌아간다고 한다). 악당마냥 우리를 괴롭히는 환경이 그런 위험이 발생할 가능성을 높인다.

그러니 우리들은 항상 경계를 늦춰서는 안 된다. 우리가 단지 기존에 이뤄낸 진전만을 고수해나간다 해도 항상 무슨 일에건 더 나은 모습을 보일 수 있다.

변화를 지속시키는 하루 질문

내가 에밀리의 이야기를 꺼낸 이유는 그녀의 1차적 목표인 체중 관리가, 대부분의 사람들에게 적용될 수 있는 문제이기 때문이다. 다른 사람들과의 상호 관계로 인해 복잡해질 부분이 없으니 우리가 쉽게 측정할 수 있고, 체중 감량은 섭취하는 음식을 자신이 선택해 스스로 모니터링이 가능하기 때문이다. 음식거리를 사서 준비하거나 식당 등에서 원하는 음식을 주문하면 된다. 우리가 환경을 통제하는 것이지, 환경이 우리를 좌우하지 않는다.

성격 개선처럼 어렵든 욕하지 않기처럼 상대적으로 단순하든, 하루 질문은 행동 변화에 대한 대부분의 시도에서는 찾기 힘든 큰 장점을 가진다. 하루 질문은 트리거가 될 수 있다. 여러 가지 이유에서, 행동 변화를 성공시키기에 보다 적합한 환경을 만들어주는 것이다.

1. 하루 질문은 우리의 제약을 강화시킨다

하루 질문은 행동경제학자들의 용어로 '행동 장치commitment device'와 같다. 하루 질문은 어떤 행동에 우리가 몰입하게 하며, 실행하지 않으면 자신에게 실망하게 되거나 공개적으로 망신을 당하게끔 만든다. 에밀리가 친구와 가족에게 도움을 청한 것도 행동 장치의 일

좋이다. 행동 장치의 예 중에는 제시간에 일어나기 위해 잠들기 전 맞춰놓는 기상 알람도 있다.

내 지인 중에는 밤늦게 군것질을 하지 않기 위한 행동 장치로 초저녁에 이를 닦는 사람이 있는데, 이는 다시 이를 닦기 싫어서 음식을 먹고 싶은 욕구가 제어된다는 기대를 갖고 하는 것이다. 욕을 할 때마다 돈을 넣는 벌금통도 행동 장치를 활용하는 예다. 한 프로젝트를 제시간 내에 끝낼 수 있는지를 두고 친구들끼리 돈을 거는 일도 마찬가지로, 내기에 져서 돈을 잃기 싫기 때문에 우리는 열심히 하게 된다.

한 SNS는 결심이 흔들리게 될 경우 미리 등록해둔 신용카드에서 후원금이 결제되도록 '계약'하게 한다. 우리가 지지하는 단체뿐 아니라 아예 평소 싫어하던 단체에 후원하게끔 해서 더 강한 효력을 발휘한다. '프리덤Freedom'이라는 소프트웨어 프로그램은 8시간 동안 인터넷 접속을 끊게 하고, '루즈 잇Lose It!'이라는 애플리케이션은 얼마나 빨리 체중 감량을 원하는지에 맞춰 매일 섭취할 수 있는 칼로리의 상한선을 정해준다. 행동 장치는 다양하고 현명한 동시에 어리석기도 하다.

기업들도 행동 장치를 적극적으로 활용한다. 안경 제조사인 와비파커Warby Parker는 수익을 낸 만큼 사회발전에 기여한다는 의미를 가진 'B 기업B corporation'으로 스스로를 칭한다. 이 기업의 비즈니스 모델은 판매하는 안경 한 쌍마다 저개발국에 안경을 기증하는 것이다. 그들은 법 위반이나 기업의 평판을 해치는 경우가 아닌 한 사업이 설사 잘되지 않을 때에도, 또는 임의적으로 자신들의 미션을 포기하지 않는다. 이는 매우 강하게 적용되는 행동 장치다.

하루 질문도 우리가 진정 인생에서 바꾸고자 하는 바가 무엇인지를 표현하게 만든다는 점에서 역시 강한 행동 장치다. 목표를 나열해보는 것은 아마도 우리들 대부분에게 있어서 최초로 자신의 잘못을 깨닫고 변화를 모색하거나 더 나아지겠다는 결심을 하게 되는 일일 것이다.

당신은 성인이 된 이후 언제 처음으로 변화를 시도했는지 기억할 수 있는가? 무엇이 변화의 트리거를 만들었는가? 당신은 얼마나 잘해냈는가? 아니, 이렇게 물어보는 편이 낫겠다. 당신은 성인으로서, 제대로 당신의 행동을 변화시킨 경험이 한 번이라도 있는가?

2. 하루 질문은 당신에게 필요하지 않은 것이 아닌, 정말 필요한 동기에 불을 붙인다

일반적으로, 우리의 동기가 만들어지는 방식에는 두 가지가 있다.

내적 동기는 자신을 위해 무언가 하기를 원하는 것으로, 그 이유는 그 일을 우리가 즐기기 때문이다. 예를 들어 단지 책의 주제에 호기심이 일어서 수업에 필요하지 않은 책인데도 읽는 것이 이에 해당된다. 신체적 단련의 순수한 즐거움을 느끼기 위해 아침 일찍 일어나 달리는 사람들은 그 특정한 활동에 대한 내적 동기가 높다고 할수 있다. 또 제과점에서 쉽게 살 수 있는 빵을 직접 만들기 위해 집에서 몇 시간이고 노력하는 사람들도 그렇다. 십자말풀이를 하느라 주말 오전을 바치는 사람들도 마찬가지다. 즐거움, 몰두, 호기심이 내적 동기의 명백한 신호들이다.

외적 동기는 타인의 인정이나 처벌 회피 같은 외적인 보상을 위해 무언가 하기를 원하는 것을 의미한다. 학생 시절 우리는 성적, 상, 학력, 부모의 칭찬, 경력 쌓기, 상위 학교 입학 허가 등 외적 동기들에 둘러싸여 지낸다. 이러한 외적 요인들은 우리가 직업 세계에 발을 들여놓아도 여전한 위력을 발휘한다. 다만 급여, 직급, 사무실 크기, 주변의 시선, 명성, 높은 경비, 신용카드 한도, 별장 등등으로 이름만 바뀔 뿐이다. 이런 전리품들이 우리를 열심히 일하게 만든다. 하지만 이런 목표들을 우리가 달성하게 되면 외적 동기는 흔들리고 우리가 바랐던 의미와 목적, 행복은 어디로 갔는지 회의를 느끼게 된다.

하루 질문은 대충 적당히 잘할 수 있는 것이 아닌, 우리가 정말 도움을 필요로 하는 곳에 집중하게 해준다.

우리에게는 외적 동기가 필요 없는 업무나 행동이 있다. 예를 들면, 청중 앞에서 하는 강연은 내게 있어 가장 즐거운 일이다. 나는 대가를 받건 말건, 여섯 명 앞에서 30분 동안 하는 강연이냐 수백 명의 사람들 앞에서 하는 90분짜리 강연이냐에 관계없이 모든 강연에 최선의 노력을 다한다. 그러나 강연이 내 하루 질문 목록에 오른 적은 한 번도 없었다. 굳이 강연자로 나서려는 내 동기를 점검할 필요가 없기 때문이다. 나는 강연하기를 정말 좋아하고 할 수 있는 한 오랫동안 하고 싶다.

물론 내적이든 외적이든 우리의 동기가 나타나지 않은 영역은 수없이 많다. 하루 질문은 그런 사실을 직시하게 하고, 인정하게 하고, 또한 직접 쓰게 한다. 우리가 직접 그 일을 하기 전에는 좋아질 가능성이 전혀 없다.

3. 하루 질문은 자기훈련과 자기조절의 차이점을 부각시킨다

모든 변화에는 자기훈련self-discipline과 자기조절self-control이 요구된다. 우리는 이 두 용어를 별 차이 없이 쓰지만, 사실 둘 사이에는 다른 점이 있다. 자기훈련은 바람직한 행동을 하는 것을 의미하는 반면, 자기조절은 바람직하지 않은 행동을 피하는 걸 말한다.

체육관에 가려고 이른 새벽에 일어나거나, 월간회의를 정시에 끝나게 하거나, 책상을 정리하고 퇴근하거나, 동료의 도움에 대해 감사를 표하는 걸 잊지 않을 때 우리는 자기훈련을 실천하는 것이며 긍정적인 행동을 지속적으로 반복하는 것이다. 우리가 가장 즐기는 걸 자제할 때, 즉 다른 사람에게 충고를 해주고 싶어 미치겠는 걸 참거나 디저트를 추가로 주문하는 걸 자제할 때가 자기조절이 실현되는 순간이다.

대부분의 사람들은 이 둘 중 하나를 더 잘한다. 긍정적 행동 반복에 능한 사람은 부정적 행동을 피하는 일에 미숙하다. 또는 그 반대인 사람도 있다. 이러한 불균형이 우리가 보이는 모순적 행동들을 설명해준다. 엄격한 채식주의자지만 흡연을 즐기고, 운동 트레이너가 직업이지만 정작 자신은 걷기조차 안 하고, 회계사가 파산을 당하기도 하고, 임원들의 자기계발을 담당하지만 스스로를 위해 따로 자기계발 전문가를 두기도 한다.

자기훈련이냐 자기조절이냐 중 어떤 쪽을 더 선호하는지 여부를, 우리는 하루 질문을 통해 밝힐 수 있다. "나는 설탕 섭취를 줄이기 위해 최선을 다했는가?"라는 질문은 "달콤한 음식을 거부하는 일에 최선을 다했는가?"와는 다른 것이다. 전자는 자기훈련, 후자는 자기조절에 해당하는 질문이라고 할 수 있다. 우리가 어느 쪽이냐에 따라 약간의 조정만으로도 큰 차이를 만들어낼 수 있다.

4. 하루 질문은 목표들을 우리가 감당할 수 있을 만큼으로 줄여준다

무엇보다도, 하루 질문은 행동 변화의 최대 숙적인 조급함을 누그러뜨리는 효과가 있다. 목표가 복근 만들기든 좋은 평판 얻기든, 우리는 그 결과를 나중이 아닌 지금 당장 보고 싶어 한다. 오늘 필요한 노력과 정해지지 않은 미래에 얻을 보상 사이의 격차를 느끼면 변화에 대한 열망이 사그라진다. 즉각적인 만족에 목말라하고 장기적으로 계속되어야 하는 노력에는 짜증부터 나는 것이다.

그런데 하루 질문은 일들을 매일 따로따로 나눠서 처리하게끔 만든다. 그렇게 우리가 목표한 것들을 처리 가능한 24시간의 분량으로 줄여준다.

노력에 초점을 맞춤으로써, 하루 질문은 결과에 대한 집착에서 벗어나게 한다. 그래서 우리는 한결 마음 편히 변화의 과정과 자신의 역할에 대해 숙고해볼 수 있다. 다른 방향에서 변화를 바라보고 있기 때문에, 더 이상 변화의 굼뜬 속도에 절망하지 않아도 된다.

하루 질문이 우리에게 상기시켜주는 것들은 다음과 같다.

- 변화는 하룻밤에 이뤄지지 않는다.
- 성공은 매일매일 반복되는 작은 노력들이 모여 만들어내는 결과물이다.
- 우리가 노력한다면, 우리는 더 좋아질 것이다. 그러지 않으면

개선되지 않는다.

제약, 동기, 자기훈련, 자기조절, 인내는 우리에게 하루 질문이 선물하는 강력한 조력자들이다.

이제 또 다른 조력자, 코치를 만나보도록 하자.

12장

계획과 실천의
간극을 메우는
코치

자신의 하루 질문 리스트를 적는 일에는 특별한 마법이 존재하지 않는다. 리스트를 잘 정리해서 우리가 올바른 방향으로 나아가고 있는지 확인할 수만 있으면 된다. 그렇다고 리스트가 필수적인 건 아니다. 또한 점수를 보고하기 위해 밤마다 누군가에게 전화를 꼭 해야 하는 것도 아니다. 다른 사람과의 대화가 차이를 만들어내는 건 아니니까.

필수적인 요소가 있다면 전화든 이메일이든 음성 메시지든 매일 누군가에게 점수를 보고해야만 한다는 것이다. 그리고 그 누군가가 바로 '코치'다.

어떤 사람들에게 있어서 '코치'는 점수기록원에 지나지 않을 것이다. 우리가 매일 저녁에 어떤 비판이나 간섭을 받지 않고 보고하는 어떤 대상이기 때문이다. 또 어떤 사람들에게 있어서 코치는 심판으로, 점수를 기록할 뿐 아니라 터무니없는 잘못에 대해서는 엄중

한 경고를 날려줄 사람이다. 예를 들어 우리가 낮은 점수를 며칠 동안 계속 받은 이유를 설명해야 하는 사람이다. 또 어떤 사람들에게 코치는 완벽한 조언가로, 우리가 무엇을 왜 해야 하는지에 대해 대화를 나눌 수 있는 사람이다.

대부분의 초기 단계에서 코치는 우리가 어떻게 하고 있는지를 주기적으로 점검해주는 감독관처럼 사후관리를 해준다. 그리고 누군가 우리를 지켜보고 있다는 사실을 알 때 우리의 생산성은 좀 더 높아진다.

이보다 좀 더 진행된 단계에서는 코치가 책임감을 불어넣는다. 하루 질문은 스스로 점수를 매기는 시스템이기 때문에 우리는 우리가 던진 질문에 스스로 답해야 한다. 그 답에 만족하지 못할 때 우리는 선택을 내려야 한다. 자신이 직접 만들어낸 실망스러운 모습에 계속 괴로워할 것인가 아니면 더 노력할 것인가? 결과적으로 점수를 매일 밤 '코치'에게 보고하는 일은 우리의 몰입에 대한 매일의 테스트인 셈이다. 자신이 시험받고 있다는 사실을 알면 버텨내는 힘이 더 강해진다는 것을 장점으로 활용할 수 있다. 그런데 '코치'의 역할이 단지 우리의 자책감을 덜어주는 대리인에 지나지 않는 건 아니다.

최고의 단계에 이르면, 코치는 우리 내부에 존재하는 뛰어난 계획가와 근시안적인 행동가 사이의 간극을 메워주는 중개자 역할을 한다. 휴가를 떠날 준비를 하며 "나는 이번 휴가엔 『죄와 벌』을 다 읽을 거야"라고 계획가는 말하지만, 정작 휴가지에 도착해서 온갖 잡다한 오락거리들로 가득한 짐 속에서 도스토예프스키를 찾아 읽어야 하는 건 행동가의 몫이다. 코치는 이럴 때 계획을 세운 후의 우리가 믿

지 못할 사람이라는 사실을 환기시켜준다. 이 약해빠진 실행가에게 무엇을 해야 할지 알려주는 사람인 것이다. 이를 위와 같은 간단한 그림으로 표현해볼 수 있다.

우리들 대부분은 이미 위의 그림에 익숙하다. 살을 빼고 싶을 때는 '코치'의 흔한 형태인 트레이너를 찾는다. 트레이너와 함께 운동할 굳은 결심을 하고 화요일 오전 10시 30분에 약속을 잡는다. 화요일 아침이 되면, 솔직히 운동하러 갈 생각이 나지 않는다. 친구가 공항까지 데려다달라고 부탁하고, 전날 밤 너무 늦게 잤고, 발가락을 다쳤고, 신고 갈 운동화 끈이 끊어져버렸다. 변명은 한이 없고, 그럴 듯하면서도 대개 설득력이 약하다. 이렇게 우리 안의 열성적인 계획가가 점차 주저하는 실행가가 되어간다.

이때 트레이너의 존재는 모든 것을 바꿔놓는다. 트레이너가 나를 기다리고 있기에 나는 약속한 곳에 나타나야 한다. 어쩌면 나를 만나기 위해 장거리 운전을 해왔을 수도 있다. 나와의 약속 시간에 맞추기 위해 다른 약속을 건너뛰었을지도 모른다. 한 사람의 인간으로서, 나는 그 트레이너에게 약속을 지킬 의무가 있다. 또 돈 문제도 걸려 있다. 우리가 약속 장소에 나타나든 그렇지 않든, 트레이닝 비용이 지불될 것이다. 더구나 첫 약속부터 취소하기는 낯 뜨거운 일이다. 시작하기도 전에 실패부터 하는 셈이니까.

단지 트레이너의 존재 하나만으로 창피, 죄의식, 비용, 의무, 체면과 같은 요소들이 합심해 우리에게 영향을 끼치고 있는 것이다. 이것이 우리가 의도한 일을 해내는 방법이다. 코치는 우리 내부의 계획가와 실행가가 같이 맞물려 돌아가게끔 해준다. 어떤 상황에서건 의도와 실행을 융합시키는 선택을 내릴 때 비로소 성공적인 변화가 가능해진다. 우리는 대부분 직관적으로 이 점을 알고 있다. 스포츠에서 코치를 반기는 이유는 기술을 교정해주고, 열심히 하도록 채찍질하고, 실전에서도 평정심을 유지하도록 환기시켜줄 전문가의 손길이 필요하기 때문이다.

회사 생활에서도 마찬가지로, 최고의 리더들은 학창 시절 따랐던 은사와도 같다. 우리를 가르치고, 지원하고, 독려하고, 때로는 앞으로 계속 전진할 수 있도록 건강한 집착을 선물하기도 한다.

하지만 월급을 받기 위해 항상 누군가에게 설명해야 하고 우수함에 대한 인센티브가 존재하는, 직장이라는 구조화된 계층 구조를 벗어나면 우리는 코치의 힘을 충분히 누리지 못한다. 온갖 혼란스러운 환경이 바람직하지 못한 행동들의 트리거가 되는 개인적 삶에서는 코치를 환영하지 않는다는 뜻이다.

우리가 코치를 거부하는 이유 중 하나는, 확신하건대 개인의 프라이버시 때문일 것이다. 우리에게는 세상과 공유하고 싶지 않은 부분이 있다. 몸무게를 줄이거나 멋진 몸매를 가꿀 수 있다고 인정하는 건, 우리가 발전하고픈 야망이 있다는 증거이자 훈장과도 같다. 하지만 배우자나 부모로서 자신이 부족하다는 것을, 즉 제대로 된 '사람'으로서 제 역할을 못한다는 것을 인정하고 매일 실패하고 있다고 고백하는 건 완전히 다른 문제다. 자기 행동의 약점을 공공연히 내보이기보다는 자신만의 비밀로 간직하려는 게 우리의 본능이다.

또 다른 이유는 우리가 변화해야 할 필요가 있다는 걸 모르기 때문이다. 우리는 도움을 필요로 하는 건 다른 사람이지 나는 아니라고 스스로를 설득하려 한다.

얼마 전 서부의 큰 설비회사 CEO가 나에게 회사의 COO이자 자신의 법정상속인과 일해달라고 요청했다. CEO는 경영 승계를 위한 정확한 시간표를 짜놓고 있었다.

"우리 회사의 No.2는 좋은 녀석이지요. 하지만 제대로 간이 배려면 3년은 더 있어야 해요. 그러면 내가 떠나고 녀석이 회사를 넘겨받고, 그렇게 잘될 겁니다."

누군가가 미리 정해놓은 결론을 입증해달라는 의뢰를 받을 때마다 내 더듬이는 바짝 긴장한다. 그런 경우 대부분 뭔가가 잘못되고 있었기 때문이다. 아나나 다를까, 그 COO의 동료들과 인터뷰를 해보니 그들 모두가 No.2는 이미 "준비가 끝났다"고 입을 모았다. 문제는 CEO에게 있었다. 거의 모든 사람들이 망설임 없이, CEO가 회사에 너무 오래 머물렀다면서 회사를 위해 그만 떠나야 할 때가 되었다고 답했던 것이다.

성공한 사람들에게는 확고부동한 자부심이 존재한다. 즉 어떤 일이든 스스로의 힘으로 충분히 할 수 있다고 생각하는 것이다. 물론 꽤 많은 경우에 그럴 수 있다. 하지만 도움은 필요 없다고 하는 게 대체 무슨 이득이 있겠는가? 그건 변화의 어려움을 제대로 파악하지 못한, 끝 모르는 자만일 뿐이다. 나는 그 점을 잘 안다. 변화에 대해 말하고, 책을 쓰고, 타인의 변화를 돕는 일이 내 인생이기 때문이다. 그리고 나 역시 아직도 내게 매일 밤 전화를 걸어 관리해주는 케이트라는 여성에게 코치 비용을 지불하고 있다! 이건 자신의 요리는 입에 대지 않는 요리사 같은 전문가의 위선이 아니다. 단지 내가 약한 존재에 지나지 않는다는 걸 인정하는 것일 뿐이다. 우리는 모두 약하다. 우리가 얻을 수 있는 모든 도움을 내치기에, 변화의 과정은 참으로 험난하다.

하루 질문, 코치가 되다

하루 질문과 코치는 우리가 결심하는 목표들과 잘 맞는다. 내 고객들은 내게 자신을 더 나은 전략가, 예산가, 협상가, 강연가, 작가나 프로그래머가 되도록 도와달라고 부탁하지 않는다. 그들은 자신에게 중요한 사람들, 즉 가족이나 친구, 동료, 고객들과의 관계에서 더 나은 역할을 해낼 수 있도록 도와달라고 말한다.

불과 얼마 전, 나는 직장에서 행동 문제로 어려움을 겪고 있던 그리핀이라는 한 임원과 일했다. 부하직원 중 누군가 새로운 아이디어를 들고 찾아오면, 그는 "좋은 아이디어네"하고 칭찬하는 대신 무조건 그 아이디어를 개선시켜야 한다는 충동을 느꼈다. 그의 의견이 도움이 될 때도 있었지만, 그러지 않을 때도 많았다. 비록 그가 아이디어를 10퍼센트쯤 개선했다고는 하지만, 문제는 직원의 아이디어에 대한 소유권을 반쯤 깎아먹었다는 데 있었다. 그는 부하직원들의 토론과 창의성을 질식시키고 재능을 날려버리고 있었던 것이다. 그는 하루 질문을 실행해 곧 지나치게 의견을 추가하지 않기에 대해 10점을 줄 수 있게 되었다. 직원들이 그의 변화를 완전히 받아들이고 새로운 아이디어를 보고할 때마다 가슴 졸이지 않게 되기까지는 거의 1년의 세월이 걸렸지만, 그는 개선되었고 나는 컨설팅 비용을 받을 수 있었다.

어느새 그리핀과 친구가 된 나는 기꺼이 다른 문제도 도와주겠다고 나섰다. 다른 이들처럼, 나도 뭔가 잘되는 일에는 열의를 느꼈기 때문이다.

"집에서의 문제를 하나 골라봐요. 그 문제에서도 나아질 수 있는지 한번 봅시다."

그리핀은 스스로 딸그락 문제라고 부르는 일을 고르면서 약간 쑥스러워했다. 음료와 관계된 특정한 소리가 그의 성질을 건드린다는 것이었다. 누군가가 물을 꿀꺽꿀꺽 마시는 소리, 얼음이 든 컵에 탄산음료를 부을 때 나는 쉿쉿 소리, 얼음이 잔 속에서 부딪히며 나는 딸그락딸그락 소리가 그랬다. 개 짖는 소리나 아기 울음소리, 칠판에 손톱 긁는 소리 등 다른 소리들은 그를 동요시키지 않았다.

"헤비메탈 음악도 전 신경 쓰지 않아요."

"왜 딸그락 소리가 문제라는 거죠? 귀를 막고, 그 장소를 떠나면 되잖아요."

최근에 다시 문제가 된 사건은 그의 아내가 얼음이 든 잔에 다이어트 콜라를 부어 마실 때 발생했다. 아내가 잔에 든 얼음을 빙빙 돌리다가 홀짝 마시고는 다시 얼음을 저었고, 그때 나는 소리가 그리핀을 돌아버리게 만들었다. 아내와 마주앉아 음료를 마시는 건 하루 중에서 가장 편안하고 애틋한 분위기를 연출하는 시간이었는데, 이제는 썩은 이를 뽑으러 치과에 갈 때만큼이나 스트레스가 가득한 시간으로 변해버렸다.

어느 날 저녁, 그리핀은 더 이상 참을 수가 없어 아내를 향해 꽥 소리 질렀다.

"제발 그 딸그락 소리 좀 멈출 수 없어!"

아내는 눈을 동그랗게 뜨고는 "아, 소리가 컸어?"라고 했지만, 그녀의 표정은 이렇게 말하고 있었다. '무슨 소리가 들린다는 거야, 이런 바보같으니.'

그리핀은 그녀가 옳다는 걸 알았다. 사실 아내가 잘못한 건 하나도 없었다. 자신이 아닌 아내가 변해야 한다는 생각은 그의 잘못이었다. 이렇게 문제점을 인정한 것이 긍정적인 첫 번째 단계였다.

두 번째 단계는 저녁의 휴식 시간을 적대적인 환경으로 만들어버린 게 자신임을 인지하고, 자신의 하루 질문 리스트에 새 항목을 추가하는 것이었다. '나는 아내와 보내는 시간을 즐기기 위해 최선을 다했는가?' 문제를 일으킨 건 그리핀 자신이었으니, 그 문제를 해결할 수 있는 것도 그였다.

10점 만점에서 그의 목표는 노력에 대해 매일 10점을 받는 것이었다. 아내의 심기를 건드리지 않도록 자신의 불편함을 억누르고, 소리를 무시하고, 편안하게 보이려 애쓰기. 그리핀이 중요하게 생각하는, 좋은 남편이 되기 위한 연습이었다.

딸그락 소리를 참기로 한 첫날에 대해 그는 이렇게 표현했다.

"잔이 거의 부서질 정도로 꽉 쥐었죠. 그래도 난 불평하지 않았어요. 내 고통이 겉으로 드러나지 않게 했죠."

밤이 되면 그는 내게 자신의 점수를 이메일로 보내면서, 자신에게 열심히 노력한 대가로 만점을 줬다. 이 전략을 실천한 지 2주가 지나자 그의 짜증은 점차 줄어들기 시작했다. 완벽히는 아니지만 점차적으로, 마치 매일 음악의 볼륨을 한 칸씩 줄여나가듯이 말이다. 한 달이 지나기 전 문제는 사라졌고, 그의 나쁜 버릇은 해소되었다. 그는 이전과는 다르게 반응하게 되었다. 얼음이 딸그락 하며 부딪히는 소리를 들어도 짜증이나 화가 나지 않았다. 그리핀은 자신의 환경을 바꿀 수 없었기에, 그에 대한 자신의 대응을 변화시킨 것이었다.

솔직히 그리핀은 내 우수고객 중 한 명이다. 코치의 조언을 냉큼 받아들여 자신의 장점으로 키울 수 있는 타고난 운동선수처럼, 그는 하루 질문을 믿었고 매일 자신이 한 행동들을 확인해나갔다. 그 과정을 잘 견뎌냈고 자신을 바꾸는 데 성공했다.

내가 이 에피소드를 들려주는 이유는 하루 질문이 가져다주는 세가지 이점을 잘 보여주기 때문이다.

1. 하루 질문을 실천하면, 우리는 더 나아진다

이건 하루 질문이 주는 사소한 기적들 중 하나다. 하루 질문을 계속,

제대로 하면 우리는 발전한다. 우리 인생에서 확실히 보장할 수 있는 몇 안 되는 것들 중 한 가지가 바로 이 점이다. 내 고객들은 내 말을 듣고 모두 더 나아졌다. 물론 아무것도 안 한 사람들에게는 발전이 없었다.

2. 우리는 더 빠르게 나아진다

그리핀이 딸그락 문제를 해결하는 데는 한 달밖에 걸리지 않았다. 마치 직장에서 18개월 동안 코칭을 받은 것처럼, 그는 단지 나아지기만 한 게 아니라 그 개선의 과정을 보다 효율적으로 활용할 줄도 알게 되었다. 이런 종류의 행동 변화에는 오믈렛 요리 만들기나 심장수술과 마찬가지로 기술이 필요하다. 정확하게 반복할수록 더 능숙하게 할 수 있다. 마치 수년간 몸을 단련한 댄서가 복잡한 스텝을 단 한 번의 연습만으로도 따라 할 수 있는 것처럼.

우리는 감정을 다스리는 행동은 쉽게 바뀌지 않을 것이라고 생각한다. 그건 기술로 해결될 문제가 아니라, 다른 사람의 반응과 변화하는 환경에 영향을 받는다. 하지만 실제로 손쉽고 빠른 변화가 일어난다. 나는 내 고객들 중 여러 명에게서 그런 모습을 봐왔다. 그리핀처럼, 일단 하나의 행동을 바꾸는 법을 배운 후에는 또 다른 행동에 대해서도 같은 효과를 얻을 수 있다. 첫 번째보다 오히려 더 부드럽고 신속하게.

3. 결국 우리는 자기 자신의 코치가 된다

자신의 코치가 된다는 것, 이것이야말로 하루 질문이 주는 가장 놀라운 이점이 아닐 수 없다. 한번 개선을 경험한 내 모든 고객들이 나 없이도 계속 발전을 이루었기에, 이것이 진실이라고 주장할 수 있다.

우리 안에 존재하는, 한치 앞을 보지 못하는 계획가와 근시안적 실행가 사이의 차이를 생각해보라. 코치가 그 둘 사이의 간극을 메울 수 있는데, 그 이유는 우리를 타락시키곤 하는 환경과 독립되어 객관성을 가지기 때문이다. 코치는 우리가 원래 생각했던 진정한 의도를 상기시켜줄 수 있다. 또 우리가 긍정적으로 행동했을 때를 떠올리게 해주고, 다시금 그때처럼 행동할 수 있는 의지를 끌어올리도록 도울 수 있다. 그것이 코치의 역할이다. 하지만 시간이 지나서 코치가 여러 번 환기시켜준 이후엔 우리 또한 배우고 적용할 수 있다. 계획에서 벗어날 가능성이 높은 상황이 닥칠 때를 알고, '전에도 이런 일이 있었지. 이제는 될 일과 안 될 일을 알아'라고 생각하게 된다. 그리고 많은 실패를 겪은 후에 언젠가는 더 나은 선택을 하게 될 것이다.

이렇게 계획가와 실행가가 코치에 의해 우리 안에서 하나로 연결된다. 이 순간이 되면 우리에게는 더 이상 우리의 위험 지역을 경고해주고 시키는 대로 해야 하며 밤마다 점수를 들려줘야 하는 외부의 코치가 필요 없다. 우리 스스로 그 일들을 해낼 수 있다. 우리 내부의 코치는 여러 모습으로 나타날 수 있다. 자의식과 비슷한 내부의 목소리가 우리 귀에 올바로 행동했던 과거를 떠올리라고 속삭일 수도 있다. 노래 가사나 종교의 부적, 의미 있는 표어, 카드에 적혀 있는 교훈이나 우리에게 중요한 누군가에 관한 기억 등 긍정적인 행동의 트리거를 만드는 건 그 무엇이든 될 수 있다. 긍정적인 행동의 트리거는 한 장의 사진일 수도 있다.

이 사진은 우리 집 서재에 유일하게 액자로 걸려 있는 것이다. 1984년 아프리카 말리Mali에서 연합통신 사진기자가 촬영했다. 나는 이때 막 일을 시작하면서 미국적십자사의 CEO인 리처드 슈버트Richard Schubert와 함께 자원봉사를 하는 중이었다. 사하라 사막 이남의 아프리카는 당시 극심한 가뭄을 겪고 있었고, 수십만 명의 사람들이 기아에 허덕였다. 리처드가 내게 8명의 다른 미국인들과 함께 말리로 향하는 진상조사단의 일원으로 참여해달라고 부탁했다. 우리의 여정은 NBC 뉴스를 통해 한 주 동안 방영되기도 했다. 이 사진 속 35살 무렵의 나는 사하라 사막에서 한 적십자단원의 옆에 무릎을 꿇고 앉아 있다. 그녀의 뒤로 두 살에서 열여섯 살 사이의 아이들이 줄을 선 채 기다리고 있다.

말리의 식량 사정은 매우 열악했기 때문에 적십자는 심각한 정도에 따라 지원 대상을 분류해야 했다. 두 살 이하의 아기들은 거의 살 가능성이 없었고 열여섯 살 이상은 스스로 살아남을 수 있다는 냉정한 판단 하에서, 조달 가능한 식량들은 모두 두 살에서 열여섯 살 사이의 아이들에게 지급되었다.

적십자단원인 여성은 아이들의 팔을 만져보면서 누구에게 음식을 줄지 결정하는 중이다. 팔이 너무 두꺼우면 '충분히 굶주리지 않았다'고 판단해 음식을 주지 않는다. 반대로 너무 얇으면 '살 가능성이 없다'고 판단해 역시 음식을 주지 않는다. 적당한 팔 두께를 가진 아이에게만 소량의 음식이 제공되었다.

이런 상황에서 평정심을 유지하기 위해선 인격 장애를 가진 소시오패스sociopath가 돼야 할 판이었다. 하지만 다시 집으로 돌아와 '정상적인' 생활에 임하자, 그 혹독했던 기억들은 점차 사라져갔다. 다만 이제는 이 사진만이 남아 있을 뿐이다.

이 사진은 나에게 감사함의 트리거를 만들어준다. 1984년 당시의 내가 지금의 나를 코칭해주기라도 하는 듯이, 전하는 메시지는 간결하다.

네가 가진 바에 감사하라. 아무리 실망이 크고 시련이 깊더라도 징징거리거나 불평하지 말고, 화내지 말고, 네 맘대로 타인을 해치려들지 마라. 너는 저 아프리카 어린이들보다 나을 바 없다. 저 아이들의 가혹하고 부당하며 비극적인 운명은 또한 네 것일 수도 있었다. 이날을 절대 잊지 마라.

그리고 나는 아직 잊지 않았다. 이 사진이 거의 매일 떠오르는 이유는 삶에 '시련'이 넘쳐나기 때문일 것이다.

공항에 있던 사람들이 비행기 운항이 지연된다는 안내방송에 어떻게 반응하는지 본 적이 있는가? 살면서 그렇게 부정적인 트리거를 보기도 쉽지 않다. 사람들은 동요한다. 죄 없는 항공사 직원들 앞에서 씩씩대며 성질을 참지 못하고 화를 낸다. 나 역시 그런 사람들 중 하나였던 적이 있었는데, 성난 군중까지는 아니었을지 몰라도 어쨌든 희생양이 된 듯한 느낌을 받았다. 나는 그런 감정이 편치 않았는데, 말리의 굶주리는 아이들을 본 이후로 내게는 피해의식을 가질 만한 권리가 없다는 걸 알고 있었기 때문이었다. 그때의 부당한 감정을 나는 이 사진과 연관시킨다. 요 근래에 비행기가 지연된다는 안내방송을 들으면 이 사진을 떠올리면서 나는 이렇게 되뇐다.

"비행기가 늦는다고 절대 불평하지 말자. 내가 상상조차 못할 문제를 가진 사람들이 이 세상에 있다. 나는 행운아다."

이 사진은 부정적인 환경에 대응하는 내 긍정의 트리거인 것이다.

각오의 질문

모든 노력에는 성공의 가능성을 극적으로 높여주는 제1원칙이 존재한다.

- 목수 일: 두 번 **측정하고** 한 번에 잘라라.
- 항해: 바람이 어디서 불어오는지를 **알아라.**
- 여성 패션: 검은색 드레스를 **사라.**

원하는 사람이 되는 일에 있어, 내게도 제1원칙이 있다. 이를 따르면 당신 일상의 스트레스, 갈등, 불쾌한 언쟁, 시간 낭비가 줄어들 것이다. 이 원칙은 질문의 형태로 되어 있는데, 무언가를 '붙잡을' 것인가 아니면 '놔둘' 것인가를 선택해야 할 때마다 당신 스스로에게 이렇게 물어봐야 한다.

나는 지금,

이 일에,

긍정적인 변화를 주기 위해,

어떤 투자도 아끼지 않을,

각오가 되어 있는가?

이 질문을 나는 하루에도 몇 번씩 머릿속에 떠올리곤 한다. 의사들의 원칙인 "무엇보다 해를 끼치지 마라"처럼, 이 질문은 당신에게 무언가를 하라고 요구하는 게 아니라 단지 멍청한 짓을 피하라고 이야기할 뿐이다.

이것은 내게 오랫동안 소중한 길잡이가 되어준 두 가지 이야기로부터 만든 질문인데, 하나는 불교의 통찰이고 다른 하나는 피터 드러커의 말이다.

그건 항상 빈 배일 뿐

다음 빈 배의 우화에는 불교의 지혜가 담겨 있다.

젊은 농부가 땀을 뻘뻘 흘리며 강 위 보트에서 노를 젓고 있었다. 그는 수확물을 배달하기 위해 강을 거슬러 오르고 있는 중이었다. 무더운 날이라, 배달을 마친 다음 해가 저물기 전에 집에 돌아가기를 바랐다. 노를 젓다 고개를 들자 그의 배를 향해 빠르게 다가오는 한 배가 보였다. 그는 그 배를 피하기 위해 맹렬히 노를 저었으나 도저히 피할 수가 없었다.

농부는 소리쳤다.

"야, 방향을 바꿔! 이러다 부딪히겠어!"

그러나 소용이 없었다. 쿵 하고 두 배가 충돌했다.

"이 멍청아! 이 넓은 강에서 어떻게 내 배에 부딪히냐?"

그러다 상대 배를 둘러본 농부는 그곳에 아무도 없는 것을 발견했다. 그는 묶어놓은 밧줄이 풀려 하류로 흘러온 빈 배에 대고 소리를 지르고 있었던 것이다.

키를 쥔 다른 사람이 있다고 믿을 때 우리가 행동하는 방식은 단한 가지, 그 멍청하고 부주의한 키잡이에게 불운의 원인을 돌리는 것이다. 그 비난 덕분에 우리는 분노하고, 소리치고, 탓하고, 피해자가 된다.

그런데 그 배가 비어 있음을 알게 되면 우리는 차라리 입을 다문다. 탓할 수 있는 희생양이 없으니 우리는 화를 낼 수도 없다. 이 불운이 그저 운명의 장난이라는 사실에 오히려 평안해진다. 이 넓은 강에서 사람도 안 탄 배에 부딪힌 어리석음에 실소조차 나오기도 한다.

다른 배에는 누구도 타고 있지 않다. 우리는 언제나 빈 배에 대고 소리치고 있는 것이다. 빈 배는 우리를 목표로 삼고 온 게 아니다. 또한 우리의 하루에 불운을 비는 사람은 아무도 없다.

• 회의 때마다 항상 당신을 방해하는 동료. 그는 당신뿐 아니라

그 누구보다도 자신이 더 잘났다고 생각한다. 빈 배다.

- 오늘 당신 차 뒤를 한참이나 바짝 쫓아오며 신경 쓰이게 한 무지막지한 차가 있었는가? 그 차의 운전자는 언제 어디서나 그런 사람이다. 그게 그 사람의 방식이다. 빈 차다.
- 지원서 양식이 잘못됐다고 당신의 소자본 창업비용 대출을 거부한 양복쟁이 은행 직원. 그는 당신이 아니라 신청서를 본 것뿐이다. 빈 양복이다.
- 오늘 밤 파티에 필요한 작은 생선 통조림을 봉투에 넣어주지 않은 마트 계산대 직원. 그래서 당신은 다시 물건을 찾으러 마트로 운전해 가야 했다. 그녀는 온종일 계산하고 봉투에 물건을 넣는다. 작은 통조림 하나쯤 놓칠 수도 있다. 특히 당신에게 고의로 그런 건 아니다. 빈 봉투다.

난 리더십 교육과정에서 간단한 문제 하나를 내곤 한다. 참가자들에게 자기를 기분 상하게 만들고 화나거나 미치게 하는 한 사람을 떠올려보라고 주문한다.

"그 사람이 머릿속에 그려지나요?"

참가자들은 잔뜩 찡그린 얼굴로 고개를 끄덕인다.

"네."

"오늘밤 그 사람이 당신 때문에 잠을 설칠까요?"

"전혀요."

"그럼 누가 벌 받고 있는 걸까요? 누가 벌을 주고 있는 거죠?"

이때 분명히 "둘 다 나 자신이네요"란 답이 나온다.

그럼 나는 어떤 사람의 존재에 대해 화를 낸다는 건, 마치 의자가 의자라서 화를 내는 것과 다를 바 없다는 말로 그 과정을 마친다. 의자는 어쩔 수 없이 의자일 뿐이고, 그건 우리가 만나는 대부분의 사람들도 마찬가지다. 당신을 화나게 하는 사람이 있다면, 그를 좋아하거나 따르거나 존경할 필요 없이 그저 그 사람의 존재 자체를 받아들이면 그만인 것이다.

영화 「대부」에서 돈 코르네오네가 "개인적인 감정은 없어. 단지 사업일 뿐이지"라는 대사를 말할 때 그는 이 이야기를 알고 있었던 것 같다. 누군가 우리를 실망시키거나 동의하지 않는 이유가 우리를 고통스럽게 하기 위함이 아니라, 단지 그렇게 하는 것이 그에게 이익이 되기 때문이라는 점을 돈 코르네오네는 알고 있다. 이것은 우리를 성나고 분노케 하는 모든 사람들에게 다 적용되는 이야기다. 그들이 그렇게 하는 건 그들이 그런 사람이기 때문일 뿐이지, 우리에게 특별히 해를 가하기 위해서가 아닌 것이다.

거짓 긍정

"인생에서 우리의 임무는 긍정적 차이를 만들어내는 것이지, 자신이 얼마나 현명하고 옳은지를 입증하는 일이 아니다."

피터 드러커가 한 말이다. 지극히 마땅하고 당연하게 들린다. 누가 '긍정적 차이'를 만들어내는 걸 싫어하겠는가.

하지만 드러커는 동시에 받아들이기 힘든 두 가지 개념을 강조하고 있다. 우리는 자신의 지식을 자랑할 기회를 얻었을 때, 같이 있는 사람에게 미칠 영향도 긍정적이어야 한다는 점에까지 생각이 미치지 못한다. 나는 이 현상을 '거짓 긍정(주로 타인을 희생시켜 자신을 높이는 말을 하는 것)'이라고 부르는데, 이는 다양한 모습으로 나타난다.

현학적 태도

부하직원이 프레젠테이션을 하다가 문법상의 실수를 저질렀는데, 당신은 굳이 그걸 면전에서 지적한다. 당신이 똑똑하다는 걸 증명했을지 몰라도 회의 분위기나 직원의 기분에 도움이 된다고 보기는 어렵다.

"그러게 내가 말했잖아"라는 말

아내와 함께 8시에 시작하는 뮤지컬을 보러가기로 했으니 적어도 60분 전에는 집을 나서야 한다고 그녀에게 말한다. 아내가 꾸물거리는 바람에 당신 부부는 늦었고, 결국 첫 장면을 놓치고 만다. 당신은 심술이 나서 관람을 망쳤다고 아내를 책망하면서 60분 전에 출발해야 한다고 내가 말하지 않았느냐고 소리친다. 물론 당신이 옳았지만, 그건 아내가 당신의 저녁을 망친 만큼 똑같이 그녀에게 되갚아주려는 것일 뿐이다.

도덕적 우월성

친구나 연인에게 담배를 피우지 마라, 맥주를 더 마시지 마라, 혹은 지름길로 집에 가라고 말할 때 과연 그런 시도의 결과로 상대로부터 진심 어린 감사의 말을 들은 적이 있는지 생각해본 적 있는가?

불평

상사, 동료, 라이벌, 고객들에 대한 불평(미국의 직장인들은 평균적으로 한 달에 15시간을 상사에 대해 불평하는 데 쓴다고 한다). 당신이 불평한다는 건 타인이 결정하고 계획하고 행한 것에 대해 당신이 동의하지 않는다는 뜻이다. 당신이 동의하지 않는다는 것에는, 당신이 직접 했으면 더 나았을 것이란 의미가 담겨 있다. 그건 긍정적인 의견이라고 보기 어려운데, 특히나 상대의 앞이 아닌 뒤에서 험담을 한다면 더욱 그렇다.

이상의 사례들은 의도한 바와는 정반대의 역효과를 낳는 부정적 행동들임에 분명하다. 작은 실수를 공개적으로 지적하는 건 제대로 가르치는 게 아니고, "그러게 내가 말했잖아" 하는 말은 상처를 치유하는 것이 아니다. 또 나처럼 행동해야 한다고 말하는 건 사람들의 나쁜 버릇을 고치는 게 아니고, 다른 사람에게 상사에 대해 불평하는 걸로 상사를 변화시킬 수 없다.

이 사례들은 단지 우리가 종일 행하는 일들 중 무작위로 뽑은 예일 뿐이다. 아침에 일어나서 밤에 잠자리에 들기까지 우리에게는 다른 사람들과 만나면서 그들에게 도움을 주든지, 상처를 주든지, 아니면 그 중립에 서든지 하는 선택권이 있다. 특별히 주의를 기울이지 않으면 우리는 다른 사람보다 현명하고 우월하고 옳다는 걸 증명하기 위해 그들에게 상처를 주는 쪽을 선택하기 쉽다.

나는 '빈 배' 이야기와 피터 드러커의 긍정에 대한 조언이 상호보완적인 통찰의 관계에 있다는 결론을 내렸다. 불교의 정신은 내면을 들여다보는 것이다. 즉 타인과 마주했을 때 자신의 분별력을 유지하는 것이다. 드러커 쪽은 외면을 향한다. 우리 의견이 긍정적으로 작용하는지에 대해 살핀다.

다른 사람들을 비난하거나 하찮게 여길 때, 즉 상황에 긍정적인 기여를 하지 못할 때 우리는 부정적인 행동을 한다는 걸 잘 의식하지 못한다. 우리 의도는 그렇게 모질게 굴려는 것이 아니었음에도, "될 대로 되라지!" 하는 식으로 행동하게 되는 것이다. 결과가 아니라 단지 자기 자신을 높이는 일만 생각하는 것이다. 빈 배에 대고 자신이 얼마나 현명한지 증명하려 애쓰고 있는 것이다!

각오의 질문을 던져야 할 때

각오의 질문은 트리거와 행동 사이에 간격을 두는 효과가 있다. 트리거가 야기한 행동으로 인해 우리가 후회하게 되기 전에 말이다. 트리거를 만들어낸 환경에 건방지고, 냉소적이고, 비판하고, 논쟁적이고, 이기적으로 반응하기 전에 매우 짧은 지연의 순간이 생기는 것이다. 이 지연 덕분에 우리는 보다 긍정적으로 대응하는 법에 대해 생각할 여유를 가질 수 있다. 각오의 질문을 좀 더 자세히 분석해보자.

'**지금**'은 우리가 현재를 살고 있음을 각인시켜준다. 주변 상황은 이후에는 바뀔 것이고, 다른 대응이 요구될 것이다. 오로지 지금 우리가 맞닥뜨리고 있는 것이 중요하다.

'**이 일에**'는 가까이에 있는 사안에 집중하도록 만든다. 세상의 모든 문제를 우리가 해결할 순 없다. 긍정적인 변화를 주지 못할 일에 시간을 쓰는 건 긍정적인 변화를 주는 일에 쓸 시간을 낭비하는 것과 마찬가지다.

'**긍정적인 변화를 주기 위해**'는 우리 본성의 보다 친절하고 온화한 면을 강조한다. 우리가 더 나은 나, 더 나은 세상을 만드는 데 일조할 수 있다는 점을 부각시킨다. 우리가 그걸 이루지 못한다면, 굳이 개입할 이유가 과연 어디 있겠는가?

'**어떤 투자도 아끼지 않을**'이란 말은 다른 사람에게 반응하는 것이 시간, 에너지, 기회라는 비용이 들어가는 일임을 상기시킨다. 그리고 다른 투자와 마찬가지로, 우리의 자원은 한정적이다. 사실 이 말은 "이게 내 시간을 가장 잘 쓰는 길인가?"라고 묻는 것이다.

'**각오가 되어 있는가**'에는 관성이 이끄는 대로 하루를 보내지 않고 자신의 의지로 살아야 한다는 의미가 함축되어 있다. 사실 이 말은 "내가 정말 이 일을 하길 원하는 건가?"라고 묻는 것이다.

각오의 질문은 단지 우리가 보다 친절해야 하는가 아닌가를 결정해야 할 상황에만 필요한 것이 아니다(물론 친절의 중요성은 굳이 더 강조할 필요도 없지만). 우리의 평판을 만들고 다른 사람과 관계를 형성하거나 깰 수 있는, 얼핏 사소해 보이는 모든 순간들마다 이 질문을 해야 한다. 예를 들면, 다음과 같다.

1. 폭로와 정직을 혼동할 때

우리 모두는 별로 중요하지 않을 때, 의견을 숨기고 불필요한 폭로를 억누를 만한 분별력 정도는 갖고 있다. 엄마가 자기의 새로운 헤어스타일이 어떠냐고 물어오면 무조건 우리는 멋지다고 말한다. 설사 그렇지 않더라도, 누가 엄마의 기분을 망치고 싶겠는가? 이런 작은 생략이 우리가 사랑하는 사람들을 바늘로 찌르는 고통으로부터 지켜줄 수 있다.

하지만 다른 사람을 보호하려는 이 기특한 본능은 그것이 우리의 주장이나 보호하려는 바와 대립되는 순간에 힘을 잃는다. 그럴 때는 상황에 긍정적인 기여를 하려는 마음을 뒤로 하고 정직해야 한다는 걸 변명거리로 삼는다. 의사들도 암에 걸린 환자에게 있는 그대로의 진실을 말할 것이냐(헛된 희망을 품지 않도록 하기 위해), 나쁜 소식을 좀 순화해서 전할 것이냐(환자의 기분을 좋게 만들어 긍정적인 생각을 갖게 하도록)를 두고 선택해야만 하는 딜레마에 놓인다. 하지만 적어도 의사들은 환자에게 진실을 얼마만큼이나 밝혀야 하는지에 대해 논쟁하지만, 우리들은 그마저도 하지 않을 때가 많다.

당신이 애인과 나쁘게 헤어지면서 한 서투르고 상처를 준 이별 통보에 대해 후회해본 적이 있다면, 아마 정직과 폭로의 차이점이 무엇인지 정도는 이해할 것이다. 다른 사람이 알아야 할 필요를 충족시킬 정도의 진실을 말하면 충분히 정직하다고 할 수 있는데, 폭로는 훨씬 더 과욕을 부려서 그 사람이 고통받고 수치심을 느낄 정도로까지 몰고 가는 것이다.

직장에서 누군가를 해고할 때 "미안하지만 일이 잘 풀리지 않았네요"라고 말하는 것처럼, 우리는 자신의 판단이 개입되지 않은 말을 쓸 수 있다. 또는 정직과 폭로의 선을 넘어 그 직원이 잘못한 일들을 일일이 열거하며 해고할 수도 있다. 그건 마치 스포츠에서 훨씬 약한 상대를 만나 굳이 내지 않아도 될 점수를 올리는 데 몰입하는 것과 마찬가지다. 게임이 주는 경쟁적인 광란 상태(이기려는 욕구 충족, 자신의 우월성 증명)에 빠져서 상대편의 감정 따위는 잊는 것이다.

정직과 폭로의 차이는 복잡한 수수께끼가 아니다. 단지 이미 눈치 챈 깜짝 파티에 어떻게 반응할지와 마찬가지인, 1차원적 선택의 문제다. 당신 생일에 애인이 깜짝 파티를 준비했는데, 친구가 그 비밀을 당신에게 알려줬다. 그럼 당신은 집으로 들어서면서 ①정직을 택하여 이미 알고 있었다고 말할 것인가, ②폭로를 택하여 파티를 망친 친구를 비난할 것인가, 아니면 ③모른 체하고 파티를 즐길 것인가? ③을 선택하지 않고 ①과 ② 사이에서 고민하고 있다면, 당신은 아직 이 문제에 대해 좀 더 배워야 한다.

2. 우리가 의견을 제시할 때

저널리스트 A. J. 리블링A. J. Liebling이 1960년에 "언론의 자유란 오직 언론을 소유한 이들에게만 보장된다"라고 말했을 때, 그는 아마 소셜 미디어 시대의 도래를 예측할 수 없었을 것이다. 하지만 이제 스마트폰을 가진 사람이라면 신문 칼럼니스트처럼, 언제나 어떤 주제에 대해서나 자신의 의견을 이야기할 수 있게 되었다. 이는 21세기의 삶이 주는 축복이자 저주라고 할 수 있을 것이다. 가진 자와 못 가진 자 간의 차이를 좁히고 논쟁을 활성화시켰지만, 동시에 많은 시간을 낭비하게도 만든다.

예를 들어 내 친구인 래리는 자신이 인터넷서점 아마존에 올린 별 하나(가장 낮은 평점이다)짜리 서평을 내게 꼭 읽어보라고 했다. 저자에 대해 날선 비판을 가하는 내용으로, 심지어 책을 사는 건 독자의 돈을 낭비하는 짓이라고까지 평했다. 또한 쪽수와 인용문을 곁들여가며 매우 길고 꼼꼼하게 작성했다. 아마도 래리가 이 서평을 쓰는 데 몇 시간이 걸렸을 것이다. 그의 서평에 대해 20여 개의 독자 코멘트가 달렸는데, 래리는 그걸 하루에도 몇 번이고 체크하곤 했다. 그가 하루 일과 시간 전부를 소비해 작성한 이 서평은 200여 명 정도가 읽었다.

"도대체 뭐가 문제라는 거야?"

나는 궁금했다.

"이 작가가 사기꾼에 거짓말쟁이라니까!"

"그래서 네가 그걸 지적할 수 있을 정도로 똑똑하다는 걸 세상이 알아주길 바라는 거야?"

"뭐 그것도 이유 중 하나야."

"또 다른 이유는 뭔데?"

"나는 이 책에 도덕적으로 분노를 느꼈다고."

"하지만 그건 그냥 놔두고, 보다 생산적인 일에 그 시간을 쓸 순 없었던 거야?"

"난 그렇게 해야 했고, 그걸 즐겼어. 그러지 않았다면 난 화가 나서 미쳐버렸을 거라고."

래리로부터 내가 들어야 할 이야기는 다 들었다. 그는 자신의 기준대로 투자 대비 효율에 대한 분석을 마쳤고, 시간을 들여서라도 서평을 써서 독자들이 이 책을 멀리하도록 하는 게 긍정적인 기여를 하는 것이라 생각했다. 자신의 생각에 서평 작성은 험담이 아닌 옳은 일을 하는 것이었고, 그는 또 그 일을 즐겼던 것이다.

우리 모두가 요청받지도 않은 온라인 댓글, 개인 블로그, 페이스북이나 트위터, 상품평 등등을 작성하는 데 많은 시간을 보내는 이유를 래리처럼 명확히 제시할 수 있다면 좋겠지만 그렇지 못한 게 현실이다. 일종의 크라우드소싱의 결과물인 이 정보들을 생산하는 일의 가치를 함부로 폄하하고 싶지는 않다. 다만 내가 우려하는 건 그 일을 하는 데 상당한 시간이 든다는 점이다.

강박적이고 심각한 상황까지 이르지 않는다면, 온라인에 의견을 피력하는 건 그저 시간이 걸리는 사소한 규율 위반 정도일 뿐이다. 대개 우리가 온라인에서 논쟁하는 상대편과는 알지도 못할뿐더러 앞으로 직접 만날 일도 없다. 즉 걱정할 만한 게 아니다. 더 큰 문제는 우리가 일이나 사회적 사건에 대해 발언한 걸 우리가 아는 실제 사람들에게 전파할 때 발생하는데, 이는 다음의 문제로 이어진다.

3. 우리가 아는 사실이 다른 사람의 신념과 충돌할 때
우리 의견이 옳다는 걸 뒷받침해주는 정보(그것이 사실이든 아니든)를 진짜로 믿게 되는 경향은 이미 잘 알려진 심리학적 개념으로

'확증편향confirmation bias'이라 부른다. 이로 인해 우리는 정보를 수집하고(선택적으로), 해석하고(편견을 갖고), 기억하는(신뢰할 수 없게) 방식에 나쁜 영향을 받는다. 확증편향에는 여러 형태들이 있는데, 기존에 갖고 있던 태도에 부합하는 정보들을 선호하기도 하고, 신봉하는 대상을 지지하기 위해 사실을 모호하게 뒤틀기도 한다. 우리는 모두 여기서 자유롭지 못하다. 자녀가 배변 습관을 빨리 익혔다는 걸 아이가 천재라는 증거라고 생각하는 부모도 확증편향의 한 사례다. 회의실의 다른 반대 의견들을 전부 묵살하고 제멋대로의 결론을 내리는 리더도 마찬가지다.

우리는 다른 사람들뿐 아니라, 우리 자신이 가진 확증편향도 제거할 수 없다. 하지만 보다 치명적이라고 할 수 있는 형태만은 피해야 한다. 우리가 빠질 수 있는 모든 논점 없는 논쟁 중에서도 최악이라고 할 수 있는 건 사실과 믿음이 마구 섞이는 것이다. 그러면 결코 끝이 좋을 수 없다. 논쟁의 주제가 기후 변화든 유니콘의 수명이든, 당신이 상대의 믿음과 배치되는 사실을 말하는 순간 역효과가 일어난다. 당신이 가진 데이터와 지식을 총출동시켜도 상대편을 설득시킬 수 없으며, 오히려 그의 믿음을 강화시키는 결과를 낳는다. 각자 자신의 입장을 더욱 강화하여, 서로가 이전보다도 더욱 극단에 서게 될 뿐이다. 당신이 극단적 자유주의자와 극단적 보수주의자 간의 격렬한 논쟁에 참여해봤거나 지켜본 적이 있다면, 어느 한 쪽이 "당신이 옳고 내가 틀렸어요. 고맙습니다" 하며 자신의 의견을 바꾼 채 걸어 나가는 걸 보기란 거의 불가능하다는 걸 알 것이다.

이런 일은 결코 일어나지 않는다. 잘돼봐야 오랜 시간을 들이고도 상대의 마음을 바꾸는 데 실패하는 것에 그치는 정도고, 잘못하면 적을 만들고, 관계를 망치고, 당신의 명성에 고집불통이라는 오점만 더해진다.

4. 우리가 생각한 대로 결정하지 못할 때

피터 드러커가 남긴 말 중 내 인생을 바꾼 또 한마디가 있다. 나는 이 말을 나와 함께 일하는 사람들에게 몇 번이고 반복해서 이야기했다.

"이 세상의 모든 결정은 그 결정을 내릴 만한 힘을 가진 사람들이 내린 것이다. 이 점을 받아들여야 한다."

이 역시 당연하면서도 동어반복에 가까운 말이다. 결정을 내리는 사람이 결정을 내린다.

하지만 한편으로 권력에 대해 다시금 생각해보게 하는 말이다. 결정권자는 가지고 있으되, 나머지 우리는 갖지 못한 것 말이다. 결정권자의 선택이 논리적이고 현명할 때도 있지만, 때론 비합리적이고, 옹졸하고, 멍청할 수도 있다. 하지만 그래도 그들이 결정권자란 사실에는 변함이 없다. 이 사실을 맘 편히 받아들일 수 있는 사람은 드물 것이다. 교사가 매긴 성적에 불만을 가진 학생들부터, 부모의 간섭이 못마땅한 10대, 애인에게 프러포즈를 거절당한 구혼자, 이사회의 지시를 무시하는 고압적인 CEO까지, 우리는 항상 받아들여야만 했던 현실이 사실은 이랬어야 한다고 불평하면서 일생을 보낸다. 그런 망상 속에서나 우리는 실제로는 얻지 못한 자율성과 우월성을 갖는다. 우리에게 결정을 내릴 힘이 있었다면 세상이 얼마나 더 살기 좋아졌을지 상상만 할 뿐, 실제로는 그러지 못했다.

습관적으로 결정에 불복하는 것, 이게 당신의 문제라면 이 질문이 당신에게 비용 대비 효율에 관한 가장 쉬운 분석을 해줄 수 있다.

"이 싸움이 싸워볼 가치가 있는 것인가?"

만약 이에 대한 답이 '아니오'라면, 그 결정을 뒤로 미루고 당신이 긍정적인 변화를 만들 수 있는 일에 매진하라.

반면 대답이 '예'라면, 덤벼들어라.

나의 경우, 세계은행의 김용 총재를 도와 전 세계의 빈곤을 몰아내는 일에 상당한 시간을 쓰고 있다. 나는 순진하지 않다. 내 살아생전에 이 일이 성공하지 못하리란 걸 안다. 하지만 이 일에 필요한 투자를 기꺼이 할 각오가 되어 있다. 당신이 신념을 건 싸움에 임하고 위험을 무릅쓰는 것에는 이루 말할 수 없는 만족과 심지어 기쁨이 존재한다. 그게 바로 당신의 인생이고 당신의 사명이다. 누구도 당신을 대신해 그 일을 할 수는 없다. 각오의 질문을 통해 당신은 결과에 책임을 지는 삶을 누릴 수 있다.

5. 우리가 자신의 결정을 후회할 때

유럽에서 미국으로 돌아오는 비행기에서 내 옆자리에 스위스의 한 개인 투자자가 앉았다. 서로 인사를 나눈 후 그가 내게 자신이 투자했던 작은 사업에 대해 이야기해줬다. 그 사업체를 자신에게 넘긴 전 소유주에게 실망했고, 투자금을 잃었다고 말이다. 그는 그 거래를 후회했고, 속아서 나쁜 투자를 했다고 생각했다.

"그 후회가 얼마나 가던가요?"

내가 물었다. (이런 질문을 던지면 내가 마치 후회를 조장하는 사람처럼 느껴지곤 하지만, 거기에 개의치 않는다.)

"2년이요."

"누구에게 화가 났습니까? 업체를 넘긴 전 소유주인가요, 아니면 그걸 산 당신인가요?"

그가 웃으며 답했다.

"좋은 질문이네요."

더 이상 대화가 이어지지 않았다.

우리가 자신이 내린 결정에 후회할 때, 그리고 아무것도 하지 않을 때 우리는 상사에 대해 불평하며 투덜대는 직원보다 나을 바가 없다. 여전히 빈 배에 대고 고함을 치고 있을 뿐인데, 단지 그 빈 배가 우리 것이란 점만 다르다.

각오의 질문은 우리의 모든 인간관계에서 벌어지는 문제에 대한 만능치료제가 아니다. 내가 여기서 이 질문을 중요하게 다룬 건 특별한 쓸모가 있기 때문이다. 하루에도 몇 번이고 환경이 우리를 무의미한 싸움에 끌어들이려 할 때 한번 상기해봐야 할 질문이다. 그리고 부정적인 답이 나온다면 그 일을 하지 않는 게 최선이다.

닫혀 있는 사무실 문 앞에서 노크하기 전 숨을 고르듯이, 우리가 스스로에게 "나는 지금 이 일에 긍정적인 변화를 주기 위해 어떤 투자도 아끼지 않을 각오가 되어 있는가?" 하고 물어봄으로써 일에 착수하거나 그냥 넘어가기 전 숨을 들이쉬고 내쉬며 천천히 생각할 수 있는 시간을 가질 수 있다. 그렇게 함으로써 우리는 잔소리와 소음을 차단하고, 자신이 진정으로 중요한 변화에 뛰어들도록 만들 수 있다.

3부

체계

조금씩 달라지는 시간

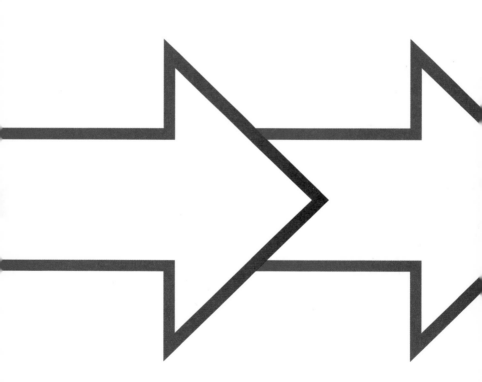

14장

체계 없이는
바뀌지
않는다

내 고객들 중 나와 가장 적은 시간을 보냈음에도 가장 발전한 사람을 고르라면 단연 앨런 멀러리를 꼽을 수 있다. 내가 앨런을 처음 만난 2001년 당시 그는 보잉의 회장이었고, 2006년에는 포드의 CEO가 되었다. 포드에서 은퇴한 2014년, 「포춘」은 프랜시스 교황과 메르켈 독일 총리에 이어 세계에서 가장 위대한 리더 명단 중 세 번째에 그의 이름을 올렸다. 이후 앨런과 나는 현재 비영리 단체와 유수의 기업들이 리더십을 갖춘 인재를 양성하도록 돕는 일을 하고 있다.

앨런이 나에게 배운 것보다는 내가 그에게 배운 것이 더 많다고 할 수 있는데, 우리가 논의한 아이디어들을 그가 실제로 기업의 세계에 적용하는 모습을 지켜볼 기회를 얻었기 때문이다. 앨런에게는 한 조직과 그에 속한 사람들을 변화시키는 일에 있어서 체계보다 더 중요한 건 없는 듯했다. 그가 발전시킨 '사업계획 검토Business Plan

Review' 프로세스는 내가 이제껏 보아온 것 중에서 기업의 체계를 가장 효과적으로 활용한 케이스라고 생각한다. 변화에 관해 연구해온 긴 세월 동안 내가 깨달은 핵심적 교훈은 거의 대부분에 적용이 가능하다. **'우리는 체계 없이 더 나아질 수 없다.'**

앨런은 체계의 가치를 단지 믿기 만한 것이 아니라, 그 속에서 생활하고 함께 호흡했다. 포드에 취임하면서 앨런은 매주 목요일 아침 회의를 시작했는데, 사업계획 검토 회의로 알려진 이 회의에는 최고 임원진 16명과 그 임원들이 전 세계에서 초대한 손님들이 참석했다. 뭐 그다지 이례적이라곤 할 수 없다(어떤 CEO인들 회의를 하지 않으랴). 하지만 앨런이 제시한 몇 가지 규칙들은 포드의 기존 임원들에게는 새로운 것이었다. 회의 참석은 의무였고, 절대 예외는 없었다(출장 중인 임원들은 화상으로 참여해야 했다). 잡담 금지, 농담 금지, 끼어들기 금지, 휴대전화 금지, 부하직원의 대리 발표 금지. 각 리더들은 자기 부서의 계획, 현황, 전망과 요주 영역에 대해 직접 설명해야 했다. 또 회의실 안의 다른 사람들을 비판하는 게 아니라 도와야 하는 임무가 주어졌다.

여기까지는 그래도 참을 만했다. 새로 부임한 리더는 누구나 새로운 방식으로 기존의 관습을 깨려 노력하니까.

하지만 그때까지 온 경력을 비행기를 만드는 일에 바쳤던 앨런은 체계와 프로세스에 대해 항공 엔지니어로서의 신념을 갖고 있던 사람이었다. 함께 일할 인재를 얻기 위해 그는 디테일에 집중했고, 아주 세밀한 데까지 파고들어갔다. 매 사업계획 검토 회의 때마다 그는 같은 말로 포문을 열었다. "나는 앨런 멀러리고 포드 자동차의

CEO입니다." 그리고 회사의 계획, 현황, 전망과 요주 영역을 '녹색-노란색-빨간색'으로 '양호-관심-문제'를 표시한 점수체계를 이용해 점검했다. 동석한 16명의 임원들에게도 동일한 소개말과 점수체계를 이용해 똑같이 발표하라고 지시했다. 사실상, 그가 사용한 체계는 내가 모든 기업에 적용하라고 추천하는 것과 동일했다. 그는 자신의 새로운 팀에게 체계를 소개하는 중이었다. 그리고 그는 내용과 표현 모두에서 그 체계를 벗어나는 법이 없었다. 항상 자신을 소개했고, 최우선 과제 다섯 가지를 열거했으며, 지난 주 자신의 성과에 대한 점수를 매겼다. 절대 자신이 정한 노선에서 흔들리지 않았으며, 모든 임원들이 자신의 뒤를 따르길 기대했다.

처음에 몇몇 임원들은 앨런이 농담하는 줄 알았다. 대기업을 운영하는 일에 매주 반복되는 저 단순한 규칙이 적용되리라고 선뜻 믿기는 어려웠을 것이다.

하지만 앨런은 진지했다. 체계는 성장하는 기업에 필수적인데, 어려움을 겪는 기업이라면 두말할 나위가 없다. 올바른 소통을 가르치는 방법으로 위대한 팀들이 소통하는 방식을 직접 단계별로 보여주는 것보다 더 나은 게 어디 있겠는가?

대부분의 임원들은 아무 말 없이 따랐지만, 둘은 반기를 들었다. 앨런은 인내심을 가지고 그것이 회의를 운영하는 자신의 방식이라고 설득했다. 그는 반대하는 임원들에게 자신을 따라야 한다고 강요하지 않았다.

"여러분들이 원치 않는다면, 그건 여러분의 선택입니다. 그렇다고 여러분이 나쁜 사람이 되지는 않아요. 다만 이 팀의 일원이 될 수 없을 뿐이죠."

그는 조용히 설명했다. 소리 지르거나 위협하는 등의 과장된 행동 따위는 없었다.

포드에서 앨런의 첫날은 사람들이 변화에 어떻게 의도적으로, 또한 예상대로 저항하는지에 대한 증거와도 같았다.

포드가 1년 동안 127억 달러의 손해를 기록하게 만든 바로 그 임원들이 새로운 CEO에게 포드를 회생시키는 데 필요한 230억 달러를 뉴욕의 은행들에서 빌려오라고 요청하고 있었다. 변화가 필요한 사람들은 바로 앨런이 맡은 팀이었던 것이다. 하지만 자신의 직책이 위태로운 지경에 이르렀어도 두 명의 임원은 사업계획 검토 프로세스에 맞춰 자신들의 행동을 바꾸는 것을 거부하고 있었다. 이 두 명의 저항자들은 다시 예전 같은 포드의 임원처럼 행동하겠다고 결심한 것이다.

왜 임원들은 그처럼 간단한 규칙을 따르는 것을 거부하고, 자칫 자신의 경력을 망칠 수도 있는 줄을 잡아당기려 한 걸까? 내가 할 수 있는 유일한 짐작은 자존심 때문이라는 것이다. 외과의사들이 수술 전 손을 씻어야 한다는 아주 간단하고 이미 증명된 체크리스트 체계를 거부하는 것과 마찬가지로, 많은 임원들은 너무 오만해서 자신들에게 체계가 필요하다는 걸 인정하지 않는다. 그들은 어떤 행동을 반복적으로 한다는 게 재미없고 비창조적이며, 어쨌든 형편없는 일이라 생각한다. 그렇게 간단한 일을 하는 것만으로 어떻게 제대로 된 결과를 낼 수 있겠는가?

앨런에게 있어서 단순한 반복은 바로 핵심 그 자체였다. 특히 임원들이 관심은 노란색으로, 문제는 빨간색으로 강조하도록 하는 건 체계에 있어서의 필수적인 요소였다. 하루 질문이 매일 우리의 노력을 측정하게 만들고 그럼으로써 실제 자신의 행동을 직시하게 하듯이, 매주 목요일마다 임원들은 자신들 스스로에 대한 평가를 발표하는 것이다. 그 형식이 점수 방식이든 앨런의 색깔 표현이든, 자신이 스스로 평가하는 일은 투명성과 정직을 요구한다. 앨런은 그걸 '가시성'이라고 불렀다. 가시성은 사람들이 책임감을 느끼게 하고, CEO와 동료들에게 생각지 못한 힘을 불어넣는다. 회의실 안의 모두가 그 과정이 제대로 돼가는지 알 수 있고, 그 프로세스는 절대 끝나는 법이 없다. 임원들은 다음 주, 또 그다음 주에도 계속 회의를 하게 될 것임을 안다. 그리고 앨런과 모든 구성원이 참석해 평가를 모두 듣고 서로가 진전을 이루도록 도울 것이다. 앨런의 메시지는 도저히 놓칠 수가 없는 것이었다. 그는 자신의 팀에게 이렇게 설명했다.

"우리 모두가 실제 현황을 안다면 우리 계획대로 계속 밀어붙여야 한다는 걸 알게 될 겁니다. 그리고 그 계획대로 달성하기 위해서는 같이 도와 일해야 한다는 긍정적인 책임감을 갖게 될 것이고요."

앨런의 엄격한 주간 회의는 처음에는 일부 임원들에게는 까다롭게 느껴졌다. 반복, 준비, 그리고 거기에 소요되는 시간들. 그러나 점차 그들은 자신들에게 내려진 선물에 감사하기 시작했다.

회의 중에 비방이나 의사 진행 방해, 또는 불편한 주제를 우회하는 일들은 허용되지 않았다. 포드가 처한 상황이 얼마나 심각한지 직시해야 했다. 모두가 매주 자신의 이름, 직책, 우선과제, 색으로 표현된 점수를 반복하여 발표하게 함으로써, 앨런은 임원들을 집중하게 하고 점차 동일한 용어를 쓰도록 만들었다. 모두가 계획을 알고, 현황을 알고, 특별한 주의가 요구되는 영역이 어디인지 알게 됐다. 포드가 회생하는 동안 임원들이 중요하게 논의한 건 오직 '어떻게 하면 서로를 더 잘 도울 수 있을까?'였다.

이것이 변화 과정에 있어서 체계가 주는 중요한 도움 중 하나다. 우리의 선택지를 좁혀 외부효과 때문에 정해진 노선을 이탈하지 않도록 해준다. 연설할 시간이 단 5분만 주어지면, 우리는 그 안에 간결하게 설명할 방법을 찾는다. 그리고 그 체계적 제한 덕분에 보통은 더 나은 연설이 이뤄지곤 한다(대부분의 청중들은 동의할 것이다).

왜 체계가 필요한가

우리의 일상에 체계를 세우는 것이 제멋대로인 환경을 통제할 수 있는 방법이다.

쇼핑 리스트를 작성할 때, 우리는 소비에 대해 체계를 세운다. 우리가 필요한 물품을 사고 필요하지 않은 걸 구매하지 않도록 만들기 위해서다.

요리 레시피를 따를 때, 우리는 복잡한 요리과정을 단순화하기 위해 체계에 의존한다. 그렇게 함으로써 더 맛있는 음식을 만들어낼 수 있다.

죽기 전에 꼭 해야 할 일들의 목록을 만들 때, 우리는 남은 인생에 대한 체계를 만든다.

독서 클럽에 가입할 때, 우리는 독서 습관에 대한 체계를 세운다.

매주 일요일 교회에 가거나 아침마다 조깅을 할 때, 우리는 인생에서 다루기 힘든 부분들을 통제하기 위해 어떤 종류든 체계를 이용하게 된다.

'이 분야에 대해선 난 도움이 필요해'라고 느낄 때, 바로 체계가 그 도움을 제공한다.

성공한 사람들은 모두 이 점을 직관적으로 알고 있다. 하지만 다른 사람과의 관계에 대한 행동을 다루는 일에서 우리는 체계를 무시하곤 한다. 우리가 일정을 짜거나, 기술적으로 어려운 일을 배우거나, 다른 사람들을 다루거나, 특정한 기술을 익힐 때는 언제나 체계를 사용한다. 하지만 다른 사람들과 교류하는 단순한 일은 즉흥적으로 하게 마련이다. '뭐 이런 일에 그런 것까지 필요하겠어'라는 잘못된 생각을 하면서.

'다른 사람과 잘 지내기'란 어린애들에게나 필요한 과목이라고 생각하지, 우리 같은 성인들에게는 어울리지 않는다고 여긴다. '나는 나만의 신념이 있고 나름 성공한 어른이니까, 내가 타인들에게 잘 하고 있는지나 사람들이 날 좋아할지 여부를 계속 점검할 필요는 없어.'

혹은 인간관계에서의 문제에 대해 스스로에게는 잘못이 없다고 생각한다. '항상 다른 누군가가 잘못한 것이지, 나는 아니야. 그 녀석이 바뀌어야 해. 나는 그럴 필요가 없어.'

혹은 이미 자신의 삶에 깊이 녹아들어 있는 행동에 만족하면서,

잘난 체하며 변화의 필요성을 거부한다. '망가지지 않았으면 고칠 필요도 없어.'

이 책의 핵심적인 체계라 할 수 있는 하루 질문으로 이들을 모두 청산해버릴 수 있다. 스스로에게 "나는 최선을 다했는가?"라고 묻는 건, "이 분야에 나는 도움이 필요해"라고 인정하는 다른 표현이다. 매일 지나치지 않고 질문에 답함으로써 우리 삶에서 잃어버렸던 열정을 되찾고 자기훈련을 할 수 있다. 이 과정들의 최종적 결과로, 우리는 도저히 피할 수 없는 질문에 필연적으로 이를 수밖에 없다.

"나는 나아지고 있는 걸까?"

15장

무엇이
올바른
체계인가?

조직의 목표이든 개인적 목표이든, 우리는 체계 없이는 나아질 수 없다. 하지만 그 체계의 특성이 지금 처한 상황에 맞아야 한다.

앨런 멀러리는 포드에 입사하면서 조직적 체계의 개념을 함께 들고 왔다. 그건 이미 만들어져 있던 기존의 체계였지만, 또한 그만의 것이다. 엔지니어 출신으로 그가 훈련받은 사고방식을 반영하고 있었다. 성격 차이나 팀보다 자신을 중시하는 태도, 규칙 위반 등을 절대 허용하지 않는 체계였다. 그 자신과 포드에게는 매우 어울리는 체계였지만, 모든 상황에 맞는 것은 아니다.

사람마다 각기 다른 체계에 반응한다. 나는 동부의 보험 회사에 중역으로 있던 로버트와 함께 일하면서 그 점을 확실히 체득했다. 로버트의 가장 큰 자산은 엄청나게 외향적인 그의 성격이라고 할 수 있었다. 그는 호들갑스럽게 인사하고 시끌벅적하게 칭찬하며 에너지가 넘치는 전형적인 세일즈맨이었다. 항상 앞만 보고 달렸으며, 항상 다음의 큰 건수를 좇았다. 덕분에 그는 회사 역사에 길이 남을 기록적 성과를 냈다. 그는 주변의 존경과 호감을 얻었으며 이를 바탕으로 결국 CEO의 자리에까지 올랐다. 그의 문제점은 오히려 뻔한 것이었다. 제아무리 카리스마 있고 훌륭한 성격을 가졌어도, 위대한 세일즈맨이 반드시 위대한 리더가 되지는 않는다는 것.

일반적인 360도 다면평가는 로버트에게는 생소한 것이었다. 그는 자신의 부하직원들이 너무 소심해서 솔직한 평가를 내리지 못했을까 우려된다는 농담도 던졌다. 나는 그 말에 이렇게 답했다.

"그럼 걱정할 필요는 없겠군요. 과도하게 긍정적인 피드백에 대해서는 우려하지 않아도 되니까 말입니다."

그는 나쁜 소식을 원한다고 하기에, 나는 그에게 점수를 그대로 알려주었다.

"당신의 최하점은 '명확한 목표와 방향을 제시한다' 항목에서 나왔어요. 8점을 받았군요."

그가 물었다.

"음······, 8점이란 게 무슨 뜻이죠?"

"그러니까 제가 조사한 회사들의 리더들 중 92퍼센트가 당신보다 나은 점수를 받았다는 이야깁니다."

예상한 대로 로버트는 좋은 성품을 가졌고 나아지려는 열의를 보였다.

"그렇다면 우리가 함께 일해야 할 것 같군요."

명확한 목표와 방향 제시에 대해 로버트가 받은 낮은 점수는 그의 뒤죽박죽인 경영 스타일 탓이었다. 그도 그럴 것이, 재능 있는 세일즈맨으로서 그는 직감에 의지했고, 사람들의 속을 읽었고, 자신의 고객들에 대해 잘 알고 있었다. 하지만 아랫사람들에게 관심을 쏟고 그들을 관찰하거나, 결정에 대한 피드백을 받거나, 사업 환경 변화에 따라 전략을 수정하는 등의 경영자로서의 수련은 실제로 해본 적이 없었다. 그는 지나치게 고객 중심적이었고 내부보다는 외적인 문제에 중점을 두었다. 한 임원은 로버트가 회의를 거의 소집하지 않는다고 불만을 가졌을 정도였다. 나는 이전에 직원이 "회의가 더 필요하다"고 말하는 걸 들어본 적이 없었다.

내가 보기에 로버트는 자신뿐만 아니라 자신의 환경도 동시에 바꿔야 하는 이중의 과제를 안고 있었다. 즉 자기 팀의 행동을 자신에게 맞게 고쳐나가야 하는 문제도 있었던 것이다. 내게는 그에게 맞는 간단한 체계가 있었다. 이전에 다른 사람들에게도 여러 번 효과를 거둔 적이 있던 체계로, 여섯 가지의 기본 질문 형식으로 이뤄져 있었다. 이 질문들이 로버트에게 그렇게 놀라운 건 아니었다. 다만 이제껏 한 번도 자신과 자신의 사람들에 대해 이런 질문들을 해본 적이 없다는 사실만 빼면.

우리는 이 문제를 해결하기 위해 그의 직속 부하직원 9명 각각과 2개월에 한 번씩 일대일 회의를 하기로 했다. 로버트는 그 회의를 자신이 변하고 있다는 걸 보여주는 기회로 삼으려 했다. 매주 회의를 하는 건 오히려 변화를 방해할 우려가 있었고, 반년에 한 번은 깊은 인상을 남기기에 너무 간격이 멀었다.

내가 로버트에게 강조한 단 한 가지는 꾸준히 하라는 것이었다.

앨런 멀러리가 그랬듯이, 로버트는 대본에 충실해야 했다. 각 회의의 의제는 다음의 질문들을 담고 있었다.

- 우리는 어디로 향하고 있는가?
- 당신은 어디로 향하고 있는가?
- 잘하고 있는 건 무엇인가?
- 우리가 개선해야 할 것은 무엇인가?
- 어떻게 내가 당신을 도울 수 있는가?
- 어떻게 당신이 나를 도울 수 있는가?

우리는 어디로 향하고 있는가?
회사의 대국적인 우선순위를 묻는 것이다. 이로써 로버트는 단지 자신의 마음속으로만 말하는 것이 아니라 모든 임원들이 명확히 알아들을 수 있도록, 자신이 회사에 원하는 바와 임원들에게 기대하는 바를 명확히 표현할 수 있다. 세부적인 디테일은 여기에서 중요하지 않다. 중요한 점은 로버트가 이제 더 이상 추측에 그치지 않고 공개적으로 논의 가능한 비전을 제시하게 되었다는 것이다. 이렇게 주고받는 대화가 환경과 로버트의 평가를 모두 변화시키는 첫걸음이다.

당신은 어디로 향하고 있는가?
이것은 반대로 직원들 각각이 같은 질문에 대답함으로써 로버트의 생각과 행동, 마음가짐을 일치시키는 시간을 가진다. 로버트가 생각하는 책임과 목표를 그들은 재빨리 따를 수 있게 된다.

잘하고 있는 건 무엇인가?

명확한 목표 설정에서와 마찬가지로 로버트는 건설적인 피드백을 제공하는 항목에서 대부분 낮은 점수를 받았다. 회의가 없으니 훌륭한 성과를 낸 직원을 칭찬할 기회도 없었던 것이다. 그래서 모든 회의의 세 번째 순서에는 앞에 있는 임원들의 최근 성과에 대해 이야기하는 시간을 마련했다. 그다음 로버트는 리더들이 웬만해선 잘 묻지 않는 질문을 던진다. "당신과 당신이 속한 조직이 잘하고 있는 점은 무엇이라고 생각합니까?" 그건 단지 회의에서 낯 뜨거운 칭찬 세례나 받자고 하는 시간이 아니다. 이 질문을 던짐으로써 로버트가 혹시 놓쳤을 수도 있는 좋은 소식을 들을 수도 있다.

우리가 개선해야 할 것은 무엇인가?

이 질문을 이용해 로버트는 직원들에게 미래에 대한 건설적 제안을 할 수 있다. 이전에는 좀체 없었고 직원들이 기대조차 하지 않았던 바다. 그다음 한 가지 과제를 내놓는다. "만약 당신이 자신의 코치가 된다면, 자신을 위해 어떤 일을 제안하겠습니까?" 이렇게 해서 얻은 아이디어들에 로버트는 놀랐는데, 대개 자신의 생각보다도 더 나은 것들이 나왔기 때문이다. 로버트는 이 점에 만족했다. 그는 자신 주변의 세계를 새로 만들고 있는 게 아니라, 주변 세계로부터 배우고 있었던 것이다.

어떻게 내가 당신을 도울 수 있는가?

이것이야말로 모든 리더들의 레퍼토리에서 가장 환영받는 질문일

225

것이다. 우리는 부모로서든 친구로서든, 또는 회의를 주관하는 바쁜 CEO의 입장이든 이 말을 충분할 만큼 하지 못한다. 이 말에는 우리가 제대로 활용하지 못하는 서로를 돕는 힘이 숨어 있다. 도움을 주려 한다는 건, 사람들에게 그들이 도움을 필요로 한다는 점을 인정하도록 유도하는 것이다. 그렇게 방해나 간섭이 아닌, 필요에 의해 도움을 준다는 가치를 부여한다. 모든 이들의 관심사를 조정하는 것, 그것이 로버트가 맡아야 할 일이다.

어떻게 당신이 나를 도울 수 있을까?
도움을 청한다는 건 우리의 약점을 노출시킨다는 의미다. 결코 쉬운 일이 아니다. 로버트는 롤 모델로 삼을 수 있는 CEO가 되길 원했다. 도움을 청하고 자신의 개선에 집중함으로써 그는 모든 이들이 자신의 뒤를 따르도록 독려하는 효과를 낳았다.

로버트의 변화는 하루아침에 이루어지지 않았다. 하지만 체계 없이 개선은 결코 이뤄지지 않았을 것이다. 간단한 체계가 로버트에게 힘이 되었다. 그는 항상 고객들과 소통을 잘했다. 이제는 같은 능력을 직원들에게 발휘하고 있었다.

지나고 나서 보니, 체계가 로버트에게 미친 가장 큰 영향은 그의 페이스를 늦춰준 것이었다. 항상 전진만 하는 대신, 그는 2개월마다 직원들과 일대일 회의를 갖기 위해 자신의 일정을 진지하게 조정하게 되었다.

개선 과정에서의 또 다른 핵심 요소는, 직원들이 책임감을 가지도록 만든 것이다. 앨런 멀러리가 자신의 팀 구성원들을 포드의 변혁에 동참시킨 것과 같은 방식으로, 로버트도 더 나은 리더가 되려는 자신의 변화 과정에 직원들을 참여시켰다. 로버트는 직원들에게 리더십 실패에 대해 언제나 자신을 질책할 수 있는 전권을 주었고, 그들이 지시나 충고, 피드백에 혼란이나 모호함을 느낄 때는 곧바로 그에게 달려올 수 있도록 했다. 로버트는 자기 자신과 그의 환경을 변화시켰다. 그리고 체계를 세웠다. 팀에는 책임감이 주어졌다. 이들의 결합은 환상적인 결과를 낳았다.

4년 후 로버트가 은퇴했을 때, 마지막 360도 다면평가 보고서의 '명확한 목표와 방향 제시' 항목에서 98점을 받았다. 로버트를 가장 놀라게 한 건 그가 아낀 시간들이었다. 그는 다음과 같이 말했다.

"8점을 받았을 때보다 98점을 받았을 때 나는 직원들과 시간을 덜 보냈습니다. 처음에 우리 직원들은 시시껄렁한 한담과 목표를 구별할 줄 몰랐지요. 간단한 체계를 더했을 뿐인데 나는 그들이 필요로 하는 걸 줄 수 있었고, 서로의 시간을 아끼게 되었습니다."

이것이 우리의 변화 욕구에 어울리는 체계를 만들었을 때 얻게 되는 부가적 효과다. 체계는 단지 성공 확률을 높여주기만 하는 게 아니라 더 효과적으로 성공할 수 있게 도와준다.

16장

자아고갈이
끼치는
영향

아마 당신도 다음과 같은 경험을 한 적이 있을 것이다.

- 직장에서 종일 중요한 결정을 내리느라 스트레스가 심한 채로 집에 왔다. 당신의 배우자는 휴가 계획을 정하고 싶어 한다. 당신 부부는 언제 어디로 갈 것인가를 논의해왔지만 아직 세부사항은 미정인 상태다. 그래서 배우자에게 이렇게 말한다. "당신이 결정하는 대로 할게."

- 평소보다 늦게 일어나서 아침 운동을 할 만한 시간이 부족하다. 그래서 퇴근 후 저녁에 체육관에 가겠다고 결심한다. 하지만 퇴근 무렵, 사무실에서 서류가방과 운동가방을 들고 나오던 당신은 이렇게 말한다. "오늘은 늦었으니 그냥 가자. 대신 내일 아침에는 꼭 운동하러 가야지."

• 종일 이어지는 회의와 전화에 녹초가 된 채 집에 도착했다. 여름 초저녁이라 아직 3시간 정도는 날이 밝을 것이다. 산책을 나갈 수도 있다. 친구에게 전화를 걸어 만나자고 할 수도 있다. 멋진 저녁식사를 준비할 수도 있다. 청구서들을 정리하거나 이메일에 답장을 쓸 수도 있다. 읽던 책의 독서를 마저 끝낼 수도 있다. 하지만 당신은 간식거리를 들고 TV를 켠 후 소파에 드러누워 예능 프로그램을 아무 생각 없이 본다.

무슨 일이 벌어지고 있는가? 왜 당신의 결심은 하루의 끝에 이르러 사라지고 마는가? 왜 뭔가 즐겁거나 유용한 일을 하는 대신 우리는 아무것도 하지 않는 쪽을 택하게 되는가? 그건 우리가 선천적으로 약하기 때문이 아니라, 우리가 점점 약해지고 있기 때문이다.

자아고갈과 자아강도

———

사회심리학자인 로이 바우마이스터Roy F. Baumeister는 이런 현상을 '자아고갈ego depletion'이란 말로 설명한다. 바우마이스터에 따르면 우리에게는 '자아강도ego strength'라는 한정적인 자원이 있다. 이 자아강도는 유혹에 저항하고, 균형을 유지하고, 욕망을 억누르고, 생각과 표현을 조절하고, 타인의 규칙을 지키는 등 자기를 규제하는 데 노력을 기울이는 동안 점차 약해져 고갈돼간다는 것이다. 바우마이스터에 따르면, 이런 일을 지속적으로 겪는 사람들은 자아고갈 상태가 된다.

바우마이스터와 다른 연구자들은 다양한 상황 속에서 자아고갈에 대해 연구했다. 처음에 그들은 주로 사람들을 초콜릿으로 유혹하는 것으로 연구했다. 연구자들은 초콜릿을 멀리하려는 노력이 이후 다른 유혹에 저항하는 힘을 감소시킨다는 점을 발견했다. 연료통 속의 휘발유처럼, 우리의 자기통제력도 유한하며 계속 쓰면 줄어든다는 것이다. 그러니 일과의 끝에 이르면, 우리는 녹초가 되고 바보 같은 선택을 내리게 된다. 고갈은 단지 자기통제에만 국한되지 않고 다른 여러 가지 자기규제 행동에 적용된다.

가장 분명하게는 우리의 의사 결정에 영향을 끼친다. 새 차를 구입하거나 회의 참가자를 골라야 할 때처럼 다양한 선택지들 중에서 결정을 내려야 할수록, 그리고 우리가 해야 할 선택이 많아질수록, 우리는 다음 선택을 하는 일에 더 피곤을 느낀다. 연구자들은 이를 '결정피로'라고 부르는데, 이 상태는 우리를 다음 두 가지 행동으로 이끈다. 부주의한 선택을 하게 되거나, 지금 현재에 굴복해 아무것도 선택하지 않는다. 화요일 저녁에 머리를 쥐어뜯을 정도로 고민해 구입한 걸 수요일에 환불받는 것은 결정피로 때문이다. 다음 날이 되면 고갈된 것이 복원되어 보다 명료하게 생각할 수 있게 된다. 결정피로는 우리가 결정을 미루는 이유도 된다. 지금 결정을 내리기에는 너무 메말라 있는 것이다.

생생한 실제 사례가 2011년 이스라엘의 가석방 위원회가 내린 1100건의 결정을 조사한 연구에서 드러났다. 연구자들은 이 위원회가 아침 일찍 내린 가석방 승인률은 70퍼센트에 달하는 반면, 오후에는 가석방 승인률이 10퍼센트로 떨어진다는 점을 발견했다. 세 명의 이스라엘 위원들에게는 어떤 편견이나 악의도 없었고, 단지 시간 외에는 다른 의미 있는 패턴도 없었다. 아침 내내 죄수들의 운명을 결정하는 고된 노동이 위원들을 지치게 만들어서, 오후가 되자 그들은 결정을 내리지 않는 쉬운 선택을 하게 된 것이다. 결국 오후에 심사를 받은 90퍼센트의 죄수들은 형기를 마쳐야 출소하게 되었다.

우리가 웨이터의 추천을 기다리고 수용하는 이유(너무 고갈된 나머지 낯선 이가 우리의 음식을 골라주도록 하게 되는 것)와 캔디 바나 작은 에너지 음료 같은 상품들이 계산대에 위치하게 되는 이유(마케터들은 매장에서 이미 많은 선택을 내린 소비자들이 더 이상 유혹에 저항하기 어렵다는 걸 안다)에 이르기까지, 다양한 소비자 행동을 설명하는 데 자아고갈의 개념이 사용돼왔다.

그중에서도 내가 흥미를 갖는 건 우리의 대인 행동과 변화 능력에 대해 자아고갈이 미치는 영향이다. 쇼핑, 결정, 유혹 때문에 자아가 고갈된다면, 다른 행동에도 당연히 고갈이 진행될 것이다.

종일 어렵고 고도의 집중력이 요구되는 인간관계를 처리하는 능력 역시 고갈된다. 당신이 존경하지 않는 리더 앞에서 머리를 조아리는 힘도 고갈된다. 과도한 멀티태스킹 능력도 고갈된다. 당신과 반대 입장을 가진 사람들을 설득시키는 능력도 고갈된다. 당신을 싫어하는 사람들에게 당신을 좋아하도록 만드는 일도 마찬가지다. 당신의 의견을 억누르거나 타인 앞에서 당신의 감정을 제어하려는 모든 노력이 요구되는 일들도 당신을 고갈시킨다.

하지만 신체적으로 느끼는 피로와는 달리, 우리는 이 고갈 상태를 잘 깨닫지 못한다. 강도 높은 신체적 활동으로 인해 근육에 쌓인 피로를 느끼면 우리는 쉬려고 한다. 하지만 스트레스 같은 감정 고갈은 보이지 않는 적이다. 누군가 감정 고갈을 표시하는 측량계를 발명하지 않는 한 그걸 측정할 수 없다. 따라서 어떻게 고갈이 우리를 힘들게 하고 우리 행동에 영향을 미치는지, 또 나쁜 결정과 바람직하지 못한 행동을 불러오는지 알지 못한다.

고갈을 불러오는 행동을 하는 것과 또 다른 영역의 문제가 있다. 바로 우리가 고갈의 영향 하에서 어떻게 행동하는가에 관한 것이다. 우리를 고갈시키는 일을 한다는 것과 우리가 고갈된 상태일 때 어떤 일을 하는 것은 별개의 문제다. 전자가 원인이라면, 후자는 그 영향이라고 할 수 있다.

하지만 그 영향도 긍정적이라고 할 순 없다. 고갈의 영향 하에서 우리는 부적절한 사회적 행동을 보일 가능성이 크다. 즉 쓸데없는 말을 너무 많이 한다든지, 사적인 개인 정보를 나눈다든지, 오만하게 구는 일 따위 말이다. 또한 사회적 규범을 잘 따르지 않게 된다. 예를 들면 거짓말을 할 가능성이 높아진다. 타인을 돕는 데 인색해진다. 보다 공격적이 될 수도 있다. 우리의 공격적 성향을 제어하려는 노력이 그 충동을 이기려는 자아조절력을 고갈시키는 것이다. 반대로 보다 수동적 성향을 보일 수 있다. 우리의 지적 자원이 소모됨에 따라 타인에게 보다 쉽게 설득되고 반대 의견을 내기 어려워지는 것이다.

기본적으로 우리가 낮 동안 억제하려고자 했던 모든 충동들은 시간이 흐르고 고갈이 심화될수록 점점 더 큰 힘을 발휘한다. 그렇다고 그 욕구가 실현되지는 않고, 단지 잠복해 있으면서 적당한 트리거를 기다릴 뿐이다.

내가 주장하는 것은 우리 주변 환경이 강력하고 서서히 그리고 비밀스럽게 영향을 끼친다는 것이다. 고갈이 그 환경의 재앙 중 하나라고 할 수 있다. 나는 고갈의 영향력을 과장해서 떠벌리거나 우리가 소위 자아강도가 약해지는 순간 언제든지 폭발할 준비가 되어 있는 감정의 시한폭탄이라는 식으로 주장하고 싶지는 않다. 한스 셀리에Hans Selye가 1936년 처음으로 스트레스를 발견했듯이(의사들이 한때 스트레스, 즉 어떤 요구에 대한 몸의 반응과 질병 사이의 관계를 인식하지 못했던 시절이 있었다는 점을 잊기 쉽다), 고갈은 세상을 새롭게 바라보고 자기규제에 대한 우리의 지속적 노력이 쉽지 않다는 것을 이해하는 하나의 방식이라 할 수 있다.

일단 우리가 눈을 뜨면, 새로운 행동 양식들이 곧바로 보인다. 무엇보다 고갈의 관점에서 우리의 하루를 추적해볼 수 있다. 고갈을 제대로 인지할 수 없기에 측정하거나 수량화하는 건 불가능하지만, 무엇이 고갈에 해당되는지와 아닌지에 대한 유용한 리스트를 만들어볼 수는 있다. 온갖 귀찮은 일 따위 없이, 오직 자외선 차단제를 바르는 것만 신경 쓰면 되는 해변에서 보내는 하루는 아마도 고갈이 덜할 것이다. 또 비록 육체적으로는 힘들더라도 온종일 하는 등산도 그럴 것이다. 아이들 방을 칠하는 것부터 입원한 친구의 병문안 등 우리가 자발적으로 선택하는 일들은 보통 우리를 적게 고갈시킨다.

반대로, 하루 종일 고객과 통화하면서 잃어버린 짐을 찾아주거나 청구서의 오류를 바로잡는 상황에서도 친절을 잃지 않으려 애쓰는 일에는 고갈이 심하다. 동료나 이웃이 뱉은 멍청한 말 탓에 하는 입씨름도 심하게 고갈되는 일이다. 다른 사람이 완고한 고집을 부릴 때 화내고 싶은 충동을 억제하려는 노력도 고갈을 유발한다. 그 고갈이 점차 쌓여서 하루의 끝에 이르면, 우리는 최상의 상태를 유지할 수 없게 된다. 누군가 우리에게 전화를 걸어 자신을 실망시키거나 화나게 한 일들에 대해 늘어놓으려 하면, 우리는 "나도 오늘 힘든 하루였어"라거나 "나 피곤해"라고 말하게 된다. 그 상태가 바로 우리가 고갈되었음을 인지하는 것과 비슷하다.

우리를 고갈시키는 사건들을 나열해봄으로써 우리는 하루의 끝에 우리가 어떻게 바뀌는지, 의지력이 얼마나 감소하는지에 대해 보다 명확히 알 수 있다. 음주 후 운전대를 잡아야 할 때 알코올 섭취량을 점검해보듯이, 고갈의 영향 하에서 행동하고 있는지의 여부를 알아볼 수 있다. 그리고 이런 자신에 대한 약간의 정보가 위험을 피하게 만들어준다.

저녁 늦게 중요한 결정을 내리는 건 분명 위험하다. 그러니 당신의 재정 상태가 어려운 가운데서도 투자 자문과 투자처를 논의하는 미팅은 퇴근 후에 하지 말고, 탱크가 꽉 차 있는 아침에 해야 할 것이다.

퇴근 후에 할 일이 산적한 집으로 돌아오는 일도 위험하긴 마찬가지다. 현관을 열고 들어왔는데 장난감들이 거실에 어질러져 있고 집 안은 난장판이고 개를 산책시켜야 하는 상황에 마주했다면, 당신은 가족들에게 폭풍 잔소리를 늘어놓으며 고갈의 영향력을 실감할 것이다. 행복하게 당신의 가족들을 바라보느냐, 아니면 모두를 비참하게 만드느냐 중에서 당신은 선택할 수 있었다. 의지력이 줄어들면, 우리는 잘못된 선택을 하게 된다.

체계가 우리가 고갈을 극복하는 방법이다. 마술처럼 체계는 우리의 훈련과 자기조절력이 사라지는 속도를 늦춰준다. 우리에게 체계가 있다면 그렇게 많은 선택들을 하지 않아도 된다. 단지 계획에 따르면 될 뿐이다. 그리고 그 결과 우리는 그렇게 빨리 고갈되지 않게 된다.

매우 체계화된 목요일 사업계획 검토 회의를 열었던 앨런 멀러리는 이 점을 직관적으로 알고 있었음에 틀림없다. 성취도가 높고 고집 센 임원들은 회의에서 선택할 수 있는 행동의 가짓수가 많았다. 무엇을 말할지, 누구에게 도전하거나 방해할지, 성과를 보고할 때 어떤 용어를 사용할지, 무엇을 누락시킬지, 얼마나 협조적으로 혹은 무뚝뚝하게 발표할지 등등. 비록 친밀한 동료들과의 회의라 할지라도, 그런 선택들은 마음을 어지럽히게 마련이다. 앨런이 세운 체계는 이런 선택들을 회의실에서 밀어냈다. 사업계획 검토 회의는 오전 8시에 시작하여 보통 몇 시간 정도 걸렸다. 만약 그 임원들에게 더 많은 시간이 주어졌다면, 그 나머지 시간 동안 그들의 고갈은 뚜렷하게 드러났을 것이다. 앨런의 규칙에 의해 시간이 제한된 덕에 고갈이 최소화되어 그들은 비록 인지하지는 못했지만 탱크가 가득 찬 생생한 상태를 유지할 수 있었다.

우리가 만약 스스로에게 충분한 체계를 제공할 수 있다면, 별도의 훈련은 필요하지 않다. 바로 체계가 우리에게 그 훈련을 대신해준다. 모든 것을 체계화할 순 없지만 우리는 어떤 방식으로든 일부나마 체계에 의존하고 있다.

한 예로, 일주일 동안 먹을 약을 담아두는 약통은 매일 처방약을 복용해야 하는 수백만의 미국인들에게 체계가 주는 선물이라고 하겠다. 수요일 아침에 일어나 '수'라고 쓰인 약통에 담긴 약을 복용하면 약간의 노력만으로도 쉽게 의사의 처방을 따를 수 있다. 우리는 약통을 단지 편의용품 정도로 여기지만, 다르게 보면 자기규제에 대한 체계적인 대체재다. 언제 무슨 약을 먹어야 할지 기억할 필요가 없이, 약통이 우리 기억을 대신해준다.

우리는 우리 삶 속에 고갈과 싸우는 체계들이 얼마나 활약하고 있는지 알지 못할 것이다. 우리가 흔들어 깨우지 않아도 아침에 일어날 때, 회의에 필요한 안건을 적어나갈 때, 출근 전 같은 커피숍에 들를 때, 컴퓨터를 켜기 전 어질러진 책상을 정리할 때, 우리는 에너지를 거의 사용하지 않는다. 이미 일상적인 루틴이 관리해주고 있는 덕분이다.

내 하루에도 체계들이 많이 필요하다. 난 오직 카키색 바지와 녹색 폴로 셔츠를 입고 출근한다(내 불안한 패션 센스에 통일감을 주기 위해). 내게 하루 질문을 위해 전화를 걸어주는 여성에게 돈을 지불한다(내 자아 인식을 단련하기 위해). 내 출장 일정을 비서에게 일임하고 결코 그녀의 선택에 이의를 달지 않는다(내 시간을 아끼기 위해). 그건 저항할 수 없는 등식과 같다. 더 많은 체계를 가질수록, 내가 걱정해야 할 일들이 줄어든다. 내 자율권을 희생하는 대가로 잃는 것이 무엇이든, 내 마음의 평화가 그보다 더 클 것이다.

나는 모든 사람들이 나처럼 자기 삶의 통제권을 넘기려 하지는 않을 것이란 점을 이해한다. 매우 독립적인 사람들이 있다. 그들은 어떤 규칙이나 루틴에 얽매이는 것을 싫어한다. 마치 자신들이 스스로 이뤄낸 것이 도덕적으로나 미적으로 외부로부터 발생한 그것보다 더 우월하다고 믿는 것처럼. 그건 나도 알겠다. 우리는 자유를 사랑하니까. 하지만 체계가 가진 장점들을 생각하면, '대체 누가 좀 더 체계적으로 하자는 걸 거부하는 거지?' 하는 궁금증만 생길 뿐이다.

17장

도움은 얻기 힘들 때 더욱 필요하다

체계와 행동이 서로 만나는 교차점에는 역설이 존재한다. 우리는 삶에서 예측가능한 부분을 관리하기 위해 체계에 의지한다. 우리는 우리가 있어야 할 장소가 어딘지, 우리가 해야 할 일들이 무엇인지, 우리가 곧 만나야 하는 사람들이 누군지를 안다. 그 정보들은 달력과 우리의 머릿속에 있기에 대비할 수 있다. 우리는 우리를 이끌어주고 가르쳐줄 체계(에티켓, 무엇이 적절한지에 대한 규칙 등)가 있다. 보통 우리는 다가올 일에 대해 어떻게 행동해야 하는지 알고 있다.

하지만 우리의 일정표에 미리 기록돼 있지 않은, 예측하지 못한 일에 대해서는 어떤가? 짜증나는 동료, 시끄러운 이웃, 무례한 소비자, 성난 고객, 고민하는 아이, 실망한 배우자 등 우리가 잘 대응할 수 있는 준비도 갖춰지지 않은 상황에서 갑작스럽게 주의를 기울여야 하는 상대가 나타난다면? 그런 상황이 하루 중 나쁜 시간에 나타난다면, 우리는 아마도 고갈의 영향을 받으며 행동하고, 또 후회하게 될 것이다. 여기서 역설이 발생한다. 우리는 가장 도움을 받기 힘든 순간에 도움을 필요로 한다.

우리의 환경은 우리로 하여금 이상하고 익숙하지 않은 반응의 트리거를 만드는 온갖 놀라움들로 가득 차 있다. 그러면 우리는 자신의 이익에 반하여 행동하게 된다. 그럼에도 그걸 깨닫지도 못하는 순간이 비일비재하다.

몇 년 전, 내 친구 데렉의 아버지가 예정된 수술 후 갑자기 세상을 떠났던 사건이 떠오른다. 아버지의 죽음이 데렉에게 큰 충격이었는지, 어머니를 위로하고 상속 문제를 마무리 지은 뒤 한 주만 쉬고 일터로 복귀한 그는 한층 늙어 있었다. 하지만 그 후 여섯 달 동안 데렉은 경력을 위협하는 예기치 못한 일련의 사건들을 견뎌야 했다. 가장 큰 고객들 두 명이 그를 떠나갔다. 가장 아끼던 직원 둘이 경쟁사로 이직했다. 그리고 프로젝트 두 건이 취소됐다. 그 피해를 수습하고 회복하는 데 3년의 시간이 걸렸다.

내가 그 블랙홀 같았던 시간에 대해 묻자, 데렉은 말했다.

"뭐, 간단한 이야기야. 내가 사랑한 최초의 사람이었던 아버지가 돌아가셨지. 나는 충격에 빠졌어. 그래서 난 충격 먹은 사람처럼 행동했지. 중요한 사람들과의 약속을 잊었고, 마감일을 무시했어. 부재중 전화가 와 있어도 응답하지 않았어. 그래서 사람들은 쉽게 나와의 비즈니스 관계를 끊었지. 내가 자신에게 준 피해 덕분에 그렇게 행동하게 된 거야."

데렉은 합리화하거나 변명하려 하지 않았다. 그는 그 암울한 시기 이전이나 이후나 완벽한 프로였다. 아버지의 갑작스런 죽음과 그 슬픔을 다루는 능력의 부족이 대충 일하는 버릇의 트리거를 만들어낸 것이다. 사회는 사랑하는 이의 죽음을 다루는 체계를 제공한다. 장례식, 애도 기간, 전문 상담사, 지원 그룹, 퀴블러 로스의 슬픔의 다섯 단계에 대해 설명해주는 심리치료사 등. 하지만 데렉은 이런 종류의 치료 체계들을 비웃고 멀리했다. 그리고 한참 후에야 자신의 딜레마를 확인할 수 있었다. 그는 자신에게 도움이 필요한 건 알면서도, 그 도움을 얻지 못하리라 생각한 것이다.

끔찍한 회의에서 벗어나는 법

부모의 갑작스런 죽음 같은 너무 혹독한 순간에서 강도를 몇 단계쯤 낮춰서, 보다 일반적으로 우리가 체계 없이는 제대로 대응하지 못하는 대인관계 문제들에 대해 이야기해보자. 우리가 이야기하는 체계란 어떤 것인가?

그건 우리의 환경이 우리를 뒤흔들 것이란 걸 예측하고, 어리석은 행동보다는 현명하고 생산적인 반응의 트리거를 만드는 간단한 체계여야 한다. 나는 하루 질문을 변용하면 그런 간단한 체계를 세울 수 있다고 생각한다. 그 프로세스는 우리에게 노력에 대해 점수를 매기게 하고 스스로 경계해야 함을 일깨워주기 때문이다. 그건 우리의 지각력을 단단하게 바꾸는 체계라고 할 수 있다.

예를 들어 당신이 논점 없고 지루하며 '진짜' 일에 투자해야 할 시

간만 잡아먹는 한 시간짜리 회의에 가야 한다고 상상해보라. (사실
우리는 모두 그런 회의에 가본 적이 있다.) 당신은 그 회의에 대한 감
정을 거짓으로 꾸미고 싶은 생각이 없다. 뚱한 표정으로 걸어 들어
와 여기가 아니면 어디라도 좋다는 얼굴을 한다. 의자에 구부정하니
앉아서 다른 사람들과 눈도 마주치지 않고, 노트만 만지작거리면서
자신이 호명될 때만 말하고, 형식적인 참여를 한다. 회의가 끝나자
당신은 맨 먼저 회의장을 나선다. 당신의 목표는 애초에 끔찍한 한
시간을 견디는 것이었으니 그 목표를 이뤘다. 이제 회의 끝에 당신
이 그 시간을 어떻게 보냈는지에 대해 평가를 받는다고 (오직 당신
만) 생각해보라.

1. 나는 행복하기 위해 최선을 다했는가?
2. 나는 의미를 찾기 위해 최선을 다했는가?
3. 나는 긍정적인 인간관계를 만드는 데 최선을 다했는가?
4. 나는 완벽히 몰입하기 위해 최선을 다했는가?

당신은 평가를 받을 줄 알았다면, 이 네 가지 항목에 대한 점수를
올리기 위해 다르게 행동했을 것인가?

나는 이 질문을 수천 명의 중역들에게 던져봤다. 전형적인 답들은
아래와 같았다.

- 나는 긍정적인 태도로 회의에 참석할 것이다.
- 다른 사람이 회의를 재미있게 하길 기다리지 않고 스스로 흥미

를 가질 것이다.
- 발표자를 내 머릿속에만 비평하지 않고 어떻게든 도우려 노력할 것이다.
- 나는 좋은 질문들을 준비할 것이다.
- 회의에서 뭔가 의미 있는 걸 배우려 할 것이다.
- 회의 참석자들과 긍정적인 관계를 쌓기 위해 노력할 것이다.
- 회의에 집중하고 스마트폰은 치워둘 것이다.

모두가 좋은 답변들을 내놨다. 당신이 사후에 평가를 받게 될 거란 걸 미리 안다는 건 동기를 자극한다. 지루한 회의라는 환경이 이제 당신 스스로와의 강렬한 경쟁의 장으로 바뀐다. 그리고 당신의 행동에 대해 매우 민감하게 지각하게 된다. 평가의 존재는 무언가를 잘 달성하고픈 자연스러운 욕구의 트리거를 만든다. 즉 우리는 행복, 의미, 몰입과 관계 형성에 대해 좋은 점수를 받으려 한다. 끔찍한 회의 시간을 그저 견뎌보겠다는 생각은 사라지는 것이다.

다소 급진적인 제안을 해보겠다. 이제부터는 모든 회의마다 당신이 평가받는 척 굴어보라! 당신의 정신과 마음이 반길 것이다. 당신이 회의실에서 소비하는 그 시간은 인생에서 다시 돌아오지 않을 한 시간이다. 당신이 끔찍하다고 느낀다면, 그건 회사나 당신 동료들의 감정이 아니라 바로 당신의 것이다. 왜 그 시간을 비참여적이고 냉소적으로 허비해야 하는가? 당신의 참여에 대해 스스로 책임을 짐으로써 당신은 회사에 긍정적인 기여를 하고 더 나은 자신을 만들기 시작하게 된다.

이 생각을 당신의 행동을 바꾸는 작은 정신적 계기로 여겨라. 평가는 보통 일이 끝난 후 점수를 매기는 것으로 이루어진다. 평가를 가장하는 것은 그 순서를 반대로 뒤집는 것이다. 그건 사기나 속임수가 아니다. 성공한 사람들이 이미 사용하고 있는 일종의 체계다. 법정 변호사들이 자신들이 답을 모르는 질문은 절대 하지 않듯이, 당신도 정답을 미리 제공받고 평가를 받는 것이다. 바로 당신으로부터. 지루한 회의에서 자기평가를 하는 한 시간 동안, 당신은 가장 도움이 필요할 순간에 스스로를 돕는 것이다.

18장

매시간
질문의
힘

자기평가가 왜 한 시간에서 멈춰야 하는가? 시간을 점점 늘려서 하루 종일 자기평가를 하면 그것이 우리의 체계가 되지 못하리란 법이 있는가?

어떤 상황이건 우리는 세 가지 차원 중 하나에 존재할 수 있다. 과거, 현재 또는 미래. 따분한 회의에서 비참한 상태로 있을 때 우리는 다음 두 가지 중 하나를 행하고 있는 것인데, 어느 쪽도 좋다고는 할 수 없다.

1. 과거를 회상하면서, 이제껏 참석했던 모든 지루한 회의들을 후회와 절망 속에서 떠올려본다.
2. 미래를 생각하면서, 다음에 뭘 할지 초조하고 애타게 기다리며 그럭저럭 회의시간을 견뎌낸다.

우리가 평가받게 될 거란 걸 알면 (비록 상상하는 것일지라도) 우리는 자신에게 현재를 살라는 명령을 내린다. 우리는 정신 차리고 자신과 타인들의 행동에 유념하게 된다. 회의에 이어 바로 자신의 행동에 대해 설명해야 한다는 걸 알고 있기 때문이다. 이곳은 현재가 존재하기에 이상적인 장소다. 이곳에서 우리는 스스로를 더 나은 사람으로 바꿀 수 있다. 과거에서는 할 수 없다. 이미 지나갔기 때문에. 또한 단지 우리 마음속에만 존재하는 미래에서도 불가능하다. 중요한 사람들이 아직 도착하지 않은 공간이다. 우리가 스스로를 바꿀 수 있는 건 바로 지금 이 순간에서만 가능하다.

매시간 질문의 효과
—

하루 질문을 매시간 질문으로 바꾸면 우리를 현재에 위치하게 하는 강력한 체계가 탄생한다.

앞에서 딸그락 문제로 힘들어했던 그리핀을 기억하는가? 그 문제를 해결한 지 일 년 후, 그는 다른 문제로 다시 나를 찾아왔다. 그는 뉴욕 시에 살았지만, 뉴햄프셔의 호수 근처에 주말 별장을 소유하고 있었다. 그리핀 부부는 거기서 수년 동안 모두 뉴햄프셔 토착민들인 이웃들과 좋은 친구 관계를 유지해왔다. 그리고 이 뉴햄프셔의 이웃들이 맨해튼을 방문할 때면 그리핀은 부부가 사는 집으로 그들을 초대했다. 그리핀의 장성한 자녀들은 이미 독립한 상태라 방문자들이 방해 없이 하룻밤을 보낼 수 있는 방들이 충분했다. 그리핀은 너그러운 집주인 행세를 즐겼다. 단 생각지 못한 사건이 터지기 전까지는 말이다. 그리핀은 그 사건을 다음과 같이 설명했다.

"뉴햄프셔에서 우리는 이웃들과 자주 어울렸어요. 호수 주변에선 다들 그렇게 하죠. 그래서 우리는 뉴욕에서도 그들을 만나려고 했던 겁니다. 그들은 전형적인 뉴잉글랜드 사람들로 도시 사람들이 아니에요. 뉴욕에도 자주 오지 않죠. 하지만 세 번째 부부들이 묵고 나선, 그들을 돌보며 시내 관광을 반복하는 게 귀찮아지기 시작했어요. 자유의 여신상, 9.11 테러 현장, 뉴욕현대미술관과 자연사박물관 말이죠. 또 하이라인 공원과 소호와 브루클린을 산책하고, 뮤지컬을 보고, 멋진 레스토랑에서 밥 먹고. 뉴욕은 내 집이라 브로드웨이 뮤지컬이나 박물관은 우리가 원할 때나 가는 곳이지, 대도시에 며칠 머무르면서 쥐어짜듯이 관광하는 곳이 아니거든요. 결국 저는 마지막 방문자들에게 우정을 깨뜨릴 정도는 아니었지만 아내가 지적할 정도로 기분 나쁘게 굴게 됐어요."

이후 또 다른 부부가 3일간의 여정으로 그의 집을 곧 방문할 예정인데, 그리핀은 자신의 감정을 드러내어 그들의 휴가를 망칠까 걱정이었다. 고갈의 관점에서 보자면, 자신을 통제하려는 노력이 그의 자제력을 깎아먹는 바람에 점점 못되게 굴게 되는 것이다.

그는 자신이 만든 상황에 당황해하고 있었다. 손님들이 머무는 시간이 길어질수록 방문이 점차 침입으로 느껴졌던 것이다. 그의 상황은 끔찍한 회의의 그것과 다를 바가 없었다. 당신이라면 어떻게 두려운 환경을 긍정적인 경험으로 바꾸겠는가?

그리핀은 하루 질문을 통해 자신을 바꾼 적이 있었다. 그래서 나는 이렇게 제안했다.

"하루 질문을 시간 단위로 바꿔보세요. 뉴햄프셔 친구들과 함께 있을 때, 몇 가지 질문으로 당신이 매시간을 어떻게 보내고 있는지 평가해보라는 말입니다."

"저에게는 오직 한 가지 질문이면 됩니다. 나는 내 친구들과 즐기는 데 최선을 다하고 있는가?"

다른 친구들이 도착했을 때 그리핀은 준비된 상태였다. 그의 매시간 질문은 자신의 행동을 돌아보고 핵심을 놓치지 않을 체계를 만들어주었다. 즉 인기 있는 피자가게에서 인파에 휩쓸릴 때나 여섯 달 동안 세 번째로 방문하게 된 자연사박물관 앞에서 줄을 서 있는 순간에, 시간이 바뀔 때마다 알리게끔 설정해놓은 스마트폰이 진동했다. 그러면 그는 간단한 질문, "나는 내 친구들과 즐기는 데 최선을 다하고 있는가?"를 떠올렸다. 그 일은 온종일 계속되었다. 그는 이 매시간의 평가에 때로 통과하기도 하고 실패하기도 했다.

"전 그 일정이 마라톤 같을 거라 생각했어요. 스스로 페이스 조절하면서 처음엔 강하게 치고 나가지만 마지막 결승선에 이르러선 서 있기조차 힘들 때, 매시간 질문이 절 살리겠거니 했어요. 정말 혼란스럽고 내가 처한 상황이 싫어졌을 때 말입니다. 그런데 실제로 일어난 일은 그렇지 않았죠. 서너 시간이 지난 후에 점점 약해지는 게 아니라 강해지더란 말입니다. 스마트폰이 진동하면 내 행동을 돌아보고 잘하고 있는 자신을 칭찬하면서 그렇게 버텼어요. 일정이 끝날 때쯤이면 괴팍한 노인네처럼 성질이 고약해져 있겠거니 했는데, 오히려 '자동 운행 장치' 모드였지 뭡니까. 멋진 하루였어요."

그리핀의 이야기는 얼핏 고갈이라는 개념에 위배되는 것처럼 보인다. 하지만 나는 이해가 간다. 매시간 자신이 평가받을 것이란 점을 알고, 또 잘해내길 원한다는 것은 그리핀에게 마음을 놓을 여지가 없었다는 의미다. 그렇지 않으면 자신이 작성한 테스트에 통과하지 못할 것이므로! 이 체계가 그에게서 괴팍한 노인네의 성질을 없애주었다. 선택의 여지가 없으니 어떤 훈련도 필요치 않았고, 따라서 고갈도 없다.

또 한 가지, 우리가 옳게 행동하기로 결정하고 그 첫걸음이 성공적일 때, 우리는 대개 자기 충족의 순간을 경험한다. 그리핀은 그것을 '자동 운행 장치'라고 표현했는데, 잘해내기 위해 특별히 애쓰지 않아도 되는 상태를 의미한다. 철저한 다이어트를 첫 4일 동안 잘 이겨냈을 때처럼 우리가 바람직하지 못한 충동을 억제하는 첫 단계를 잘 다스릴 수 있다면, 다시 과거로 되돌아갈 가능성은 적어진다. 우리는 행동에 대한 투자로 얻은 이익을 낭비하고 싶어 하지 않는다. 지금까지의 좋은 행동이 매몰비용이 되어, 기왕 투자한 일에 더욱 매진하게 된다.

이렇게 간단할 수가 있냐고? 분명히 그렇다. 체계가 단순할수록 그 체계를 유지할 가능성이 높아진다. 그리고 매시간 질문은 아주 단순하게, 하나에서 다음으로 부드럽게 넘어가는 일련의 과정들로 구성되어 있다. 그것들을 각각의 단계별로 풀어보면 다음과 같다.

1. 사전 명상

성공한 사람들은 대체로 위험에 처한 상황을 예견하는 데 탁월하다.

그래서 그들은 힘든 협상, 끔찍한 회의, 위험한 도전에 갑작스러운 공격을 받는 일이 드물다. 문을 들어서기 전부터 방 안에 무엇이 도사리고 있는지 아는 것이다. 이를 칭할 마땅한 용어가 없기에, 나는 '사전 명상pre-mindfulness'이라고 부른다. 경기장에 들어가기 전 라커룸에서 정신을 가다듬는 운동선수처럼, 당장 필요한 마음가짐을 곧바로 준비할 수 있는 능력이라 할 수 있다.

2. 제약

성공한 사람들은 행동 방침을 정하는 데 미적거리지 않는다. 매시간 질문을 체계로 삼고 그에 맞는 질문들을 정하는 일이 행동 장치가 되어, 그저 일이 잘 풀리기만을 마냥 바라는 것 이상의 효과를 낸다. 막연히 목적을 그려보는 것과 자세히 고민하는 것의 차이가 여기서 나타난다.

3. 인지

우리는 우리에게 가해질 환경의 변덕스러움을 간과할 때 특히 취약해진다. 매시간 질문은 우리 의식에 정확한 규칙을 부여하고 환경에 대한 주의를 환기시켜 인지력을 활발하게 만든다. 60분마다 평가를 받게 되므로, 우리가 처한 상황을 잊거나 목표에서 떨어져 방황할 시간이 없는 것이다.

4. 점수 매기기

자신의 행동에 점수를 매기는 일은 자신의 의식을 성찰할 수 있는 기회가 된다. 인지력을 강화시키는 것이다. 홀로 어떤 일을 하는 것과 감독관의 감시 하에서 하는 것은 전혀 다른 성과를 낸다. 누군가의 관찰과 평가를 받을 때 자의식이 더욱 강해지는데, 다만 여기서는 자신이 스스로를 관찰하고 평가할 뿐이다.

5. 반복

매시간 질문이 가진 최고의 장점은 그 반복의 빈도에 있다. 한 시간의 평가에서 점수가 낮게 나왔다면, 이후 한 시간 동안은 그보다 나은 점수를 받을 기회가 있는 셈이다. 더 나은 결과를 얻을 수 있는 두 번째 시도가 이 체계에서는 보장된다.

매시간 질문은 단기적인 과제에 특별한 효력이 있다. 매시간 질문은 당신 자신을 더 나은 사람으로 새롭게 태어나게 하는 일 같은 장기적 행동 과제에 적용하면 실용성이 떨어지고, 피곤한 일이 될 것이며 분명히 고갈도 심할 것이다. 더 나은 사람이 되는 일에는 정확한 자기 인식이 필요하지만, 지속적인 보상이 요구되는 목표에는 하루나 일주일마다의 점검이 오히려 안 좋을 수 있다. 당신이 치르고 있는 게임은 장기전이다.

매시간 질문은 단기전에 적합하다. 정해진 제한 시간 동안 당신의 충동을 제약해야 할 필요가 있을 때 말이다. 매시간 질문으로 다음 두 가지의 상황을 떠올려볼 수 있다.

우선 두려운 행사가 있다. 끔찍한 미팅이나 손님이 찾아올 주말 외에도, 우리 안에 내재된 비관주의가 바람직하지 못한 행동의 트리거를 만들 수 있는 모든 상황들 말이다. 동료들과 억지로 친한 척 어울려야 하는 회사 야유회, 또는 사돈에 팔촌까지 온갖 친척들이 다 모여 스트레스를 받는 명절, 성적이 좋지 않은 자녀의 학교에서 열리는 부모들과 교사와의 대화에 참석하는 일 등이 될 수 있다. 이런 행사에 어떻게 행동하고 무슨 말을 할지 체계를 정하지 않고 참석하게 되면, 우리가 가진 비관주의가 그대로 본모습을 드러낸다. 예상한 대로 불쾌감에 휩싸이는 것이다. 매시간 질문은 이런 비관주의를 진정시킬 체계 중 하나다.

또 독특한 성격과 행동 때문에 우리 신경을 곤두서게 만드는 사람들을 들 수 있다. 목소리조차 듣기 싫은 동료, 전혀 도움도 되지 않는 소리를 여섯 번째 반복하는 고객 서비스 담당자, 또는 입주자회의에서 온갖 잘난 체를 늘어놓는 주민이나 마트의 소량 전용 계산대에 줄 서 있는데 당신 바로 앞에서 수십 가지 상품을 계산대 위에 올려놓고 있는 앞사람 등등 말이다. 우리는 전에도 이런 사람들을 봐왔다. 그리고 언제나 이런 사람들 때문에 미칠 듯한 기분을 느낀다. 이런 답답하고 말이 통하지 않는 상대들 앞에 서는 그 순간들마다, 매시간 질문이 우리 안의 자제력을 불러낼 수 있다.

예를 들어 최고의 식당에서 내가 가장 좋아하는 사람 10명과 식사하는 자리를 생각해보라. 나는 이런 자리를 마다할 사람들을 거의 알지 못하고, 나 역시 그렇다. 이런 환경에서 내 과제는 과도하게 기쁨을 드러내지 않고 식욕을 조절하는 일이다. 최상의 상황에서 식탁 위의 갖가지 유혹들에 맞서 내 자신을 자제시키는 데 도움이 필요하다. 이런 취약성이 나만의 문제는 아닐 것이다.

하지만 훌륭한 사람들과의 축제 같은 분위기 속에서 나는 더욱 약해진다. 규율을 포기하고 자기를 방임해버리기에 아주 딱 좋은 상황인 것이다. 이런 자리는 대개 일이 끝난 뒤에 갖기 때문에, 고갈이 최고조에 달한 상태이기도 하다. 먹을 것과 마실 것도 풍부하다. 내 주위의 모두가 즐거워하니, 내 즐거움도 배가 되어 자기조절력이 약해진다. "인생은 즐거워. 지금 즐기지 않으면 나중에 후회하지 않겠어?" 나는 스스로에게 이렇게 말한다. 환경이 내 욕망에 불을 지핀다. 가장 도움을 받기 어려울 때 도움이 필요하다는 점을 내 자신이 몸소 입증하게 되는 순간이다.

이때 매시간 질문이 탈출구가 되어준다. 이런 상황에 약하다는 걸 스스로 잘 알기에, 가능한 한 체계로 단단히 자신을 무장시킨다. 스스로에게 맛있는 디저트를 먹지 않겠다고 다짐한다. 때로는 옆 사람과 디저트의 유혹에 굴복하지 말자고 서로 맹세하는 경우도 있다. 선원들의 귀를 밀랍으로 막았던 오디세우스처럼, 미리 웨이터에게 내가 디저트를 주문하더라도 무시하라고 부탁하기도 한다. 하지만 가장 중요한 체계가 남아 있다. 매시간마다 다음의 질문을 던지면서 내 자신을 평가하는 것이다. '나는 이 자리에 있는 맛있는 음식보다 함께 있는 사람들과 즐기는 것에 최선을 다했는가?'

나는 항상 최고점수를 받지는 못한다. 어떤 식사 자리에서는 디저트를 먹을 때도 있다. 하지만 그럴 때도 시간 단위로 나를 평가하는 일은 잊지 않으며, 그렇게 함으로써 스스로 환경의 희생양이 아니라는 점을 상기시킨다. 내가 어떻게 하든, 정신을 똑바로 차리고 의식적으로 선택을 내리고 있는 것이다. 점수가 아주 좋지 못하더라도,

그 평가로 인해 높아진 인지력이 최종적으로는 이득이 된다. 내가 이런 극적인 상황에서 자기평가에 더 많이 의지할수록, 내 인지력도 점점 강해져서 마침내는 완전한 나의 일부가 될 수 있다. 이것이야 말로 내가 달성할 수 있는 의미 있고 지속적인 변화라고 할 것이다.

'이만하면 됐어'는
금물

변화에 있어서 절대적인 것은 없다. 우리는 결코 인내심이나 관대함, 동정심이나 겸손함을 완벽하게 얻을 수 없다. 그 어떤 미덕을 고른다 해도 마찬가지다.

그렇다고 부끄러워할 일이 아니다. 다만 우리가 꾸준히 노력을 지속하여 다른 사람들이 우리 단점에 대해 보다 좋게 평가하게 된다면, 그것을 최상의 결과라고 할 수 있을 것이다.

한 예로, 평소 시간을 잘 지키는 당신의 친구가 점심 약속에 늦었다고 가정해보자. 늦게 나타난 그는 당신을 기다리게 한 것을 깊이 사과한다. 그럼 당신은 이 일 때문에 친구를 원망하면서 둘 사이의 관계가 껄끄러워지도록 할 것인가? 아니면 평소 늦는 일이 없던 것을 떠올리며 친구를 용서할 것인가? 아마도 대부분의 사람들처럼 당신은 용서를 택할 것이다.

한 번의 지각에도 불구하고 당신은 친구에게 시간을 잘 지킨다는 평가를 내린다. 한 번 실수는 눈감아줄 수 있고 오히려 친구의 평소 모습이 더욱 부각된다. 반대로 생각해도 같은 결과를 예상할 수 있을 것이다. 세상엔 완벽히 믿을 수 있는 평판이라는 건 없다는 걸, 제 아무리 뛰어난 사람이라도 실수는 있다는 걸 당신은 안다. 우리 모두는 어쩌다 한 번은 일을 망치곤 하니까.

격정스러운 건 노력이 그치고, 실수가 잦아지고, 그래서 평판이 위태로워지는 일이다. 우리가 '이만하면 됐어'라며 안주할 때가 가장 위험하다.

'이만하면 됐어'가 언제나 나쁜 건 아니다. 인생의 여러 측면에서, 완벽을 추구하는 건 바보짓이거나 적어도 시간 낭비에 해당된다. 완벽한 최고의 맛을 찾아내기 위해 양념진열대에 놓인 모든 머스터드 소스를 맛보느라 시간을 낭비할 필요가 없다. 괜찮은 브랜드라면 우리가 먹을 샌드위치에 뿌릴 것으로 충분하다.

대개 우리는 비판을 유보하고 적당한 선에서 만족을 구한다. 행동경제학자 허버트 사이먼Herbert Simon은 이런 경향을 '만족화satisficing'라고 불렀다. 마지막 하나까지 최고를 추구하는 건 그만한 시간이나 노력을 들일 만큼의 가치가 없다는 것이다. 최고를 선택한다고 해서 우리의 행복이나 만족도가 크게 높아지지는 않기 때문이다.

치약이나 세제, 추리소설이나 포장 음식을 선택할 때 우리는 이런 만족화 경향을 보인다. 어느 은행에 저축을 할 것인지, 어떤 신용카드를 쓸 것인지 같은 보다 중요한 선택을 내릴 때도 그렇다. 회계사와 변호사, 치과의사나 안과의사, 동네 병원을 선택할 때도 마찬가지다. 체계적인 조사에 기반해 이런 선택을 내리는 게 아니라, 보통 마음 가는 대로 정하곤 한다.

심지어 우리는 살 곳을 정할 때에도 '이만하면 됐어'에 의존한다. 모두가 날씨에 대해 불평하지만, 정말 완벽한 기후가 중요하다면 우리 모두는 샌디에이고(미국에서 가장 날씨가 좋다)나 콜로라도의 볼더(365일 중 310일이 맑다)에 살아야 할 것이다. 살 곳을 고르는 일에서도 우리들 중 대다수가 '이만하면 됐어'에 안주하는 것이다.

우리 미래가 걸린 문제(어떤 대학에 지원할지 결정하는 일)나 목숨이 왔다 갔다 하는 문제(신경외과의사를 선택하는 일)에서는 좀 더 까다로워진다. 하지만 상위 100개 대학에 지원하는 학생 수는 2퍼센트 미만이라는 점과 2류급 외과의사들에게도 꾸준히 환자가 몰린다는 점을 생각하면, 이런 큰 결정을 앞에 두고서도 우리는 '이만하면 됐어'에 만족해하고 또한 대개가 잘 통한다는 점을 알 수 있다. 하버드 대학에 입학하지 못한다거나 내 담당 외과의사가 노벨상 수상자가 아니라고 우리 인생이 망하는 건 아니니까.

하지만 '이만하면 됐어'라는 태도가 상품을 고르는 선택을 넘어서 우리가 말하고 행동하는 영역까지 침범해 들어올 때 문제가 시작된다. 샌드위치에 뿌릴 머스터드소스는 이만하면 충분한 걸로 괜찮을 수 있다. 하지만 대인관계라는 영역에서 배우자나 친구에 대해 이야기할 때는, '이만하면 됐어'라는 기준은 너무나 낮다. 이때 만족화는 고려 대상이 아니다. 만족시키지도 충족시키지도 못한다. 그 정도는 사람들을 실망시키고, 조화가 필요한 곳에 불협화음을 낳고,

극단적 상황을 불러와 관계를 파괴시킨다.

'이만하면 됐어'가 트리거로 작동하는 다음 네 가지 상황을 한번 살펴보자.

1. 우리의 동기가 약할 때

이 책은 스스로를 잘 바꾸지 못하는 사람들을 위한 것이다. 일반인 들, 나나 내가 코칭하는 사람들 같은 보통사람들 말이다. 이론상으 로 동기가 강한 사람들은, 더 나은 변화를 추구하는 걸 포함해 어떤 일을 해내기 위해 규율이나 체계의 도움을 받을 필요가 없다. '이만 하면 됐어'는 그들의 사전에서 찾아볼 수 없는 말이다.

우리는 강력한 동기가 어떤 모습인지 알고 있다. 멋진 결혼식에 참석해본 사람이라면 알 것이다. 순수한 집착, 세세한 주의, 대충 넘 어가는 법 없는 의지력이 신부에게 평소보다 두 사이즈나 작은 웨딩 드레스를 입게 한다. 그 무엇도 자신의 결혼식을 아름답게 꾸미려는 신부의 동기를 꺾을 수 없다. (신부의 동기는 베이징 올림픽에서 8 개의 금메달을 따기 위해 훈련하는 수영 선수 마이클 펠프스의 강한 동기를 상상해보고, 거기에 2배를 곱하면 얼추 맞을 것이다.) 그런 에너지를 우리가 담아둘 수 있다면, 이 책의 이번 장은 아예 필요가 없을 것이다.

그래서 우리는 타인들의 특별한 노력에 감탄하는 것이다. 우리가 퇴근할 때도 아직 사무실에 앉아 있는 직원이나, 숙제를 해치우기 위해 TV는 거들떠보지도 않고 곧장 자신의 공부방으로 향하는 자녀를 볼 때, 우리는 그에게 찬사를 보낸다. 사람들이 '이만하면 됐어'의 유혹을 뿌리치는 모습은 굉장히 용기를 북돋우는 일이기 때문이다.

또한 우리는 동기가 희박한 경우도 잘 안다. 비록 그런 경우를 특별히 살펴보지 않지만 말이다. 우리 일에 대한 열의가 사그라지고 대충 타협점을 찾는, 중간이라도 가면 만족하게 되는 모든 경우가 그렇다.

기술은 강한 동기를 일으키는 심장과도 같다. 우리가 어떤 일에 대해 가진 기술이 많을수록, 그 일을 잘해내기가 더 쉬워진다. 잘해내기 쉽다는 말은, 곧 우리가 그 일을 더 즐길 수 있다는 말이다. 즐기게 될수록, 우리 동기는 더욱 강해진다. 심지어 그 일이 정신적으로 피곤한 일이거나(골치 아픈 기술적 문제 풀기), 육체를 녹초로 만들거나(최고 속도로 쉬지 않고 수영하기), 위험할지라도 말이다(암벽 등반). 우리가 무언가에 몰입하면, 위험과 비용을 고려하지 않고 뛰어들게 되어 있다.

우리가 잘하는 일에 강력한 동기가 부여된다는 건 이해가 간다. 좋은 성적은 좋은 피드백을 제공하여, 우리를 계속 강화되는 피드백 루프 속에 위치시킨다. 포커 게임에서 한 판 크게 따면 우리는 계속해서 게임을 한다. 게임 테이블 위에 높게 쌓인 칩은 분명 우리를 자리에서 뜨지 못하게 하는 분명한 피드백인 것이다.

하지만 우리는 종종 그 이면의 상황, 기술이 부족하면 필연적으로 동기도 희박해진다는 점을 간과해버린다. 누군가 구태여 지적하지 않는 한, 기술력이 낮으면 열의도 낮다는 직접적 관계를 직시하지 못하는 것이다.

한번은 어떤 CEO 고객에게 이렇게 물어보았다.

"무엇이 당신을 행복하게 만드나요?"

그는 망설임 없이 답했다.

"골프를 더 잘 치게 되는 것이요."

내가 그에게 대체 어떤 말을 기대하고 있었는지는 모르겠지만(세계 평화나 기아 근절 같은 엄청난 일을 말하길 바랐던 걸까), 그 말고도 골프에 미쳐 있는 성공한 고객들은 많았다.

"골프를 잘 치세요?"

"실은 아닙니다. 창피할 정도는 아니지만 실력이 늘지 않는군요."

"혹시 올해 나이가 어떻게 되시죠?"

"쉰여덟입니다."

"고등학교 때 체육 잘하셨나요?"

"잘해야 중간 정도였죠. 수영 팀에 있었습니다."

"연습을 즐겼나요?"

"그랬다기보다는 친구들과 어울려 노는 정도였죠."

"그럼 정리해보죠. 당신은 이제까지 역사상 어떤 선수도 그 나이 이후로 발전을 이룬 적 없는 50이란 나이를 넘었군요. 타고난 운동 신경도 없고. 게다가 발전에 매우 중요한 연습도 싫어하시고. 이렇게 요약해도 되겠습니까?"

그는 고개를 끄덕였다.

"제가 드릴 수 있는 조언은 게임을 즐기고 더 나아지려고 노력하지 마시라는 겁니다. 골프 실력이 느는 일은 당신의 미래엔 없을 테니까요."

나는 그에게 '이만하면 됐어'에 안주하라고 주문한 셈이다. 마치 이제까지 이 책에서 말한 것과 모순되는 것처럼 들리겠지만, 그럴 만한 이유가 있었다. 어떤 일에든 우리 기술이 부족해 그 일에 대한 동기가 급격히 감소할 때는, '이만하면 됐어'에 의존하는 것이 더 나은 판단일 수 있다. 이상적이라고는 할 수 없지만, 자신을 속이거나 과장된 말로 한껏 기대하게 해놓고 타인을 실망시키는 것보다는 낫다. 희박한 동기는 형편없는 결과를 낳기 때문이다.

우리는 또한 우리 목적이 가진 질이 동기에 미치는 영향을 쉽게 생각한다. 새해의 결심을 지키지 못하는 건, 우리 목표가 거의 항상 미약한 동기로 추구하게 되는 미미한 일에 그치기 때문이다. 핵심적인 이슈를 목표로 삼는 대신 우리는 '자기계발에 도움되는 수업 듣기' '더 많이 여행하기' 같은 두루뭉술하고 모호한 목표를 정한다. 이런 미미한 목표는 그만큼의 미약한 노력을 낳는다.

마지막으로, 진전을 이뤘다는 처음 몇 가지 증거들이 보이면 우리 동기는 아주 빨리 약해진다. '이만하면 됐어'가 일으키는 보이지 않는 순환고리라고 할 수 있다. 나는 이런 모습을 상담해주는 고객들에게서 자주 본다. 강력한 동기로 무장한 채 출발하지만 대인관계에 관한 목표에서 어느 정도 진전을 이룬 6~8개월 정도 뒤에는 속도가 늦어진다. 어느 정도 진전을 이루면 그들은 문제를 '해결했다'고 여기고 더 이상 관계에 신경 쓰지 않는 것이다.

이럴 때 내가 할 일은 지금 보이는 결승선은 환상일 뿐이라고 그들에게 충고해주는 것이다. 그들은 자신들이 더 나아졌는지를 결정할 수 없다. 그건 주변 사람들이 평가하는 것이다. 그런 현실을 직시해야 그들의 동기가 재충전되고 본래의 자리로 돌아오게 된다.

만약 어떤 일이나 목표에 대한 당신의 동기가 대충 유야무야될 때는 (기술 부족 탓이든, 일을 심각하게 받아들이지 않았거나 이미 충분할 만큼 달성했다고 생각했기 때문이든 간에) 그 일을 포기하라. 대신 당신이 대단한 열의를 가지고 임할 수 있는 다른 일을 찾는 편이 낫다.

2. 무료로 일할 때
——

나는 이미 앞에서 프랜시스 허셀바인에 대한 내 존경심을 드러낸 바 있다. 여기서는 그녀의 경력에서 특별한 하나, 행동 모델로 삼을 만한 일화를 이야기하고자 한다.

몇 년 전, 프랜시스는 백악관의 초청을 받았다. 그런데 그 초청일이 하필 덴버에 있는 작은 비영리재단에서 하기로 한 무료 강연 약속과 겹쳤다. 보통 사람들에게는 그건 별 문제가 되지 않을 것이다. 미국 대통령과 만나는 일과 덴버에서의 무료 강연이라? 덴버 사람들에게 전화를 걸어 상황을 설명하고 스케줄을 조정하거나 내년에 다시 강연하겠다고 약속하면 될 일이다. 어쨌건 무료로 하는 일 아닌가. 우리가 덴버의 그 사람들에게 호의를 베푸는 것이니까 그들도 이해해줄 거라 생각한다.

프랜시스는 다르게 행동했다. 그녀는 백악관 측에 참석하지 못한다고 통보했다. "저는 선약이 있어요. 그들이 절 기다릴 거예요."

우리도 프랜시스처럼 고결한 행동을 할 수 있을 것처럼 생각하지만, 실제 경험은 그와 반대로 나타난다. 우리에게 최고의 노력을 하지 않을 수 있는 변명거리가 있는데, 과연 무료라는 핑계를 대지 않을 사람이 우리 중 얼마나 되겠는가?

내가 무료라는 말을 쓸 때는, 비용을 받지 않고 비영리 조직을 대리하는 대형 변호사처럼 전문 기술의 제공에 대해 돈을 받지 않는다는 의미에 그치는 게 아니다. 그보다는 개인의 선택에 의한 자발적 행동을 의미한다. 자녀들의 축구팀을 지도하거나, 무료급식소에서 설거지를 하거나, 지역의 고등학교에서 10대들을 멘토링하거나 강연하는 일들 말이다. 우리는 흔히 자원봉사를 약속 정도로 여기는 경향이 있다. 마음 내키면 언제나 도울 수 있고 또 불편한 상황이 오면 언제나 빠져나올 수 있다고 생각하기 때문이다. 그렇게 해서 처음에 가졌던 훌륭한 의도가 결국 '이만하면 됐어'라는 결과로 후퇴한다. 진실성을 타협해버리는 것이다.

진실성이란 양단 간에 선택해야만 하는 종류의 미덕이다. '절반 임신'이란 게 없듯이, '절반 진실'이란 건 없으니까. 우리에게 지워진 의무가 무엇이든 꼭 해야 한다. 내가 최선을 다한 일에 대해 명백한 보수가 주어질 때는 진실성이 필요하지 않다. 진정한 시험은 우리가 발을 들이기 싫고 하기 싫은 일에 대해 멍청한 약속을 해놓았지만 최고의 성과를 내야 할 때 치러진다. 해야 할 옳은 일이라는 걸 알지만, 지쳤거나 더 나은 선택지가 있거나 생각한 것보다 더 많은 비용이 들거나 백악관에서 더 매력적인 전화가 오는 등 도저히 그 일을 할 수 없는 환경에 처했을 때 우리는 우리를 믿는 사람들보다 우리 상황을 더 중요하게 생각하게 된다.

'무료'라는 건 변명거리가 아니다. 당신이 선의를 베푼다는 점이 최선을 다하지 않음을 정당화한다고 생각한다면, 당신은 자신을 포함한 그 누구에게도 호의를 베풀고 있는 게 아니다. 사람들은 당신의 약속은 잊고, 당신의 성과를 기억한다. 이것은 노숙자들에게 무료 음식이라면서 유통기한이 지났거나 다른 사람들이 먹다 남긴 음식들이나 주는 식당과도 같다. 그 식당 주인은 자신이 관대한 일을 했다고, 어쨌든 기부했으니 아무것도 하지 않는 것보다는 나은 것 아니냐고 생각할 것이다. 아무것도 하지 않는 건 '이만하면 됐어'에도 못 미치는 것이고, 우리가 일단 약속을 한 후라면 '이만하면 됐어'로는 결코 충분치 않다.

3. 우리가 '아마추어'처럼 행동할 때
—

데니스와 일 년 동안 일한 후에 나는 그의 성장에 대한 놀라운 소식을 듣게 되었다. 그의 문제는 중역급 임원들에게 흔한 것이었다. 바로 과도하게 승리에 집착하는 것. 내가 처음 데니스를 만났을 때, 그는 항상 전투적인 태세로 자신의 동료들과 부하들을 피고로 법정에 세운 검사처럼 일했다. CEO나 중요 고객들과도 잘 지내지 못한다는 점이, 무조건 이기려 든다는 그의 나쁜 평판에 더욱 기름을 부었다.

데니스는 빠르게 변화했다. 동료들을 굴복시키는 일이 아니라 자신의 상태를 낮게 하는 데 그의 승부욕이 쓰이자 효과가 배가 되었다. 하지만 그는 행복하지 않았다. 정기적인 전화 통화 때마다, 그는 항상 자신의 아내에 대해 불평을 늘어놓았다. 그가 퇴근해 집에 도착한 순간부터 다음 날 아침 출근할 때까지 내내 말다툼만 하는 것 같았다. 사무실은 그에게 피난처가 되었다. 교외에서 세 명의 어린 자녀와 함께 사는 집이 부부의 전쟁터였다.

나는 보통 고객의 가정사에 개입하지 않지만, 그가 직장에서 보이는 새로운 행동들(정중함, 인내, 말하기 전 생각하기)과 그가 자신의 가정에 대해 묘사하는 바가 너무도 큰 차이를 보여서 도저히 무시할 수 없었다. 회사에서 그가 1년 동안 도라도 닦은 듯 인내심을 가진 사람으로 거듭나는 과정을 봐왔던 것이다. 회사에서는 말하기 전 각오의 질문을 적용하는 데도 이미 전문가가 되었고 어떤 상황에서든 지배하려 들지 않았다. 우연이 주는 아픔도 웃으며 참아 넘겼다. 하지만 집에서는 그렇지 못한 것이다.

그래서 나는 개인적으로 만나 이 점에 대해 물었다. 왜 집은 '과거의 데니스'를 불러오는 트리거가 되고, 회사는 최선의 행동을 이끌어내는 것일까?

"직장에서는 전 프로가 돼야 하니까요. 당신이 제게 그렇게 가르쳤잖습니까."

"그럼 집에서는 어떤가요? 당신의 가족에게는 아마추어가 되어도 괜찮다는 겁니까?"

이 부분에서 데니스는 말이 없었다. 내가 정곡을 찌른 것이다. 갑자기 그의 눈에서 눈물이 쏟아졌다.

데니스가 사용한 프로라는 용어가 그의 상반된 행동을 설명해주었다. 집에서 하는 방식대로 행동하는 것이 직장이라는 환경에서는 도저히 용서되지 않는 경우가 있다. 얼빠진 상태로 있는다든가 기계를 다루는 데 무능한 것처럼, 일부는 별 해가 되지 않는 그저 바보 같은 짓인 경우도 있다. 우울해하고, 말이 없고, 틀어박히고, 비사교적이고, 화를 내는 등 보다 고통스러운 행동들도 있다. 그런 행동을 집이 아니라 직장에서 한다면 경력을 망칠 것이다. 그래서 대개의 경우 우리는 직장에서 그렇게 행동하지 않는다.

그 이유는 간단하다. 직장에서 우리는 프로로서의 균형을 유지해 줄 수 있는 각종 체계들을 갖추고 있다. 성과 측정과 정기적 회의 같은 공식적인 것들 외에도 온라인 가십거리나 동료들과의 수다처럼 비공식적인 것들도 있다. 또한 돈, 명예, 권력, 그리고 직업을 유지해야 한다는 강력한 동기들도 존재한다.

집에서는 (혼자 살든 가족이 있든) 이러한 체계와 동기들이 사라진다. 우리가 원하는 누구라도 될 수 있다. 그리고 우리는 언제나 그렇게 목표를 높이 세우지 않는다.

이 점이 데니스의 발목을 붙잡았다. 프로는 가장 높은 기준을 잡는다. 아마추어는 '이만하면 됐어'에 안주한다. 그는 직장에서는 더 나은 사람이 되기 위해 부단히 노력했지만, 그 노력을 아내와 자녀들에게까지 확장하려고 애쓰지 않았다. 그들이 그에게 동료들보다 더 중요한 존재임에도 불구하고. 자신이 아마추어 남편이나 아빠라는 생각을 데니스로서는 받아들이기 힘들었던 것이다. 그건 그가 되고자 바랐던 사람이 아니었다. 그래서 그는 눈물을 흘렸다.

우리들 대부분은 이런 프로 대 아마추어라는 덫에 알지도 못하는 사이에 매일 갇힌다. 단지 집과 직장이라는 환경이 바뀔 때만 그런 것이 아니다. 직장에서도 역시 아마추어와 프로 사이를 오간다. 주로 우리가 자신에 대해 제대로 생각하지 못하는 영역에서 그렇게 된다.

한 의료 서비스 회사의 워크숍에서 강연했던 일이 기억난다. 그회사의 CEO는 내 순서에 앞서 45분 동안 연설했다. 그의 연설은 썩훌륭하지 못했다. 그는 직원이 대신 써준 원고를 읽었으며, 화면에비친 슬라이드를 몇 차례 넘기며 누가 자신에게 집중하고 있는지 살펴보지도 못했고, 어조를 바꾸거나 즉흥적 대사로 분위기를 활기차게 만들지도 못했다. 그의 연설 후 내가 나섰다. 나는 무대를 돌아다니며 청중과 어우러져, 사람들이 들썩이며 질문에 답하고 서로 깔깔대며 손뼉을 마주치도록 만들었다. 그게 나에 대한 보통의 반응이었다. 이건 내 직업이고, 소중하게 생각하는 일이니까. 나는 노력했고, 보여주었다.

연설이 끝난 뒤, CEO가 내게 겉치레로 칭찬을 했다. 그는 내 연설을 즐겼다면서 이런 말을 덧붙였다.

"하지만 당신은 프로 강연자지요. 난 당신이 나보다 더 연설을 잘하는 이유를 알고 있습니다."

그는 내게 연설은 CEO인 자기 직업의 일부가 아니라고 말하는 것이었다. 그는 그의 다른 책무들로부터 그 일을 분리시켰다. CEO로서 그는 자신을 완전한 프로라고 여기고 있었다. 하지만 강연자로서는 스스로 아마추어로 자처하면서, '이만하면 됐어' 수준에 만족했다. (하지만 솔직히, 그는 그 수준에도 이르지 못했다.) 스스로 자신을 보통 수준에 위치시킨 것이다.

우리는 모두 그렇게 한다. 우리가 잘하는 분야를 우리가 잘 못하는 분야로부터 분리시키고 그 장점만이 진정한 자신이라고 여긴다. 반면 약한 쪽은 단지 일탈에 지나지 않는다고 생각한다. 그건 나라고 인정할 수 없는 낯선 사람일 뿐이라고. 그렇게 우리는 자신에게 아마추어의 상태를 부여하고 '이만하면 됐어'를 허락하는 것이다.

지금 내 일에 있어서는 프로지만, 앞으로 하고자 하는 일에서는 아마추어라는 식의 기만적인 구별은 지워버려야 한다. 적어도 우리가 원하는 사람이 되는 일에 있어서, 프로와 아마추어 간의 차이를 줄여야 한다. 어떤 일을 잘한다는 게 다른 일을 잘 못한다는 것에 대한 변명이 될 순 없다.

4. 규정 준수의 문제를 겪을 때

—

사람들은 두 가지 이유로 규정 준수의 문제를 겪는다. 뭔가를 더 잘할 수 있는 방법이 있다고 생각하거나, 타인이 정한 행동 규칙을 따르고 싶지 않기 때문에. 이런 고집은 대개 상황을 호전시키기보다는 악화시키는 결과를 낳는다.

의사와 환자의 관계에서 이런 규정 준수의 문제가 가장 극명히 드러난다.

몇 년 전 내 동료인 리처드가 심장 수술을 받았다. 수술은 성공적이었다. 회복 과정 중 하나로 리처드는 대학 졸업 후 20년간 불어난 20킬로그램 중 일부를 빼야 하는 감량 프로그램에 의사와 함께 임하게 되었다. 의사와 협의해 너무 극단적이거나 비현실적이지 않게 11킬로그램 감량을 목표로 삼았다. 다이어트 계획은 탄수화물과 치즈 섭취를 줄이고 과일과 채소 섭취를 늘리면서 매일 45분간 걷는 운동으로 구성되었다. 리처드는 금세 5킬로그램을 뺐으나 정체기에 접어들었다가 다시 약간 살이 쪘다. 그리고 생존에 필요한 감량에 비해 반 정도만 빠진 그 몸무게를 40대 중반인 현재도 유지하고 있다. 그건 당신이나 내가 입버릇처럼 말하는 "몇 킬로그램만 더" 빼는 데 실패하는 것과는 다르다. 그 살들이 빼기 어려운 건 우리 몸이 이미 그 체중에 맞춰져 있기 때문이다. 하지만 리처드의 경우는 심각한 심장 문제 때문에 꼭 해야 하는 감량이었다. 그의 건강은 감량 프로그램을 잘 준수하느냐에 달려 있었다. 그러나 그는 중간에 멈췄고 더 이상 나아가지 않았다. 그는 5킬로그램 감량이면 '이만하면 됐다'고 결정해버린 것이다.

인정하든 아니든, 우리에게는 모두 규정 준수의 문제가 있다. 어떻게 살라고 이야기하는 조언을 거부한다. 그 조언이 우리를 진정 위한 것일 때도, 심지어 그에 따르지 않으면 누군가에게 상처를 주게 될 것임을 알면서도 말이다.

- 친구가 우리끼리만 알고 절대 누군가에게도 발설해서는 안 된다는 단서를 걸고 비밀을 내게 말해줬을 때, 우리는 배우자에게는 괜찮다는 예외를 둔다. 친구의 말뜻이 같이 살고 있는 사람

에게조차 말해선 안 된다는 의미는 아니었을 것이라고 중얼거리면서.

- 우리 아이가 뭔가 중요한 물건을 깨뜨린다. 이걸 고백하기 전 아이는 절대 화내지 않겠다는 약속을 하게 만든다. 그래서 당장 은 분노를 참지만, 이후 며칠 동안 분을 삭이지 못하면서 간접 적으로 아이에게 화를 푼다.
- 고객이 프로젝트에 관해 매일 새로운 소식을 기대하지만, 보고 할 만한 뉴스가 없어서 하루 이틀 정도 그냥 넘어간다. 상대편 에게 말하지 않고 매일 무슨 일이 있건 없건 연락하기로 한 암 묵적인 동의를 일방적으로 깬 것이다. '이만하면 됐어'라고 생 각하면서 불필요하게 고객을 혼란스럽게 하고 만다.

이들은 우리가 매일 행하고 있는 수백 가지의 불복과 타인을 실 망시키는 행위 중에서 세 가지를 무작위로 뽑아낸 것일 뿐이다. 타 인에게서는 이런 점을 곧잘 발견하면서도 자신의 규정 위반에 대해 서는 잘 눈치 채지 못한다. 신뢰를 깨고, 쓰레기를 버리고, 운전 중에 문자를 보내는 건 항상 내가 아닌 다른 사람이니까. 나는 그러지 않 으니까.

우리가 규정에 불복할 때는 단지 엉성하거나 게으른 게 아니다. 그보다는 오히려 공격적이고 무례하다고 할 수 있다. 세상을 비웃으 면서 "이 규칙은 내게는 적용되지 않아. 나를 믿지 마. 난 상관없어" 라고 외치는 것과 같다. '이만하면 됐어'라는 선을 긋고는 절대 그 선 을 넘지 않으려 드는 것이다.

20장

당신 자신이
트리거가 돼라

앞에서 나온, 자신의 라이벌인 사이먼이 자신을 물어뜯도록 놔뒀던 나딤을 기억하는가? 이제 그 이야기를 마무리 짓도록 하자.

나딤은 높은 열의를 갖고 이 변화 과정에 임했고, 내가 그에게 주문한 모든 일들을 해냈다. 그는 360도 다면평가 인터뷰에 참여한 18명의 사람들을 일일이 찾아가 자신의 행동을 사과했다. 그는 더 나은 사람이 되겠다고 그들에게 약속했다. 그는 모두에게 자신이 과거와 같이 행동한다면 주저하지 말고 지적해달라고 부탁했다. 그는 도움을 원했다. 사이먼과도 긍정적인 관계를 만들려고 노력했지만, 처음엔 약간 주저했다. 사이먼에게 가졌던 과거의 적개심이 여전히 남아 있었던 것이다. 나딤은 이렇게 말했다.

"언젠가는 사이먼을 만날 겁니다. 그 역시 변해야 해요."

"사이먼의 변화는 당신이 책임질 일이 아닙니다. 당신은 단지 당신 행동만 조절하면 돼요."

"왜 나만 그래야 하죠? 그가 아무런 노력도 하지 않는다면, 이 지옥 같은 일은 계속될 텐데요."

"그러면 앞으로 노력을 80퍼센트 정도로 진행해보도록 합시다. 그런 다음 어떻게 되는지 보자고요."

나딤도 여기에 동의하고 자신의 하루 질문에서 이 질문을 맨 위에 올려두었다. '나는 사이먼에게 80퍼센트의 노력을 했는가?'

그는 사이먼에게 사과하는 일에서 출발했다. 그의 최대 강적에게 "내가 전에 한 일 전부를 사과할게. 우리 관계는 좋지 않았고, 난 그에 대해 책임을 느껴. 오늘부터 더 잘해볼 거야"라고 말했다. 사람들에게 개선에 대해 약속하고 계획을 알리면서부터 변화가 시작된다.

나딤의 코치로서 나는 전화로 진전 상황에 대해 계속 체크했다. 이것이 나딤이 250억 달러의 매출을 내고 1만 명의 직원들을 책임지는 부서를 운영하는 동안 일어난 일이라는 점을 기억하자. 그에게는 가족이 있었고, 영국과 유럽 각지를 여행했고, 기업을 책임지고 있었으며, 이사회를 운영해야 했다. 그는 바쁜 사람이었다. 그에 따라 요구되는 일들이 많았다. 한편으로 그에겐 자신을 고용한 두 명의 상급자인 CEO와 인사책임자가 있어서 나딤의 진전 상태를 가까이에서 모니터링해주었다. 매일 해야 하는 일들에 치이면서도 그는 자신의 '사이먼 문제'를 해결하는 일에도 여전히 긴장을 늦추지 않았다. 그는 누군가가 자신을 롤 모델로 삼는다는 것이 자신에게 중요하다고 깊이 믿고 있었다.

나딤이 이렇게 발전을 이뤘다는 것은 내게 놀라운 일이 아니었다.

정기적인 관리를 포함해, 모든 체계적 방법들이 잘 작동했다. 놀라운 건 사이먼 문제가 매우 빠르게 해결되었다는 점이었다. 겨우 반년 만에 말이다.

당신이 가족, 친구, 동료에게 가졌던 적개심을 생각해보라. 도저히 용서할 수 없고 말도 하기 싫고 전화번호부에서조차 지워버렸던 이름을. 당신이라면 그 관계를 회복하고 싶겠는가? 그걸 6개월 만에 할 수 있겠는가? 아니면 6년 만에라도? 너무도 성공적인 변화라 인사책임자인 마고가 나딤에게 부하직원들과 고위직들 앞에서 그에 대해 이야기해달라고 부탁할 정도였다. 나는 당시 런던에 있지 않아 그 이야기를 직접 듣지 못했지만, 마고가 나중에 전해주었다.

자신의 변화가 성공한 이유에 대해 나딤은 사람들에게 이렇게 말했다.

"나는 진심으로 다가갔어요. 좋은 관계를 만들기 위해 내 길을 갔지요. 사이먼을 넘어서요."

그리고 그날 아침 사이먼으로부터 받은 이메일을 큰 소리로 읽어주었다. 둘의 마음이 이제는 통한다는 증거로 말이다.

"말 그대로 서로의 마음을 읽은 거라고 할 수 있지요."

회의실의 누군가가 물었다.

"당신은 앞으로 뭘 더 바꿀겁니까?"

나딤은 이렇게 대답했다.

"나는 단지 80퍼센트만 쓰지 않을 겁니다. 나는 100퍼센트를 모두 쓸 겁니다. 내가 내 행동을 바꾼다면 내 주위 사람들도 변화시킬 수 있다는 점을 배웠어요. 내가 모든 걸 걸었다면 우리는 더 빨리 친구가 될 수 있었을 거예요."

이것이야말로 '이만하면 됐어'에 머무르지 않은 데 대한 최고의 축복이라고 할 수 있을 것이다.

우리가 자신의 행동 변화에 모든 걸 걸고, 100퍼센트의 집중력과 에너지를 투입한다면 제아무리 요지부동인 상대라도 움직일 수 있는 힘을 갖게 될 것이다. 환경에 의해 변하기 전에 환경을 먼저 변화시켜야 한다. 그러면 주위 사람들이 그걸 느끼게 될 것이다. 바로 우리 자신이 변화의 트리거가 되는 것이다.

4부

변화

지속 가능한 변화

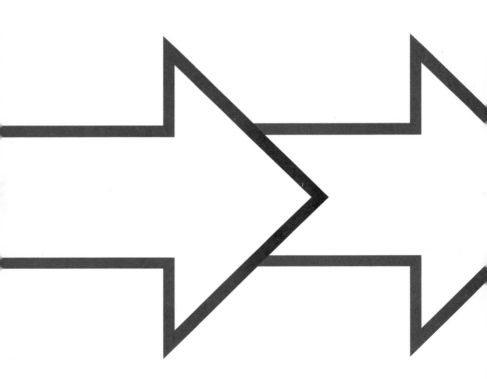

21장

행동 변화의
순환고리

"당신이 성인이 된 후 해낸 가장 기억에 남는 변화는 무엇입니까?"

나는 이 질문을 수백 명의 사람들에게 던졌지만, 대답이 선뜻 나오는 경우는 거의 없었다.

가장 빠른 대답은 자신의 나쁜 버릇을 없앴다는 사람에게서 나왔다. 내가 미디어 기업의 51세 중역인 에이미에게 이 질문을 하자 그녀는 곧바로 담배를 끊은 일을 이야기했다. 나는 그녀에게 이렇게 말했다.

"그건 내가 딱 바라는 답은 아니군요. 담배를 끊은 건 존경스럽고 어려운 일이긴 하죠. 하지만 흡연은 건강에도 안 좋고 사회적으로도 거부당하는 일입니다. 그래서 외부의 압력도 많아요. 내가 구하는 답은 당신이 바뀐 덕분에 다른 사람들의 삶까지 나아지게 한 자발적인 변화의 사례입니다."

에이미는 잠시 생각하다가 말을 꺼냈다.

"엄마에게 더 잘하는 것도 해당되나요?"

그게 더 내가 원하는 대답에 가까웠다. 에이미는 자신의 어머니와의 가까운 관계, 어쩌면 너무도 가까운 관계에 대해 설명했다. 그녀는 70대 후반인 어머니와 매일 대화를 나눴지만, 그 대화는 결국 사소한 언쟁으로 이어지기 일쑤였다. 자신이 옳고 상대가 그르다는 걸 증명하려는 듯 말싸움만 이어갔던 셈이다. 에이미는 이렇게 회상했다.

"상처만 남긴 사랑이었죠."

어느 날, 에이미는 어머니가 결국 돌아가실 것이란 사실과 둘 모두 다시는 젊어질 수 없다는 점을 깨달았다. 그 깨달음이 트리거가 되어 에이미의 행동은 바뀌었다. 그녀는 어머니에게 그 사실을 말하지는 않았고, 더 이상 말싸움을 이어가지 않았다. 어머니가 비판을 쏟아내도 에이미는 안개가 걷히기만을 기다리는 사람처럼 가만히 듣고 있었다. 그러자 어머니도 자신에게 반격을 하지 않는 딸에게 공격을 멈췄고, 그렇게 싸움이 끝났다.

"당신이 한 일은 결코 사소한 게 아니군요."

나는 담배를 끊은 일보다 더 큰 성취를 이뤄낸 에이미에게 축하를 건넸다. 나는 에이미에게, 그녀가 한 것처럼 모든 사람들이 사랑하는 이들과의 휴전을 선언한다면 명절과 생일 파티, 자동차 여행길이 얼마나 더 평화로워질지 상상해보라고 했다.

"당신은 단지 자신뿐만이 아닌 두 사람이 등장하는 대본을 고쳐 쓴 겁니다. 그 점이 대단한 거지요."

어떤 사람들은 내 질문을 잘못 이해한다. 자신의 경력에서 중대했던 결정이나 순간을 떠올리면서 그것을 변화와 혼동한다. 한 재무담당 임원은 자신의 아버지와 형제들과는 달리 자신이 법관이 되고 싶어 하지 않는다는 사실을 깨닫게 된 로스쿨에서의 첫 해를 떠올렸다. 그건 분명히 이후 일(로스쿨을 그만두고 재무분석가의 길을 걷게 된 일)의 시작이었겠지만, 행동 변화가 아닌 인생의 분기점이었을 뿐이다. 이와 비슷하게 한 미술품 거래상은 정색을 하면서 '모두가 나와 같은 문제를 겪는 건 아니라는 걸 깨달은' 순간에 대해 말했다. 그건 통찰의 순간이기는 하지만 그것으로 그가 타인들을 대하는 방식이 바뀌지 않은 한, 행동 변화가 아닌 그저 통찰에 그칠 뿐이다.

그 외에도 많은 사람들이 자신의 신체적, 정신적 단련의 성과에 대해 말했다. 마라톤을 뛰고, 무거운 역기를 들고, 학위 취득을 위해 다시 학교에 가고, 제빵사 자격을 따고, 명상법을 배우는 등등. 다시 말하지만 이런 칭찬할 만한 사례들은 무시할 수 없지만, 빵을 만들고 명상하는 일이 당신의 행동을 눈에 띄게 개선시키지 않았다면 그건 내가 듣고자 한 변화의 성공이라고는 할 수 없다. 단지 가치 있는 행동들을 한 것이지, 당신의 행동을 변화시킨 게 아니기 때문이다.

대다수의 사람들이 이 질문에 쩔쩔맨다. 무언가를 바꾼 기억은 전혀 하지 못한다. 그들의 초점 없는 시선은 놀랍지도 않다. 내가 처음 만난 일대일 코칭 고객들이 대부분 같은 반응을 보였으니까. 아무리 그런 성공한 사람들이 자신을 잘 알고 주변에 민감하더라도, 내가 그들에게 증거를 내보이기 전까지는 행동 변화의 필요성이 그들의 레이더망에 감지되지 않았던 것이다. 우리는 무엇을 변화시켜야 할지 알기 전에는 변하지 못한다.

우리는 무엇을 변화시켜야 할지 찾는 일에서 많은 실수를 저지른다. 그래서 강하게 변할 필요를 느끼지 않는 일에 시간을 허비하고 마는 것이다. "엄마에게 전화를 거는 게 좋은 일이야"라고 우리는 생각한다. 하지만 그게 정말 자신에게 중요하다면, 그에 대해 고민하는 대신 당장 전화를 걸어야지 과연 만족스럽고 의미 있는 일인지 따져보고 있어서는 안 된다. 우리는 행동하는 대신 바라기만 한다.

우리는 스스로를 엄격한 이분법적 사고 안에 가둬둔다. 예를 들면 나딤은 사이먼을 대하는 방법이 오직 두 가지뿐이라고 생각했다. 웃으며 참거나(굴욕적이다), 맞서 싸우는 것("돼지와 씨름하지 마라. 당신은 더러워지고 돼지만 좋아하니까"라는 속담을 증명하게 될 뿐이다). 단지 두 가지 선택만 있는 게 아니다. 그는 자신이 처한 상황이 팀 플레이어로서의 이미지를 더욱 강화시킬 긍정적인 행동을 보여줄, 또한 뜻하지 않은 보너스로 사이먼이 더 좋은 팀 플레이어가 되는 일도 도울 수 있는 기회라는 점을 깨달아야 했다.

대개 우리는 상상력의 부재로 어려움을 겪는다. 몇 년 전까지만 해도 나는 의사 면허를 가진 사람들을 한 번도 코칭해본 적이 없었다. 그런데 지금은 세계은행 총재 김용 박사, 메이요 클리닉 원장 존 노스워시 박사, 미국 국제개발처 처장 라즈 샤 박사, 이 세 명의 의학박사들을 돕고 있다. 이들은 내가 이제껏 만난 사람들 중 가장 열정적이고 정직하며 또한 뛰어난 사람들이다.

이 의학박사들과의 면담 초기에 나는 여섯 가지 능동적 질문들을 던졌다.

1. 나는 명확한 목표를 세우기 위해 최선을 다했는가?
2. 나는 목표를 향해 전진하는 데 최선을 다했는가?
3. 나는 의미를 찾기 위해 최선을 다했는가?
4. 나는 행복하기 위해 최선을 다했는가?
5. 나는 긍정적인 인간관계를 만드는 데 최선을 다했는가?
6. 나는 완벽히 몰입하기 위해 최선을 다했는가?

그들은 현명하고 고도의 자격을 갖춘 사람들로 이런 단순한 질문들을 거의 받아보지 않았다. 그들은 특히 네 번째 질문을 받고서는 혼란스러운 시선과 침묵을 보였다.

"행복해지는 데 무슨 문제라도 있나요?"

내가 물었다. 이들 세 명은 거의 같은 말로 답했다.

"행복해지기 위해 노력한 적은 한 번도 없었습니다."

이들 셋은 모두 의과대학을 졸업해 사회적으로 중요한 위치에 올라간, 대단한 이력을 가진 사람들임에도 행복을 염두에 둬본 적이 없었던 것이다. 무엇을 바꾸길 원하는지 깨닫는 게 이렇게 어렵다. 제 아무리 뛰어난 명사수라고 해도 과녁을 놓칠 수 있는 법이다.

당신이 무엇을 바꿔야 할지는 내가 말해줄 수 없다. 그건 개인이 내려야 하는 선택이다. 물론 연민, 충성, 존경, 정직, 인내, 관대, 겸손 등등의 화려한 자질들의 목록을 작성할 순 있다. 이들은 우리의 부모님, 선생님, 코치들이 우리가 어리고 말을 잘 들을 때 심어주려고 했던 변치 않는 미덕들이다. 설교나 졸업식 연설에서도 종종 이런 말들을 듣는다.

하지만 이런 미덕에 대한 강의를 듣는다고 우리가 선해지지는 않는다. 제아무리 정확하고 유창하다 한들, 강의가 지속되는 변화의 트리거가 된 경우는 거의 없다. 우리에게 변해야 할 강력한 이유가 없는 한 말이다. 우리는 경청하고 동의하며 고개를 끄덕이지만, 이후엔 다시 과거의 자신으로 돌아가버린다. 가장 큰 이유는 우리에게 그 결심을 수행해낼 체계가 결여되어 있기 때문이다. 우리는 예지력을 갖춘 계획가지만 눈앞이 흐릿한 실천가인 것이다. 하지만 이 세 명의 의학박사들처럼, 어떤 종류의 변화는 아예 시도할 생각조차 하지 못하는 경우도 있다.

이것이 내가 고객들에게 능동적 질문을 초기에 소개하는 이유다. 사람들이 자신에게 묻는 일조차 잊어버린 아주 기본적인 질문들을 떠올리도록 만드는 것이다. 나는 이 여섯 가지 질문들을 환경에 관한 나만의 자기계발 노하우에 연결시켜 설명한다. 환경이 우리의 행동을 결정짓는 좋은 경우와 (대개는) 나쁜 경우를 우리가 어떻게 인지하지 못하는지에 대해서 말이다. 그리고 뒤로 물러서서 고객이 그에 대해 충분히 생각할 시간을 준다. 내 경험상, 행복, 목적, 헌신 같은 근본적인 욕구를 중심으로 자신의 환경에 대해 생각하도록 이끌면, 사람들은 이제껏 그런 부분들에서 자신이 어떻게 행동해왔는지, 그리고 그 이유는 무엇이었는지에 대해 고찰하게 된다.

능동적 질문을 통해 자신의 성과를 평가하고 어떤 면이 부족하다는 결과를 얻으면, 우리는 그 원인을 환경과 자신 모두에서 찾을 수 있게 된다.

우리는 곧잘 환경을 희생양으로 삼는다. '내게 명확한 목표가 없는 건 너무 많은 사람들에게 답해야 하기 때문이야. 정해둔 목표가 흔들리는 건 선택할 수 있는 가짓수가 너무 많기 때문이야. 내가 행복하지 못한 건 이 회사가 엉망이기 때문이야. 다른 사람들과 긍정적 관계가 못 되는 건 그들이 나에게 양보하지 않기 때문이야. 일이 즐겁지 않은 건 회사가 나를 도우려 하지 않기 때문이야.' 이런 식으로 생각해서는 끝이 없다.

환경을 희생양으로 삼는 일에 익숙해지면, 자신의 단점들에 스스로 면죄부를 주는 것에도 익숙해진다. 그래서 우리는 실수나 나쁜 선택에 대해 스스로를 탓하지 않는다. 당신의 동료가 스스로의 잘못을 인정하는 걸 한 번이라도 본 적 있는가? 잘못은 내가 아니라 저 멀리 어딘가에 있는 것이다.

환경과 자기 자신이라는 이 두 가지 동력 간의 상호작용을 지속적으로 평가하는 것, 그것이 우리가 원하는 사람이 되는 방법이다.

깨닫고 참여하라

지금까지 이 책에서 말한 것은 그리 거창한 게 아니었다. 나는 당신이 지속적이며 긍정적인 변화를 이루도록 돕고자 한다. 무엇을 변화시켜야 하는지를 당신에게 이야기해주는 건 내 임무가 아니다. 충분한 시간을 가지고 생각한다면 우리 대부분은 자신이 어떻게 바뀌어야 하는지 안다. 당신이 원하는 대로 변화하라고 돕는 것이 내 일이다. 그 변화란 사람들이 당신을 알아볼 수 없을 정도로 그렇게 대단해야 하는 건 아니다. **어떤 변화라도, 아예 변하지 않는 것보단 낫다.** 이 책에서 얻은 어떤 깨달음의 결과로 만약 당신이 하루를 지내는 동안 조금이라도 더 행복해진다면, 또는 당신이 사랑하는 이들과의 관계가 조금이라도 나아진다면, 혹은 당신의 목표들 중 하나라도 이룬다면 그것으로 내게는 족하다.

하지만 나는 다른 두 가지 목표들을 강조하려고 노력해왔다. 그 목표들은 우리 부모들이 가르쳐준 전통적인 미덕들의 범주에는 딱 들어맞지 않는다. 그보다는 그저 어떤 긍정적인 상태 쪽에 가깝다.

첫 번째 목표는 '깨닫는 것'이다. 즉 우리 주변에서 벌어지고 있는 일들을 명확히 알아야 한다. 우리는 하루를 보내면서 제대로 의식하지 못한다. 여행하거나 출근할 때 우리는 생각을 꺼버린다. 회의 중에 우리 마음은 방황한다. 심지어 사랑하는 사람들 곁에서도 우리는 TV나 컴퓨터 스크린 앞으로 가 자신을 잃어버리곤 한다. 우리가 주의를 기울이지 않을 때 무엇을 놓치고 있는지 누가 알겠는가?

두 번째 목표는 '참여하는 것'이다. 우리는 자신의 환경을 단순히 아는 것을 넘어 그 환경 속에서 활발히 활동하고 있다. 그리고 우리에게 중요한 사람들이 그런 우리의 노력을 알아준다. 대개의 경우, 참여는 가장 바람직한 상태다. 고귀하며 즐겁고, 우리가 자랑스러워하고 즐길 수 있는 것이다. 배우자나 자녀들로부터 "당신이 항상 나를 위해 함께 있어주었어요"라는 말을 듣는 것보다 더 큰 칭찬이 어디 있겠는가? 반대로 "당신은 결코 나와 함께 있지 않았어요"라는 말보다 더 듣기 괴로운 건 없을 것이다. 이렇듯 참여는 우리에게 더없이 중요하다. 그야말로 성인의 행동 변화가 가져올 수 있는 최고의 선물이라고 할 만하다.

　깨닫는 것과 참여하는 것을 마음으로 받아들일 때, 우리는 비로소 환경이 우리에게 던져주는 모든 트리거들을 제대로 알아볼 수 있는 최적의 상태를 갖추게 된다. 어떤 일이 벌어질지는 알 수 없으나 (환경이 가진 트리거를 만드는 힘은 여전히 예상할 수 없다) 다른 이들이 우리에게 기대하는 바가 무엇인지는 알게 된다. 그리고 또한 우리가 자신에게 기대하는 바가 무엇인지도 알 수 있다. 그로 인한 결과는 믿기 힘들 만큼 놀라울 수 있다. 우리는 더 이상 철로에 몸이 묶인 상태로 돌진해오는 열차를 보는 것처럼 우리 환경을 대하지 않게 된다. 우리와 환경 간에 서로 돕는 관계가 형성되어, 환경이 우리를 만들듯이 우리도 환경을 만들어낼 수 있는 구조가 마련되는 것이다. 우리는 이제 다음과 같이 '참여의 순환고리'라는 균형이 이뤄진 상태에 도달한다.

참여의 순환고리

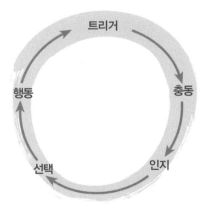

이렇게 간단히 평형 상태가 성립된다. 이 순환고리가 어떻게 작동하는지를 우리가 보통 주목하지 않는(하지만 주목해야 하는) 평범한(그러나 사소하지는 않은) 일상의 사건을 통해 설명해보겠다.

짐이라는 한 중역이 내게 보낸 이메일에서 이 이야기는 시작된다. 그는 다트머스 대학 터크경영대학원의 경영자 과정에서 내 수업을 들었다.

짐의 아내 바바라가 그의 직장으로 전화를 걸어왔을 때는 하필 사무실에 허리케인이라도 몰아닥친 듯한 날이었다. 모든 일이 엉망이었다. 고객은 짜증을 냈고, 상사는 잔소리를 늘어놓았고, 비서는 병가를 냈다. 아내가 전화로 한 말은 "그냥 누군가 말할 상대가 필요해"였다. 분명 그녀도 직장에서 힘든 일을 겪고 있었으리라.

"그냥 누군가 말할 상대가 필요해"란 말은 트리거였다. 짐이 하고 있던 일을 멈추고 귀 기울여야 하는 트리거. 그가 받은 부탁은 의견이나 도움이 아니었다. 또 어떤 말을 하라는 부탁이 아니었다. 그냥 듣기만 하면 되는 것이었다. 그날 하루 중 가장 쉬운 '부탁'이었다. 그는 그 말을 뜻밖의 선물처럼 소중히 여겼어야 했다.

하지만 짐이 바바라의 목소리를 들은 바로 그 순간, 그가 과연 아내의 전화를 기쁘게 받아들였을지는 확신할 수 없다. 트리거란 결국 특정하게 행동하도록 만드는 자극으로 바로 이어지는데, 짐이 고를 수 있는 충동의 메뉴판에는 바람직한 메뉴가 전혀 없는 상태였다.

아내에게 지금 당장은 정말 바쁘니 다시 전화 주겠다고 말할 수도 있었다. 즉 보다 편한 시간으로 트리거가 작용하는 순간을 미뤄두는 것이다.

그는 전화를 받기 전보다도 더욱 신경이 곤두서게 됐을 수도 있었다. 즉 트리거가 기존의 감정을 폭발시키는 것이다.

아내에게 형식적으로 대꾸하면서 그녀가 말하는 동안 다른 일을 할 수도 있었다. 즉 아내가 일으킨 트리거를 우선순위에서 뒤로 미루고 그녀가 알아채지 못하길 바라는 것이다.

아내의 문제가 자신의 문제에 비해 심각성이나 중요성 모두 약하다는 이기적 생각을 품고 그녀가 자신만큼 비참하지 않은 이유들을 세세히 열거할 수도 있었다. 즉 트리거와 경쟁하여 이겨버릴 수 있었다. 자신이 옳고 그녀가 그르다는 걸 증명하기 위해 효과가 의심되는 전술을 펼칠 수도 있었다.

또는 그냥 그녀의 말을 경청할 수도 있었다.

이들은 모두 자연스러운 충동들이라고 할 수 있다. 억지로 남의 불평을 들어줘야 할 때 기분이 나쁘고 성질이 폭발하지 않을 사람이 누가 있을까? 또 아예 딴 생각을 하면서 친구의 투덜거림을 귓등으로 들어 넘기지 않아본 사람은? 또 다른 사람의 불평을 자신의 고생담을 늘어놓을 기회로 써보지 않은 사람은?

인지하지 못할 때 우리는 쉽게 트리거의 힘에 노출된다. 트리거가 충동으로 이어지는 건 순식간이다. 트리거가 충동을 낳고, 이어서 행동이 되고, 또 다른 트리거가 되고, 그렇게 연속되는 것이다. 때로는 그게 우리에게 도움이 될 수도 있다. 운이 좋아서 우연히 올바른 '선택'을 하게 된다면 말이다. 하지만 이 불필요한 위험을 감수하다가는 자칫 혼란 상태에 빠질 수 있다. 이때 인지가 상황을 반전시키는 요인이 된다. 잠시 숨 쉴 틈을 마련해서 가능한 선택들에 대해 고려하고 더 나은 행동을 선택할 수 있도록 해준다.

짐은 이메일에 자신이 올바른 선택을 했다고 알려주었다. 그가 트리거를 맞닥뜨린 순간의 첫 충동을 설명한 부분을 아래 옮겨본다.

저는 그녀만 문제를 겪는 게 아니라고 막 지적할 참이었어요. 그런데 코치님이 하셨던 말씀이 갑자기 떠올랐죠. '나는 지금 이 일에 긍정적인 변화를 주기 위해 투자를 아끼지 않을 각오가 되어 있는가?' 전 잠시 숨을 고르고 아내가 필요로 하는 남자가 되기로 결심했습니다. 그녀의 이야기를 경청하며 다른 말은 하지 않았죠. 하고 싶은 이야기를 다 쏟아낸 다음 그녀가 말하더군요. "아, 기분이 한결 나아졌어." 제가 대꾸할 수 있는 말은 이것밖에 없었죠. "사랑해."

참으로 우리가 인지하고 선택할 때 비로소 나타나는 기적 같은 일이라고 하지 않을 수 없다. 우리가 트리거의 본모습을 알게 되면 현명하고 적절하게 그에 대응할 수 있다. 또 우리의 행동이 새로운 트리거가 되어 다른 사람의 보다 좋은 행동을 이끌어낼 수 있다. 그리고 그렇게 상호 반복이 계속 이어진다. 바로 이렇게 짐은 아내에게서 새로운 트리거를 얻은 것이다. 그녀가 짐이 가진 사려 깊고 멋진 모습의 트리거가 되었고, 그는 그녀에게 기분 좋게 대응함으로써 화답했다. 가장 긍정적인 형태는, 서로가 상대의 트리거가 되는 것이다. 그렇게 그들은 참여의 순환고리를 계속 돌리고, 그럼으로써 그 순환고리는 더욱 단단해진다.

변하지 않는 인생은 위험하다

22장

아무것도 변하지 않는 인생을 산다고 상상해보라.

평생 같은 회사에서 일한다거나 50년을 같은 배우자와 산다거나 당신이 태어난 고향을 떠나지 않는, 그런 경우를 말하려는 게 아니다. 이것들은 후회하거나 비웃을 게 아니라 오히려 자랑스럽게 여길 일들이다. 오래 행복하게 지낸다는 건 축복받아야 마땅하다.

또 식당에서 주문하는 음식이나 우리가 입는 옷, 음악과 TV 프로그램과 책들, 우리의 사회적·정치적 관점들이 사는 내내 변하지 않는 경우를 이야기하는 것도 아니다. 인생을 살면서 취향이나 의견, 일상적인 선호가 전혀 변하지 않는다는 건, 아무리 우리가 세상에서 가장 고집 센 사람이라고 해도 상상할 수 없는 일이다. 바로 우리의 환경이 그렇게 놔두지 않을 것이기 때문에. 우리 주위의 세상이 변하면 우리도 그에 따라 변한다. 그렇게 흘러가도록 두는 게 더 쉽기 때문이다. 같은 사람과 같은 집에서 살고 평생 같은 직장에서 일하는 것처럼 가장 변함없는 부분에 있어서도, 전혀 변화가 없는 상태는 상상하기 힘들다.

하지만 우리 삶에서 변하지 않음을 명예롭게 여길 수 있는 단 하나의 측면이 있다. 나는 우리의 대인관계에 관련된 행동과 다른 사람을 한결같이 대하려는 의지에 대해 말하고 있는 것이다.

우리들은 보통 메뉴가 바뀌지 않는 식당을 비웃는다. 하지만 우리 자신을 그렇게 비웃거나 책망하는 경우는 없다. 어떤 행동을 가능한 오래 지속하는 걸 어리석게도 자랑스럽게 여긴다. 그 때문에 상처받는 사람은 생각지도 않고. 그 피해를 되돌리기엔 이미 너무 늦은 뒤에, 대상과 거리를 두고 우리의 행동을 돌아보며 후회한다. 왜 그렇게 오랫동안 가족과 대화하지 않았던가? 왜 친구에게 그렇게 잔인하게 굴었을까? 왜 이웃이 인사하고 지내지 않았을까? 왜 고객의 주문에 감사하지 않았을까? 왜 속상한 아이에게 좀 더 부드러운 말을 건네지 못했을까?

우리가 부정적인 행동을 지속하며 우리가 사랑하는 사람에게 상처를 주거나 우리 자신에게 상처를 주는 경우 모두 우리는 가장 위험한 방식으로 변화 없는 삶을 살고 있는 것이다. 이것은 자신도 비참하게 하고 타인들도 비참하게 만든다. 우리가 비참함을 느끼는 시간은 다시 되돌릴 수 없다. 더욱 아픈 건, 그렇게 만든 게 바로 우리라는 점이다. 그게 우리가 내린 선택이었다.

이 책의 첫머리에서 나는, 내가 원한 대로 된다면 독자 여러분이 인생에서 후회할 일이 적어질 것이라 공언했다. 나는 많은 걸 바라지 않는다. **이 책을 덮으면서 딱 하나의 변화, 딱 한 가지 트리거가 될 수 있는 행동을 떠올려보라. 나중에 후회하지 않을 일 말이다. 여기서 기준은 단 하나, 그 행동에 후회하지 않아야 한다.** 어머니에게 전화를 걸어 사랑한다고 말하는 것일 수도 있고, 고객에게 감사하는 일일 수도 있으며, 또는 회의시간에 냉소적인 말을 하기보다 아예 입을 다무는 일일 수도 있다. 무엇이든 좋지만, 당신이 항상 해왔던 것에서 벗어나 영원히 그렇게 계속할 수 있는 일이어야 한다.

그리고 행하라.

그것은 당신의 친구들에게 좋다. 당신의 회사에게 좋다. 당신의 고객들에게 좋다. 당신의 가족들에게 좋다.

그리고 무엇보다 당신에게 좋다. 더욱 좋은 건, 당신이 그 일을 또다시 원하게 될 것이란 점이다.

| 감사의 말 |

우선 나의 고객들에게 감사한다. 세계에서 가장 훌륭한 리더들과 함께 일할 수 있었다니 나는 정말 행운아다. 고객들을 사랑하고, 그들의 인생에서 작은 부분이나마 차지할 수 있었다는 점이 자랑스럽다.

두 명의 리더들에게 특별한 감사를 보낸다.

프랜시스 허셀바인은 14년간 미국 걸스카우트 연맹의 CEO를 지냈다. 피터 드러커는 그녀가 자신이 만나본 최고의 리더라고 말하기도 했다. 나도 그 말에 동의한다. 백악관에서 그녀가 대통령 훈장을 수여받는 광경을 지켜봤던 일은 참 영광이었다. 또 그녀는 30년 넘게 내 친구가 되어주고 있기도 하다.

앨런 멀러리는 보잉의 회장과 포드의 CEO를 역임했다. 미국 올해의 CEO에 선정되기도 했으며 「포춘」이 선정한 세계에서 가장 위대한 리더 3위에 올랐다. 그와 같은 탁월한 리더십을 나는 지금껏 어디에서도 보지 못했다.

앨런과 프랜시스는 위대한 리더일 뿐만 아니라 인간적으로도 놀라운 사람들이다. 정직, 헌신과 존중에 관한 롤모델이라 할 수 있다. 둘 모두 물심양면으로 나를 도와주었다. 단지 그들 곁에 머무는 것만으로도 내가 읽은 책들과 들은 수업들에서 배운 바 이상을 얻을 수 있었다.

프랜시스와 앨런, 고마워요!

또한 내 가족들에게 감사를 보낸다. 내 바쁜 일정에도 불구하고 그들은 사랑과 지지를 보내주었다. 내 아내 리다는 내가 아는 최고의 사람이다. 40년 넘는 세월을 함께하면서 그녀의 사랑은 기쁠 때나 슬플 때나 나를 지켜주었다. 훌륭한 아들 브라이언은 자신의 삶을 멋지게 살아가면서 이제는 한 기업을 이끌고 있다. 내 딸 켈리는 교수가 되어 내게 이 책을 위한 아이디어들을 제공해주었다. 리드만큼 좋은 사위는 또 얻을 수 없을 것이다.

내 책을 읽어주고, 내 강연 동영상을 시청하고, 내 수업을 들어준 모든 이들에게도 감사하고 싶다. 그간 참 많은 편지들을 받았다. 당신들의 친절한 말들이 내게는 참 큰 의미였다.

마지막으로 내 책을 읽고 있는 당신께 감사한다. 당신이 더 나은 인생을 사는 데 이 책이 도움이 됐으면 하는 게 내 바람이다.

인생은 멋진 것이다.

옮긴이

김준수

연세대학교 인문학부에서 국문학과 영문학을 전공했고, 현재 출판기획과 번역에 종사하고 있다. 활자 매체가 생존을 위협받는 디지털 세상에서도 책과 사람 사이에 다리를 놓는 일을 계속하고자 한다. 옮긴 책으로 『숙제의 힘』 『TED처럼 말하라』 『이것이 철학이다』가 있다.

행동의 방아쇠를 당기는 힘

트리거

초판 1쇄 발행 2016년 8월 19일
초판 18쇄 발행 2022년 2월 16일

지은이 마셜 골드스미스, 마크 라이터
옮긴이 김준수
펴낸이 김선식

경영총괄 김은영
콘텐츠사업1팀장 임보윤 **콘텐츠사업1팀** 윤유정, 한다혜, 성기병, 문주연
마케팅본부장 권장규 **마케팅2팀** 이고은, 김지우
미디어홍보본부장 정명찬
홍보팀 안지혜, 김민정, 이소영, 김은지, 박재연, 오수미 **뉴미디어팀** 허지호, 박지수, 임유나, 송희진, 홍수경
저작권팀 한승빈, 김재원 **편집관리팀** 조세현, 백설희
경영관리본부 하미선, 박상민, 윤이경, 김소영, 이소희, 안혜선, 김재경, 최완규, 이우철, 김혜진, 이지우, 오지영

펴낸곳 다산북스 **출판등록** 2005년 12월 23일 제313-2005-00277호
주소 경기도 파주시 회동길 490
전화 02-702-1724 **팩스** 02-703-2219 **이메일** dasanbooks@dasanbooks.com
홈페이지 www.dasan.group **블로그** blog.naver.com/dasan_books
종이 (주)한솔피앤에스 **출력·제본** 갑우문화사

ISBN 979-11-306-0938-6 (03320)

· 책값은 뒤표지에 있습니다.
· 파본은 구입하신 서점에서 교환해드립니다.
· 이 책은 저작권법에 의하여 보호를 받는 저작물이므로 무단 전재와 복제를 금합니다.
· 이 도서의 국립중앙도서관 출판시도서목록(CIP)은 서지정보유통지원시스템 홈페이지(http://seoji.nl.go.kr)와
  국가자료공동목록시스템(http://www.nl.go.kr/kolisnet)에서 이용하실 수 있습니다. (CIP제어번호 : CIP2016018671)

다산북스(DASANBOOKS)는 독자 여러분의 책에 관한 아이디어와 원고 투고를 기쁜 마음으로 기다리고 있습니다.
책 출간을 원하는 아이디어가 있으신 분은 다산북스 홈페이지 '투고원고'란으로 간단한 개요와 취지, 연락처 등을 보내주세요.
머뭇거리지 말고 문을 두드리세요.